国家出版基金资助项目
湖北省公益学术著作出版专项资金资助项目
节能与新能源汽车关键技术研究丛书

丛书主编：欧阳明高

车辆电动化与智能化进程中的轻量化设计

——挑战、路径与方法

雷 飞 ⊙ 著

LIGHTWEIGHT DESIGN IN THE COURSE OF VEHICLE ELECTRIFICATION AND INTELLECTUALIZATION: CHALLENGES, APPROACHES AND METHODS

华中科技大学出版社
http://www.hustp.com
中国·武汉

内容简介

本书从新能源汽车和智能网联汽车的典型特征出发,分析车辆在电动化和智能化进程中面临的新的设计问题;以节能、安全和高效为目标,从系统角度阐述轻量化的内涵,对机械领域、电气领域、能源领域、智能控制领域的相关问题进行分析。本书具体内容包括复杂物理系统的分析与设计、面向智能系统的广义轻量化、电动系统轻量化设计方法、车辆结构轻量化设计方法等。本书可为电动汽车和智能汽车的物理系统轻量化设计提供参考。

图书在版编目(CIP)数据

车辆电动化与智能化进程中的轻量化设计:挑战、路径与方法/雷飞著.—武汉:华中科技大学出版社,2022.5
(节能与新能源汽车关键技术研究丛书)
ISBN 978-7-5680-8160-3

Ⅰ.①车… Ⅱ.①雷… Ⅲ.①新能源-汽车轻量化-研究 Ⅳ.①U469.7

中国版本图书馆 CIP 数据核字(2022)第 073890 号

车辆电动化与智能化进程中的轻量化设计
——挑战、路径与方法   雷 飞 著

Cheliang Diandonghua yu Zhinenghua Jincheng zhong de Qinglianghua Sheji
——Tiaozhan、Lujing yu Fangfa

策划编辑:俞道凯	
责任编辑:程 青	
封面设计:原色设计	
责任监印:周治超	
出版发行:华中科技大学出版社(中国·武汉)	电话:(027)81321913
武汉市东湖新技术开发区华工科技园	邮编:430223
录　　排:武汉三月禾文化传播有限公司	
印　　刷:湖北新华印务有限公司	
开　　本:710mm×1000mm　1/16	
印　　张:15	
字　　数:235 千字	
版　　次:2022 年 5 月第 1 版第 1 次印刷	
定　　价:128.00 元	

本书若有印装质量问题,请向出版社营销中心调换
全国免费服务热线:400-6679-118　竭诚为您服务
版权所有　侵权必究

节能与新能源汽车关键技术研究丛书
编审委员会

主任委员 欧阳明高（清华大学）

副主任委员 王俊敏（得克萨斯大学奥斯汀分校）

委　员（按姓氏笔画排列）

马芳武（吉林大学）　　　王飞跃（中国科学院自动化研究所）

王建强（清华大学）　　　邓伟文（北京航空航天大学）

艾新平（武汉大学）　　　华　林（武汉理工大学）

李克强（清华大学）　　　吴超仲（武汉理工大学）

余卓平（同济大学）　　　陈　虹（吉林大学）

陈　勇（河北工业大学）　殷国栋（东南大学）

殷承良（上海交通大学）　黄云辉（华中科技大学）

作者简介

▶ 雷 飞 湖南大学车辆工程系副教授、博士生导师，主要研究车辆电动化和智能化进程中的设计问题，在车辆能源和安全领域发表论文60余篇，申请专利20余项，获得软件著作权3项。主持国家自然科学基金项目2项，参与国家自然科学基金创新研究群体项目1项，参与多项国家重点研发计划项目和湖南省科技计划项目。作为参与人获国家科学技术进步奖二等奖1项，中国机械工业科技进步奖一等奖1项和湖南省科学技术进步奖一等奖1项等。

新能源汽车与新能源革命（代总序）

中国新能源汽车研发与产业化已经走过了 20 个年头。回顾中国新能源汽车的发展历程："十五"期间是中国新能源汽车打基础的阶段，我国开始对电动汽车技术进行大规模有组织的研究开发；"十一五"期间是中国新能源汽车从打基础到示范考核的阶段，科技部组织实施了"节能与新能源汽车"重大项目；"十二五"期间是中国新能源汽车从示范考核到产业化启动阶段，科技部组织实施了"电动汽车"重大项目；"十三五"期间是中国新能源汽车产业快速发展升级阶段，科技部进行了"新能源汽车"科技重点专项布局。

2009—2018 年的 10 年间，中国新能源汽车产业从无到有，新能源汽车年产量从零发展到 127 万辆，保有量从零提升到 261 万辆，均占全球的 53% 以上，居世界第一位；锂离子动力电池能量密度提升两倍以上，成本降低 80% 以上，2018 年全球十大电池企业中国占 6 席，第一名和第三名分别为中国的宁德时代和比亚迪。与此同时，众多跨国汽车企业纷纷转型，大力发展新能源汽车。这是中国首次在全球率先成功大规模导入高科技民用大宗消费品，更是首次引领全球汽车发展方向。2020 年是新能源汽车发展进程中具有里程碑意义的年份。这一年是新能源汽车大规模进入家庭的元年，也是新能源汽车从政策驱动到市场驱动的转折年。这一年，《节能与新能源汽车产业发展规划（2012—2020 年）》目标任务圆满收官，《新能源汽车产业发展规划（2021—2035 年）》正式发布，尤其是 2020 年年底习近平主席提出中国力争于 2030 年前碳达峰和 2060 年前实现碳中和的宏伟目标，给新能源汽车可持续发展注入强大动力。

回顾过去，展望未来，我们可以更加清晰地看出当前新能源汽车发展在能源与工业革命中所处的历史方位。众所周知，每次能源革命都始于动力装置和交通工具的发明，而动力装置和交通工具的发展则带动对能源的开发利用，并引发工业革命。第一次能源革命，动力装置是蒸汽机，能源是煤炭，交通工具是火车。第二次能源革命，动力装置是内燃机，能源是石油和天然气，能源载体是汽、柴油，交通工具是汽车。现在正处于第三次能源革命，动力装置是各种电池，能源主体是可再生能源，能源载体是电和氢，交通工具就是电动汽车。第一次能源革命使英国经济实力超过荷兰，第二次能源革命使美国经济实力超过英国,而这一次可能是中国赶超的机会。第四次工业革命又是什么?我认为是以可再生能源为基础的绿色化和以数字网络为基础的智能化。

从能源与工业革命的视角看新能源汽车,我们可以发现与之密切相关的三大革命:动力电动化——电动车革命;能源低碳化——新能源革命;系统智能化——人工智能革命。

第一,动力电动化与电动车革命。

锂离子动力电池的发明引发了蓄电池领域百年来的技术革命。从动力电池、电力电子器件的发展来看,高比能量电池与高比功率电驱动系统的发展将促使电动底盘平台化。基于新一代电力电子技术的电机控制器升功率提升一倍以上,可达50千瓦,未来高速高电压电机升功率提升接近一倍,可达20千瓦,100千瓦轿车的动力体积不到10升。随着电动力系统体积不断减小,电动化将引发底盘平台化和模块化,使汽车设计发生重大变革。电动底盘平台化与车身材料轻量化会带来车型的多样化和个性化。主动避撞技术与车身轻量化技术相结合,将带来汽车制造体系的重大变革。动力电动化革命将促进新能源电动汽车的普及,最终将带动交通领域全面电动化。中国汽车工程学会《节能与新能源汽车技术路线图2.0》提出了我国新能源汽车的发展目标:到2030年,新能源汽车销量达到汽车总销量的40%左右;到2035年,新能源汽车成为主流,其销量达到汽车总销量的50%以上。在可预见的未来,电动机车、电动船舶、电动飞机等都将成为现实。

第二,能源低碳化与新能源革命。

国家发改委和能源局共同发布的《能源生产和消费革命战略(2016—2030)》提出到2030年非化石能源占能源消费总量比重达到20%左右,到2050年非化石能源占比超过一半的目标。实现能源革命有五大支柱:第一是向可再生能源转型,发展光伏发电和风电技术;第二是能源体系由集中式向分布式转型,将每一栋建筑都变成微型发电厂;第三是利用氢气、电池等相关技术存储间歇式能源;第四是发展能源(电能)互联网技术;第五是使电动汽车成为用能、储能和回馈能源的终端。中国的光伏发电和风电技术已经完全具备大规模推广条件,但储能仍是瓶颈,需要靠电池、氢能和电动汽车等来解决。而随着电动汽车的大规模推广,以及电动汽车与可再生能源的结合,电动汽车将成为利用全链条清洁能源的"真正"的新能源汽车。这不仅能解决汽车自身的污染和碳排放问题,同时还能带动整个能源系统碳减排,从而带来一场面向整个能源系统的新能源革命。

第三,系统智能化与人工智能革命。

电动汽车具有出行工具、能源装置和智能终端三重属性。智能网联汽车将重构汽车产业链和价值链,软件定义汽车,数据决定价值,传统汽车业将转型为引领人工智能革命的高科技行业。同时,从智能出行革命和新能源革命双重角度来看汽车"新四化"中的网联化和共享化:一方面,网联化内涵里车联信息互联网和移动能源互联网并重;另一方面,共享化内涵里出行共享和储能共享并重,停止和行驶的电动汽车都可以连接到移动能源互联网,最终实现全面的车网互动(V2G,vehicle to grid)。分布式汽车在储能规模足够大时,将成为交通智慧能源也即移动能源互联网的核心枢纽。智能充电和车网互动将满足消纳可再生能源波动的需求。到2035年我国新能源汽车保有量将达到1亿辆左右,届时新能源车载电池能量将达到50亿千瓦时左右,充放电功率将达到25亿~50亿千瓦。而2035年风电、光伏发电最大装机容量不超过40亿千瓦,车载储能电池与氢能结合完全可以满足负荷平衡需求。

总之,从2001年以来,经过近20年积累,中国电动汽车"换道先行",引领全球,同时可再生能源建立中国优势,人工智能走在世界前列。可以预见,2020年至2035年将是新能源电动汽车革命、可再生能源革命和人工智能革命突飞猛进、协同发展,创造新能源智能化电动汽车这一战略性产品和产业的中国奇迹的新时代。三大技术革命和三大优势集成在一个战略产品和产业中,将爆发出巨大力量,不仅能支撑汽车强国梦的实现,而且具有全方位带动引领作用。借助这一力量,我国将创造出主体产业规模超过十万亿元、相关产业规模达几十万亿元的大产业集群。新能源汽车规模化,引发新能源革命,将使传统的汽车、能源、化工行业发生翻天覆地的变化,真正实现汽车代替马车以来新的百年未有之大变局。

新能源汽车技术革命正在带动相关交叉学科的大发展。从技术背景看,节能与新能源汽车的核心技术——新能源动力系统技术是当代前沿科技。中国科学技术协会发布的2019年20个重大科学问题和工程技术难题中,有2个(高能量密度动力电池材料电化学、氢燃料电池动力系统)属于新能源动力系统技术范畴;中国工程院发布的报告《全球工程前沿2019》提及动力电池4次、燃料电池2次、氢能与可再生能源4次、电驱动/混合电驱动系统2次。中国在20年的节能与新能源汽车的研发过程中实际上已经积累了大量的新知识、新方法、新经验。"节能与新能源关键技术研究丛书"立足于中国实践与国际前沿,旨在总结我国节能与新能源汽车的研发成果,满足我国节能与新能源汽车技术发展需要,反映国际节能与新能源汽车关键技术研究趋势,推动我国节能与新能源汽车关键技术转化应用。丛书内容包括四个模块:整车控制技术、动力电池技术、电机驱动技术、燃料电池技术。丛书所包含图书均为国家自然科学基金项目、国家科技重大专项或国家重点研发计划项目等支持下取得的研究成果。该丛书的出版对于增强我国新能源汽车关键技术的知识积累、提升我国自主创新能力、应对气候变化、推动汽车产业的绿色发展具有重要作用，并能助力我国迈向汽车强国。希望通过该丛书能够建立学术和技术交流的平台，让作者和读者共同为我国节能与新能源汽车技术水平和学术水平跻身国际一流做出贡献。

中国科学院院士
清华大学教授

2021 年 1 月

前言 PREFACE

春秋战国时期,对车辆设计就已有较为详细的记载,《周礼·考工记》中记述了车舆的材料选用、制作方法和检验标准等,涉及数学、力学等方面的知识和经验总结。车战是春秋战国时期的主要作战方式之一,明末科学家宋应星在《天工开物》中记载:"凡车利行平地,古者秦、晋、燕、齐之交,列国战争必用车,故千乘、万乘之号起自战争国。"战车数量反映了当时各国的综合军事实力。

统一的选材、制作和检验标准推动了早期车辆的发展,实现了大规模手工制造的质量一致性控制。在此后漫长的历史进程中,车辆制造技术得到了进一步发展,逐渐应用于各个领域。

随着第一次工业革命的深入和能源革命的兴起,车辆的动力系统转变为以化石燃料为能量来源的内燃机,这种不依靠外力实现自我驱动的车辆被称为"汽车"(automotive vehicle)。进入现代社会后,金属材料提高了汽车车身和底盘结构的强度和耐久性,流水线和精益生产方式推动了生产效率和品质的提升。现今,我国的汽车产销量已经连续多年位列世界首位,"万乘"已不足以描述汽车产业在我国的发展盛况。

汽车产业的快速发展伴随的是其对化石能源依赖程度的逐步提高。节约能源和减少碳排放已成为全球共识。对于常规燃油汽车,轻量化是实现节能减排的重要途径。在对车辆结构部件减重的过程中,使用轻质材料、拓扑优化、结构优化等成为常用的轻量化手段,在工业界得到大量的应用,取得了良好的轻量化效果。

工业革命和能源革命持续推动汽车产业向绿色低碳的方向发展,电动化和智能化为汽车产业的发展提供了新的机遇。以机械系统为主要组成的常规燃油车辆正在向以电子电气系统和信息物理系统为主要组成的智能电动车辆转变。常规燃油车辆使用的结构轻量化设计方法虽可以解决智能电动车辆节能减排过程中的一部分结构设计问题,却难以解决与电动化和智能化特征相关的系统设计问题。

本书将从系统的角度讨论车辆电动化和智能化进程中面向节能减排的设计问题。系统思维是本书区别于结构轻量化著作的显著特征。书中内容包括复杂物理系统的分析与设计、面向智能系统的广义轻量化、电动系统轻量化设计、结构轻量化设计等。

目前汽车技术尚处于电动化和智能化进程的初级阶段，更多的设计理念、设计方法和产品形态有待进一步发展。由于著者的水平和实践经验有限，加之本书中的电动化和智能化设计技术是面向系统的设计分析技术，不妥之处在所难免，敬请读者批评指正。

著　者

2021 年 11 月

目录

第1章 绪论	1
1.1 车辆轻量化	2
1.2 车辆电动化对轻量化设计的影响	3
1.3 车辆智能化对轻量化设计的影响	5
1.4 结构轻量化	6
1.5 材料的轻量化潜力	7
1.6 轻量化结构的制造和连接问题	8
1.7 智能电动车辆轻量化设计的本质问题	9

第2章 复杂物理系统分析与设计方法	11
2.1 智能电动车辆物理系统架构	11
2.1.1 智能电动车辆子系统划分	11
2.1.2 智能电动车辆各子系统组成	14
2.2 物理系统架构与功能实现方式	14
2.3 复杂物理系统的描述方法	15
2.3.1 基于物理的模型	16
2.3.2 数值模型	16
2.3.3 数据驱动的模型	17
2.3.4 复杂物理系统各类模型之间的相互关系	17
2.4 复杂物理系统的轻量化	18
2.4.1 轻量化体系的构成	18
2.4.2 轻量化体系框图	20
2.5 本章小结	20
本章参考文献	21

第 3 章　与电动化和智能化相关的若干关键问题　22

3.1　电动汽车碰撞后起火问题　22
- 3.1.1　研究的现实意义　23
- 3.1.2　现有研究成果及进展　24
- 3.1.3　研究的难点与挑战　27

3.2　电动汽车碰撞后起火的研究路径与预测方法　28
- 3.2.1　碰撞后起火研究的目标　28
- 3.2.2　碰撞后起火研究的关键内容　28
- 3.2.3　碰撞后起火过程中的关键科学问题　32
- 3.2.4　碰撞后起火的研究框架　33
- 3.2.5　研究方法分析及技术路线　34
- 3.2.6　碰撞后起火研究的科学意义　35

3.3　无人系统的状态失效问题　36
- 3.3.1　无人系统状态失效的特征　37
- 3.3.2　现有研究成果及进展　38
- 3.3.3　无人系统状态失效研究的难点与挑战　42

3.4　面向状态失效的无人系统数字孪生架构与预测　43
- 3.4.1　无人系统数字孪生的研究内容　43
- 3.4.2　研究中的关键科学问题　47
- 3.4.3　数字孪生与失效研究框架　48
- 3.4.4　研究方法建议与技术路线　49
- 3.4.5　无人系统状态失效研究的科学意义与贡献　50

3.5　本章小结　51
本章参考文献　51

第 4 章　智能化与广义轻量化　53

4.1　车辆智能化特征与系统分析　54
- 4.1.1　智能车辆物理系统设计　54
- 4.1.2　智能车辆的功能对轻量化的影响　56

4.2　智能车辆物理系统的轻量化设计　57
4.3　智能系统能耗与轻量化　59
- 4.3.1　车辆智能化等级　59

####### 4.3.2 智能系统能耗情况   60
4.4 车辆驱动决策与智慧交通系统协同规划   61
####### 4.4.1 交通拥堵与能源消耗   61
####### 4.4.2 交通状态预测的关键问题   62
####### 4.4.3 驱动与交通协同优化的可行方法与路径   64
4.5 基于大数据的动态交通状态预测   65
####### 4.5.1 智能交通预测的总体思路   65
####### 4.5.2 交通数据获取及预处理   66
####### 4.5.3 基于智能算法的交通预测模型构建   69
####### 4.5.4 不同已知条件下的交通信息预测对比   73
4.6 智能车辆主动安全系统集成设计   75
####### 4.6.1 主动安全系统功能分析   76
####### 4.6.2 主动安全系统设计   78
####### 4.6.3 主动安全系统分层控制器设计   81
####### 4.6.4 讨论与分析   84
4.7 本章小结   89
本章参考文献   90

第5章 电动系统轻量化设计   91
5.1 电动系统轻量化设计的三个层级   91
####### 5.1.1 物理部件的设计   92
####### 5.1.2 子系统集成与一体化   92
####### 5.1.3 动力系统匹配优化   93
5.2 一种轻量化高效率车用轮毂电机设计   94
####### 5.2.1 设计需求分解与设计方法选择   95
####### 5.2.2 电机运行高频区与高效区   96
####### 5.2.3 电磁方案及本体设计参数   100
####### 5.2.4 电机本体初始电磁方案设计   102
####### 5.2.5 基于组合代理模型的轮毂电机优化   103
5.3 一种电机控制器传热学反问题的求解方法   108
####### 5.3.1 问题描述   108
####### 5.3.2 反馈-模糊推理算法   109

5.3.3　基于分散模糊推理的设计方法　　112
5.4　一种高可靠性低成本轻量化电池箱体设计　　116
5.5　本章小结　　119
本章参考文献　　119

第6章　车辆结构轻量化设计的基本方法　　120

6.1　结构轻量化基本思想　　120
6.2　材料-结构-性能的关系指标　　122
　　6.2.1　结构件　　122
　　6.2.2　板件　　125
6.3　多工况条件下非参数化结构设计方法　　125
　　6.3.1　工程问题描述　　126
　　6.3.2　工况分析　　127
　　6.3.3　涵盖多工况条件的综合目标函数　　128
　　6.3.4　基于最优化方法的各工况权重比确定　　129
　　6.3.5　优化方法与求解过程　　130
　　6.3.6　多工况拓扑优化的计算结果及分析　　132
6.4　结构优化设计的一般流程　　133
6.5　多工况条件下参数化结构设计方法　　138
　　6.5.1　车辆正面碰撞的多工况问题　　138
　　6.5.2　单工况条件下的耐撞性优化　　139
　　6.5.3　基于正面碰撞及偏置碰撞的结构耐撞性优化方法　　141
　　6.5.4　耦合工况的设计变量选取　　142
　　6.5.5　构建代理模型　　144
　　6.5.6　耐撞性结构优化设计　　146
6.6　本章小结　　148
本章参考文献　　148

第7章　多材料轻量化设计方法　　150

7.1　多材料混合轻量化设计途径　　150
7.2　车辆正面碰撞性能约束下多材料结构低成本轻量化　　151
　　7.2.1　正面碰撞的基本要求　　151
　　7.2.2　设计总体流程　　152

	7.2.3	模型及有效性验证	153
	7.2.4	基于析因设计的设计变量选取	154
	7.2.5	基于准则的材料替换及设计初值确定	156
	7.2.6	优化模型的建立及求解	157
7.3	车辆侧面碰撞性能约束下多材料结构低成本轻量化		160
	7.3.1	侧面碰撞的基本要求	161
	7.3.2	流程与方法	161
	7.3.3	碰撞模型建立与验证	162
	7.3.4	设计变量选择	164
	7.3.5	材料选型与成本	165
	7.3.6	轻量化模型建立及求解	166
7.4	成本和性能约束条件下的多材料选型轻量化		170
	7.4.1	考虑顶压与侧碰安全性的车身B柱结构轻量化设计要求	171
	7.4.2	成本和性能约束下B柱结构轻量化方案	173
	7.4.3	设计变量与优化目标	175
	7.4.4	优化结果与分析	175
7.5	以结构性能提升为目标的多材料选型优化设计		177
	7.5.1	车顶结构耐撞性要求	177
	7.5.2	结构性能优化设计流程	178
	7.5.3	设计变量与优化问题	179
	7.5.4	优化结果与分析	182
7.6	本章小结		183
本章参考文献			184

第8章 与材料和制造工艺相关的设计　　185

8.1	材料-结构-工艺一体轻量化的基本原理		185
	8.1.1	复合材料结构的设计问题	185
	8.1.2	复合材料的一体化设计原则	187
	8.1.3	复合材料一体化设计研究途径	188
	8.1.4	复合材料一体化设计方案	189
8.2	等厚度碳纤维结构设计		190
	8.2.1	悬架控制臂的基本设计要求	191

    8.2.2　复合材料悬架控制臂方案　　　　　　　　　　　　　193
    8.2.3　复合材料控制臂结构设计　　　　　　　　　　　　　194
8.3　变厚度变截面碳纤维结构设计　　　　　　　　　　　　　　198
    8.3.1　削层结构及变厚度实现　　　　　　　　　　　　　　199
    8.3.2　削层结构的力学基础　　　　　　　　　　　　　　　199
    8.3.3　B柱结构削层区域设计　　　　　　　　　　　　　　201
    8.3.4　削层结构优化方法　　　　　　　　　　　　　　　　204
8.4　考虑制造工艺的纤维复合材料结构分级-分区设计　　　　　　208
    8.4.1　复合材料车轮结构　　　　　　　　　　　　　　　　209
    8.4.2　基于自由尺寸优化的碳纤维轮辋结构分区　　　　　　211
    8.4.3　结构分区内不同铺层方向纤维占比　　　　　　　　　213
    8.4.4　碳纤维轮辋各分区厚度优化　　　　　　　　　　　　215
    8.4.5　碳纤维复合材料铺层顺序　　　　　　　　　　　　　217
    8.4.6　结果分析　　　　　　　　　　　　　　　　　　　　219
8.5　本章小结　　　　　　　　　　　　　　　　　　　　　　　220
本章参考文献　　　　　　　　　　　　　　　　　　　　　　　220

第1章
绪论

随着第四次工业革命的到来,汽车作为重要的道路运载工具迎来了新的发展阶段。电动系统的发展和电池技术的进步使得电动车辆具备了大规模进入市场的条件,纯电驱动技术、增程技术、48 V系统技术、功率分流技术、燃料电池技术等新能源汽车技术得到充分发展。世界各国车企在新能源汽车领域持续探索,推出了以日产Leaf、通用Volt和Bolt、宝马i3、奔驰Smart、大众ID.4、丰田Prius和Mirai等为代表的新能源车型,同时催生了以特斯拉汽车、蔚来汽车、小鹏汽车等为代表的新兴造车势力的出现。电动化改变了车辆的动力系统构成和控制方式,以内燃机为主的常规动力系统被电动系统取代。新的动力形式改变了车辆功能的实现方式,影响了车辆的质量分布,对车辆布置和设计提出了新的要求。

在电动化基础上,智能汽车技术得到了全面快速的发展。尽管具备完全自动驾驶能力的车辆尚未量产,但是具备特定智能驾驶功能的车辆已逐渐进入市场,特斯拉汽车的Autopilot系统、小鹏汽车的XPILOT系统等辅助驾驶系统得到了一定程度上的市场应用。智能车辆可配置不同种类的传感、决策和执行元件,实现不同等级的自动驾驶。车辆智能化对动力系统和底盘系统都提出了较高的要求以实现对车辆纵向和横向运动的控制。除此之外,车辆的传感、计算和执行部件需要进行合理的布置,以满足人们对功能实现、人机交互、运动控制等的要求。同时,为应对智能车辆对高算力的需求,车载能源系统的能量需要进一步扩充。车辆的智能化对车辆的底盘系统、动力系统和能源系统均提出了更高的要求。

由此可见,在数字化和信息化的推动下,车辆各部分的功能和实现方式都在发生深刻的变革,汽车设计已经由以机械系统为主的设计逐渐向机电系统和智能系统设计方向发展。从信息物理系统的角度来看,未来车辆系统是涉及更多领域、更多学科的复合系统。因此,电动化和智能化发展背景下的车辆轻量化研究具有更广泛的含义。

1.1 车辆轻量化

对整车质量的关注本质上属于车辆设计的范畴,对车辆进行轻量化设计的过程即是对车辆相关系统进行再设计和优化的过程。车辆的相关系统包括车辆结构、动力系统、控制系统、执行系统等。

质量是国际单位制中的常用量的名称,描述了客观事物的基本属性。轻量化是在质量属性上对车辆进行的描述,是车辆各组成部分质量的集中体现。在这个意义上,对车辆任何子系统或零部件进行减重都有助于整车轻量化水平的提高。车辆轻量化可以减少整车质量,降低生产成本和使用成本,节约能源和资源。

轻量化可以作为零部件和子系统设计的目标之一,也可以作为车辆节能、安全和高效的前提条件。因此,对车辆进行轻量化设计的目的并非仅限于减少质量和降低成本等直接目标,轻量化设计本身也并不仅限于材料选取、结构优化、工艺连接等。

广义上,所有能实现能源节约与高效利用的技术均可纳入轻量化设计的范畴。从这个角度来看,复杂装备中面向能效的跨领域、跨层级的优化设计工作也可以提升车辆的轻量化水平,但这些设计有时并不以轻量化为直接目标。例如,通过对电动汽车各部件参数的匹配优化得到使能源利用率最优的动力系统配置,或者基于算法的改进降低智能系统对算力和功率的需求等。

与轻量化相关的设计通常也表现为多目标设计。轻量化与车辆的动力性、经济性、操纵稳定性、平顺性、NVH(噪声、振动与声振粗糙度)特性、安全性等诸多设计目标密切相关。轻量化设计的过程往往会对车辆其他系统性能产生影响,为了更全面地考量车辆设计的有效性,在质量属性与系统功能和性能出现强耦合关系时,往往会同时将轻量化与其他性能作为优化目标,实现多目标下的车辆设计。

由此可见,轻量化虽是对某一特定系统或部件在质量属性方面的要求,但轻量化设计过程涉及与其相关的很多子系统和零部件,会对车辆的其他性能目标产生直接或间接的影响。从系统层面来看,对某一零部件或子系统的轻量化追求可能不利于其他系统的性能目标。因此,轻量化不应是孤立存在的要求,没有约束的轻量化设计将导致系统功能损失甚至失效。

从系统的角度来看,轻量化设计也不应是孤立的过程,需要用系统的思维,综合各设计目标来实现。轻量化设计贯穿于整车设计过程。本书对轻量化设计的探讨将从系统轻量化和结构轻量化两个角度展开。在系统轻量化研究过程中,从系统的架构出发,分析系统的组成及其相互关系,确定系统在各个层次的设计目标并给出系统轻量化的相关方法。在结构轻量化研究过程中,从部件设计入手,结合材料、几何、拓扑和连接等多方面讨论结构的轻量化。

1.2 车辆电动化对轻量化设计的影响

在汽车技术的发展过程中,有关车辆电动化的技术创新和尝试不断涌现。在第四次工业革命和信息化浪潮的推动下,电驱动技术和储能技术不断发展,车辆电动化进程不断加速。电动汽车在整车布置、设计方法、性能表现、运行维护等方面具有非常鲜明的特色,如:

(1) 更短的响应时间;
(2) 更强的加速性能;
(3) 不同的总体布置;
(4) 更大的整备质量;
(5) 更长的补给时间;
(6) 更高的安全要求;
(7) 更低的质心位置。

电动化对车辆的影响不仅限于车辆的动力性和经济性,动力系统变化还会引起车辆在结构强度、操纵稳定性、平顺性、通过性等方面的变化,这些变化对车辆系统和结构提出了新要求。仅通过替换动力系统得到的电动汽车难以适应车辆性能的诸多要求。

整车质量及其分布对车辆动力性、经济性、操纵稳定性等均会产生直接影响。以某新能源车型为例,各系统质量占比如表 1.1 所示。电动汽车的整备质量总体上高于常规燃油汽车。从表 1.1 中可见,在该电动汽车中,电池质量约占整车质量的 29%。随着续驶里程的持续增长,电池的质量将继续增加。在现有的技术水平下,一辆与燃油汽车整备质量相当的电动汽车在相同工况下的续驶里程暂时难以与燃油汽车的续驶里程相媲美。

表 1.1 某型纯电动汽车各部分质量与占比

部件	预估质量/lb	整车质量占比/(%)
电池	~1323	28.59
车身结构	~800	17.29
电机及逆变器	~350	7.56
减速器和差速器	~175	3.78
制动系统、转向系统、悬架、车轮	~500	10.80
电气元件	~220	4.75
内饰及附件	~660	14.26
外饰	~200	4.32
其他	~400	8.64
合计	~4628	

注:1 lb≈0.45 kg。

另外,电池的质量改变了车辆质量的分布,对车辆结构提出了额外的要求。由于电动汽车的电池箱体常布置于乘员舱底部,电池箱体结构在增强乘员舱底部结构强度的同时也增加了下车身的质量。当车辆发生翻滚时,下车身质量的增加对车身顶部强度提出了更高的要求。由于整车质量增加,在车速相同时,车辆发生碰撞具有的动能更大,在考虑乘员保护的情况下车身结构需要吸收更多的能量,这将导致车身吸能结构设计的变化。除车身结构外,由于质量分布的改变,车辆的悬架系统参数需要调整,车辆的操纵稳定性和平顺性均需进一步优化。从设计逻辑关系上看,电动化改变了车辆的质量分布,整车布置、车身结构、底盘性能等也改变了。

除此之外,由于电动系统的响应时间缩短,车辆结构部件所受的动载荷提高,车身结构和底盘零部件寿命将受到影响。同时,动力性的变化影响了车辆的驾驶方式。

因此,从车辆设计的角度看,电动化不仅改变了车辆的驱动方式,也改变了车辆的设计要求。仅从某一性能要求出发对电动车辆进行设计可能存在考虑不全面的问题。

1.3 车辆智能化对轻量化设计的影响

智能化是未来车辆的重要发展趋势之一。我国国家标准《汽车驾驶自动化分级》(GB/T 40429—2021)将自动驾驶分为0~5级,分别是应急辅助、部分驾驶辅助、组合驾驶辅助、有条件自动驾驶、高度自动驾驶和完全自动驾驶等六个等级。

由以上分级可知,车辆的智能化包含从应急辅助到完全自动驾驶的各个阶段。随着车辆智能化水平的逐步提高,与智能化相关的设备逐渐增加,车辆的硬件数量也呈现不断增长的趋势。

智能化的实现依赖于车辆的感知、决策、规划和控制等功能,实现这些功能需要车辆具有冗余的传感系统、强大的计算能力和实时精准的控制能力。具备强大算力的车载计算机、多种类型的传感器、信号处理与执行系统是车辆实现高级智能必不可少的硬件。

智能系统硬件需要车辆为其提供充足的能源支持。对电动汽车而言,智能系统对电能的额外需求将进一步消耗储能系统的能量,进而减少电动汽车的续驶里程。在保持相同续驶里程的前提下,具备更高级智能特征的电动汽车将消耗更多的能源,需要配备更多的电池。对于常规燃油车,车载蓄电池若难以满足智能系统对能源的需求,则额外配备储能系统也是必要途径。不难发现,无论燃油车还是电动汽车,智能系统对整车能源均提出了额外的需求。在现有电池技术水平下,增加储能系统的能量即意味着进一步增加整车的质量。

因此,车辆的智能化不仅直接增加了车载硬件设备的质量,而且由于智能系统运行对能源的依赖,间接增加了车载储能设备的质量。同样,这些质量的增加进一步改变了车辆的质量分布,也改变了车身、悬架、转向等系统的设计。

特别地，由于车辆的智能化发展，车辆的碰撞安全性要求可能存在变化。现阶段，车辆被动安全性并未因车辆的智能化而削弱。未来，对于车辆的安全性，需要统筹考虑被动安全和主动安全，实现主被动安全一体化。在实现车辆主被动安全一体化的过程中，采用系统思维的方式，综合考虑机械结构和控制系统的设计是智能车辆安全性设计的重要路径。

1.4 结构轻量化

结构轻量化设计技术是车辆技术的重要组成部分，是目前国内外行业研究热点之一。轻量化技术已经在航空、汽车、建筑、桥梁等众多领域得到了蓬勃发展，在碳达峰和碳中和的目标指引下，轻量化是汽车节能减排的重要途径之一。轻量化技术也是汽车技术革命的重要推进器，对车辆的电动化和智能化进程具有重要推动作用。

采用汽车轻量化技术不仅有利于实现节能减排的目标，还可以实现汽车其他多种性能的提升。美国能源部下属车辆技术办公室曾经对车身减重与汽车性能的关系作出统计，得到的结论显示，车身质量每减轻10%，燃油经济性提升6%~8%。

实现结构轻量化有多种途径。以车身结构为例，首先，可以进行零部件薄壁化、中空化、小型化及复合化设计。通过使用各种优化方法，包括拓扑优化、形貌优化和尺寸优化，在保证力学性能要求的情况下使车身达到最合理的结构形式，这是目前行业中较常用的轻量化手段。另外，采用轻质高强的新型材料也可实现轻量化。轻质高强材料主要包括铝合金、镁合金、高强钢、工程塑料、复合材料以及陶瓷等。例如宝马i3电动汽车采用了全碳纤维复合材料制造的上车身结构。同时，各种新型连接工艺的涌现也促进了轻量化的进一步发展，例如铆接工艺、拼焊板成形工艺、磁脉冲连接工艺等。随着对汽车轻量化技术研究的逐步深入，将轻质高强金属材料、复合材料、新型工艺和优化设计方法结合起来成为结构轻量化设计的主要途径之一。

结构轻量化设计属于结构最优化设计的范畴。在最优化设计理论方面，受计算效率的制约，早期的轻量化研究多基于代理模型技术展开。理论上，可以将代理模型理解为一类机器学习模型。国内外学者将近似模型用于结构轻量化设计和耐撞性设计,得到了许多具有指导意义的工程实践研究结果。常用的代理模型有多项式响应面模型、径向基函数(RBF)模型、克里金(Kriging)模型等。随着计算机能力的提升,模型的精细程度随之提高,新的设计方法不断涌现,轻量化方法也开始从基于模型的设计逐步向数据驱动的设计方向发展。

1.5 材料的轻量化潜力

轻质高强材料的使用为轻量化设计提供了基础条件。高强钢、超高强钢、铝镁合金、复合材料等在汽车行业中得到了越来越广泛的应用。

20世纪90年代,美国钢铁协会开展了超轻钢车身项目(ULSAB),该项目通过使用高强钢和先进高强钢,采用新的制造技术,如拼焊技术、管件液压成形、激光拼焊及计算机辅助工程等实现了减轻车身结构质量的目标。随着制造工艺技术水平的提升,高强钢在制造过程中存在的问题得到了较好的解决,当前部分量产车辆中高强钢的屈服强度已经超过 1500 MPa。

铝合金在汽车制造中的应用比重正在逐年提高。与钢材相比较,铝合金具有密度低、碰撞能量吸收率高、导热性能好等优点。许多汽车制造商开发了全铝车身,验证了铝合金在汽车轻量化方面的潜力,最为典型的是奥迪汽车公司对全铝车身的技术研发。奥迪汽车公司开发了全铝结构车身奥迪空间框架结构(ASF),比全钢车身约轻40%,同时该全铝空间框架车身具有优秀的碰撞性能。除此之外,通用汽车公司的电动概念车"Impact"、福特汽车公司概念车"Synthesis 2010"均采用了大量铝合金结构件。在乘用车和轻型货车上,铝合金板件较多地使用加工硬化的 5000 系列铝合金和时效硬化的 6000 系列铝合金。近年来,镁合金在底盘、动力传动系统和车身结构中也得到了一定程度的应用。

除金属材料外,非金属复合材料也受到了广泛的关注。以纤维增强聚合物(FRP)材料为代表的复合材料是轻量化新型材料的典型代表,在航空航天领域有着较为广泛的应用。与传统材料相比,复合材料具有比强度高、比刚度高、疲劳性能好、耐腐蚀、可设计性强、减振性好等特点。但是,复合材料同时有层间强度低、易产生分层破坏、材料脆、抗冲击载荷能力差和工艺成本高等诸多缺点。因此,FRP 的结构设计与传统材料的结构设计有着许多本质的区别,许多原有的结构设计方法需要根据复合材料的特性进行改造。FRP 的结构设计问题是材料-结构-工艺一体化的复杂问题。福特汽车公司曾对比了碳纤维增强复合材料(CFRP)和金属材料制造的零部件,发现碳纤维零件的质量相对钢制零件平均小 33%。

随着对轻量化要求的逐步提高,材料轻量化技术得到了进一步发展。德国帕德博恩大学的 Ortwin Hahn 等人提出了"多材料轻量化结构"及"合适的材料用在合适的部位"两个基本观点。他们认为多材料结构设计是未来车身结构设计的主要发展方向。不同材料的组合可以更好地发挥不同材料的力学特性,既能改善结构的综合性能,又能减轻结构的质量,达到物尽其用的目的。多材料混合轻量化成为车辆轻量化设计的又一新理念,其将质量、性能、成本等因素进行综合考虑,得到了汽车企业和研究机构的广泛采纳。

1.6 轻量化结构的制造和连接问题

不同材料的加工制造工艺是轻量化工程关注的热点之一。轻量化结构设计与创新制造工艺是相辅相成的,目前的研究通过开发与轻量化结构相适应的成形工艺和连接技术实现汽车用高强钢、铝合金、镁合金、复合材料等的加工工艺。具体来说,激光拼焊,内高压成形,液压成形,喷射铸造,半固态金属铸造,异种材料的焊接、粘接与铆接等技术的发展推动着汽车轻量化的实现。

然而,在工程实际中,轻质材料的材料成本、制造成本与工艺成本都可能高于普通材料的。例如,碳纤维增强复合材料的综合性能优越,但其成本数倍于高强钢材料。材料成本已成为制约轻量化材料在工程中应用的重要因素。为了推动新材料在工程中的应用,在轻量化结构设计中,需考虑材料成本对设计的影响。

对于高强钢和先进高强钢,采用新的制造工艺,如拼焊技术、管件液压成形、激光拼焊等可以实现轻量化车辆结构的设计与制造。激光拼焊可以将不同厚度或不同种类的钢材进行组合,形成一个部件。例如,可以将两块不同厚度的板件用激光焊接后用于制造车门内板,使得车门内板一部分区域厚度为 1.8 mm,另一部分区域厚度为 0.9 mm。铝合金板件的连接不同于钢材部件的点焊,铝合金板件的连接方式主要有铆接、熔化极惰性气体保护焊(MIG 焊)、钨极惰性气体保护焊(TIG 焊)、搅拌摩擦焊等。复合材料结构具有很好的整体设计性及制造优势,但是结构连接仍然是结构设计的难点之一。复合材料连接主要可分为机械连接、胶接或二者兼有的混合连接等类型。

由此可见,轻量化结构的设计与制造工艺密不可分,在多样化的制造和连接工艺的支持下,轻量化设计才能发挥其作用。

1.7 智能电动车辆轻量化设计的本质问题

电动化和智能化是对车辆进行再设计和赋能的过程,电动化和智能化在改变车辆动力形式和驾驶方式的同时,也对车辆的设计方法产生了重要影响。

轻量化本质上属于车辆设计和制造问题。轻量化设计不仅包括部件层面上的零件结构、材料的优化设计,也应包括整车层面上的系统优化设计。以电动汽车为例,对于电池系统,可以通过对行驶工况、动力系统效率、控制策略等进行综合优化,提高能源利用效率,减少电池数量,以达到减轻整车质量的目的。受电池能量密度的影响,通过减少电池数量进行轻量化会有较好的效果。

同样地,智能车辆中各硬件的配置、能耗和工作时长,以及软件的计算效率等都对能源有重要影响,可通过减少智能车辆的能耗需求间接减少电池数量,进而达到轻量化的效果。

广义地讲,对于电动汽车和智能汽车,轻量化不仅包括结构设计和材料设计,还贯穿于整车架构的创新、动力系统优化、安全性能提升、节能与高效使用等过程。从这个意义上来说,轻量化设计不应是孤立的减轻质量的设计,而是与车辆的概念设计、功能设计、性能设计密不可分的设计。

本书将从车辆电动化和智能化的角度出发,探讨在此过程中由于动力系统改变、控制方式改变而产生的与车辆质量和能耗有关的新问题,特别是整车布置形式、动力系统、控制架构、碰撞安全性等方面的变化。

本书其他章节的内容如下。

第 2 章从复杂物理系统的角度分析智能电动车辆的架构、组成、功能及设计方法，从系统的角度讨论轻量化设计与整车设计的关系。

第 3 章对电动化和智能化的两个关键问题——电动汽车碰撞后的起火问题和智能车辆系统失效问题——展开讨论，并给出研究思路和解决方案。

第 4 章分析智能化对车辆轻量化设计带来的影响，介绍不同智能等级条件下车辆的布置与质量分布、智能系统能耗与能源需求之间的关系、智能车辆的轻量化设计方法等。

第 5 章分析电动化对车辆轻量化设计带来的影响，从不同角度分析电动系统设计对轻量化的贡献，包括零部件的设计与优化方法、电池系统对车辆质量分布的影响分析、动力系统轻量化设计方法、电动化对车辆碰撞安全性的影响等。

第 6 章从结构角度总结轻量化设计的基本方法，包括结构轻量化设计的流程，材料、结构、性能之间的关系，非参数化设计方法及现代设计方法在轻量化设计中的应用。

第 7 章从材料角度对轻量化进行讨论，对多材料轻量化设计的原则制定、成本影响、性能提升等问题进行研究。

第 8 章从复合材料的角度对轻量化进行讨论，重点讨论碳纤维增强复合材料(CFRP)及其制造工艺在结构轻量化设计过程中的相关问题。

第 2 章
复杂物理系统分析与设计方法

车辆的轻量化设计不是一个孤立的设计问题,其与车辆的众多优化设计问题共同构成了设计问题的基本体系。车辆的电动化和智能化将车辆设计问题从以机械系统为基础的设计体系推向了电动系统和智能控制系统融合设计的新阶段。智能电动汽车的出现改变了车辆的基本架构,衍生出了更多的车辆功能,物理系统的复杂性进一步提高。本章将讨论作为复杂物理系统的智能电动汽车的系统划分方法,分析系统架构与系统功能之间的关系,总结轻量化设计的理论体系,并探索复杂物理系统的建模和设计方法。本章的讨论将从架构上解释车辆电动化和智能化进程对车辆物理系统和功能带来的影响,并据此从系统的角度分析广义轻量化设计包含的内容和理论体系。

2.1 智能电动车辆物理系统架构

本节以智能电动车辆为对象,按照整车→子系统→零部件的思路进行归纳,以实现车辆基础功能为目标,从交通系统、整车、子系统、零部件等层级对智能电动车辆的系统架构和设计层级进行分析。

2.1.1 智能电动车辆子系统划分

在常规燃油车辆构造中,通常把车辆划分为发动机系统、车身系统、底盘系统和汽车电子系统等四大部分。这四部分分别对应车辆的主要功能模块:能源动力系统、结构系统、执行系统和控制系统。发动机系统主要负责提供车辆的能源动力,车身系统主要负责提供乘员舱防护和附件安装,底盘系统主要负责提供制动、转向、减振功能等,汽车电子系统主要负责信号采集与通信等。

对于智能电动车辆,同样可以从以上几个方面对车辆组成进行划分,有所区别的是,各部分的内涵发生了相应的变化。

从能源动力系统的角度看,发动机系统转变为电动系统,常规燃油车的发动机和油箱被电机系统和电池系统所替代,实现的功能相同。但是,由于能源形式和工作原理不同,能源动力系统的组成、布置、性能发生了相应的变化。电机系统的布置较为紧凑,电池系统多布置于车身地板下方。电动系统可以实现更快的加速性能等,二者对比如图2.1所示。

图 2.1 动力系统对比

智能电动车辆车身系统虽保持了原有的基本结构形式,但车身的性能指标要求有了相应的变化。由于电池系统多布置于车身地板下方,在车辆发生碰撞时,车身结构需要为电池系统提供尽可能周全的防护。电池系统的质量对车身的前后部吸能结构、侧面耐撞结构、车顶抗压强度等提出了新的要求。同时由于电池系统垂向高度的影响,在保证乘员空间的情况下,车身高度将发生相应变化。因此,车身系统面临着重新设计并需要与其他系统相适应的问题,如图2.2所示。

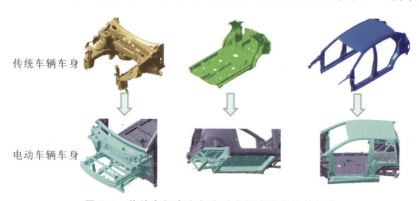

图 2.2 传统车辆车身与电动车辆车身结构的对比

智能电动车辆底盘系统的主要功能并无太大变化,但底盘系统的运行方式可能出现较大的变化,如能量回收、线控技术等将改变车辆执行系统的实现方式。随着底盘系统的电动化、线控化和智能化的逐步应用,底盘系统控制(见图2.3)将成为车辆控制的重要环节。

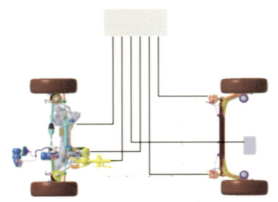

图 2.3　底盘系统控制示意图

智能电动车辆的智能控制系统(见图2.4)功能相对常规燃油车辆汽车电子系统有较大提升,智能控制系统的功能不再限于对某个部件的控制,而是可扩展至多个系统的协同控制。另外,智能化将成为控制系统的另一个重要特征,相关的功能包括智能驱动、决策规划与控制等。智能控制系统功能和能力的提升对车辆线控底盘、能量规划与管理、交通系统效率等均会产生影响。

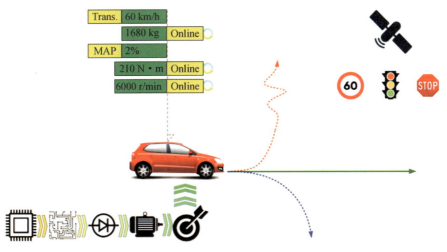

图 2.4　智能电动车辆的智能控制系统

2.1.2　智能电动车辆各子系统组成

根据以上对智能电动车辆子系统的划分,将各子系统包含的总成和零部件进行进一步细分,可得到各子系统组成,如图 2.5 所示。

结构子系统	能源动力子系统	作动子系统	智能控制子系统
车身结构	电机	线控系统	智能座舱
内外饰	控制器	转向系统	智能驱动系统
车载附件	储能系统	制动系统	车载计算平台
防护系统	电力电子系统	行驶系统	感知系统
底盘部件	热管理系统	液压与气压系统	通信系统
……	……	……	……

图 2.5　智能电动车辆各子系统组成

2.2　物理系统架构与功能实现方式

物理系统架构是指从系统构成的角度分析整机的组成及其隶属关系,各子系统和零部件之间协同作用实现整机的基本功能。对智能电动车辆而言,除载人和运输等基础功能要求外,车辆应能够实现节能、环保、安全、舒适、高效的运行。因此,从不同的功能维度看,对车辆的物理系统架构存在不同的表述。

以车辆的安全要求为例,智能电动车辆的安全至少包括被动安全、主动安全、电安全、热安全、功能安全、信息安全等部分。这些可以由不同的子系统和零部件实现。图 2.6 描述了车辆基础功能架构与安全功能的对应关系。

由图 2.6 可见,车辆的某一安全功能可以对应某个子系统,也可以同时与多个子系统相关。

在车辆被动安全分析中,与被动安全相关的物理系统主要存在于结构子系统,包括车身吸能和耐撞结构、车辆的约束系统等。当进行车辆被动安全性分析时,设计变量通常是车身零部件的具体结构参数,设计目标则是对整车耐撞性的评价。设计变量和设计目标均围绕同一子系统展开,所不同的是设计变量处于车身系统的底层,设计目标为车身系统的性能。此类安全性分析与设计问题属于同一子系统内的跨不同层级的设计与分析问题。

在车辆功能安全分析中,与功能安全相关的子系统包括作动子系统、能源

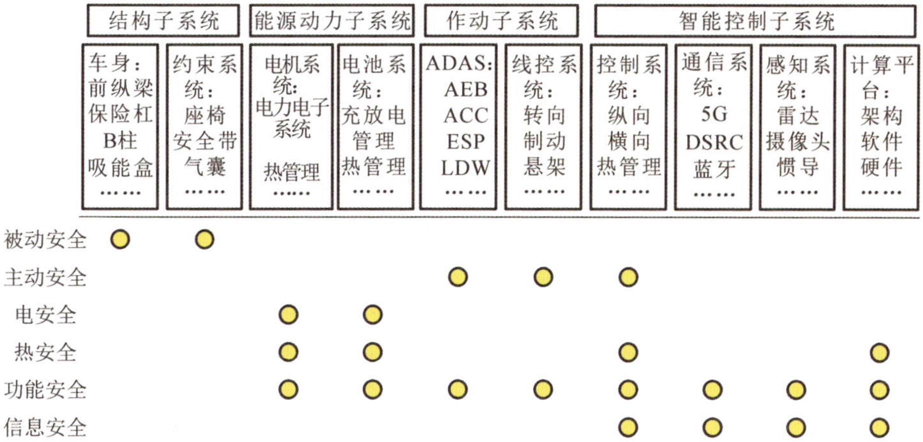

结构子系统		能源动力子系统		作动子系统		智能控制子系统			
车身：前纵梁保险杠B柱吸能盒……	约束系统：座椅安全带气囊……	电机系统：电力电子系统热管理	电池系统：充放电管理热管理	ADAS：AEB ACC ESP LDW	线控系统：转向制动悬架	控制系统：纵向横向热管理	通信系统：5G DSRC 蓝牙	感知系统：雷达摄像头惯导	计算平台：架构软件硬件

被动安全　○　○
主动安全　　　　　　　　　　○　○　○
电安全　　　　　○　○
热安全　　　　　○　　　　　　　○　　　　　　○
功能安全　　　　○　○　○　　○　○　　○　○
信息安全　　　　　　　　　　　　　○　○　○

图 2.6　车辆基础功能架构与安全功能对应关系

动力子系统和智能控制子系统，涉及电机控制器、电池系统、整车控制器、辅助驾驶单元、智能驾驶计算机等。因此，在车辆功能安全的分析过程中，除各零部件自身的功能安全外，还应考虑各部件功能安全之间可能存在的相互影响及冲突。此类安全分析与设计问题则属于不同子系统之间的跨领域设计与分析问题。

从上述对车辆安全要求的分析可见，以不同的功能为目标进行设计和分析时，会涉及车辆不同的物理系统。功能分析与设计可能存在于某一子系统内，也可能存在于多个子系统之间。同一子系统内的设计通常是通过对底层参数的设计实现上层功能目标，属于跨层级的设计。不同子系统之间的设计通常是建立部分子系统的内部参数与其他子系统的功能之间的关系，属于跨领域的设计。除此之外，在整机设计中，存在将不同子系统的功能参数进行优化以提高整机性能的问题，此类问题不涉及子系统的底层设计参数，属于系统级设计问题。

2.3　复杂物理系统的描述方法

在对复杂物理系统进行轻量化设计时，首先需要对复杂物理系统进行建模。通常模型可以分为基于物理的模型、数值模型和数据驱动的模型等。

2.3.1 基于物理的模型

基于物理的模型通常是通过对物理现象的观察,理解物理现象的基本原理或从中总结出一定的规律,将原理或规律通过数学或数值的方式进行表达,以实现问题的求解。基于物理的模型来自对现实问题的抽象,存在一定的假设并忽略了一些其他因素。基于物理的模型通常包括以下几类。

(1)数学模型。在一定的假设和简化的基础上,使用一系列基本原理公式对物理系统进行建模,用于反映系统的功能特征。如,使用电磁场基本方程、电路方程和热传导方程对驱动电机进行建模,通过解析的方法分析电机的功率特性、热特性等。

(2)试验模型。在实验室建立全尺寸模型或缩减模型,对物理系统进行试验,通过试验观察建立分析模型。如,在分析车辆空气动力学特性时,将车辆或按比例缩小的模型置于风洞中,通过试验的方法得到车辆的空气阻力系数。

(3)模拟模型。对于复杂的物理系统,通过解析的方法对控制方程进行分析往往不可行,采用基于模拟的建模方法则可以较好地解决实际工程问题。基于模拟的建模方法包括有限元方法、有限体积法、离散元方法等,这些方法被集成在众多的商用软件中供工程师使用。

2.3.2 数值模型

区别于基于物理的模型,数值模型通常通过各种数值手段实现对物理系统特定性能的描述。数值模型不是基于物理模型的直接建模,也不追求对物理系统性能的全面描述,而是对物理系统某一方面性能的反映。

(1)降阶模型。针对复杂物理系统,降阶模型是对原本高维的模型通过特定的数值方法进行降维处理,得到描述系统某方面特征的低维模型。如,减基法通过将高维物理系统模型向基空间映射,得到降阶模型,其中,基空间的构造对降阶模型的精度有重要影响。

(2)代理模型。代理模型在工程中常被用于处理复杂系统建模问题,在不考虑物理系统原理的条件下,通过一定的数值方法建立系统输入和输出之间的关系,形成代理模型。常见的代理模型有响应面模型、Kriging 模型、径向基模型、移动最小二乘模型等。这些模型可以有明确的解析表达式，也可以使用隐式表达方式。代理模型被广泛用于结构优化和系统优化过程。

（3）混合模型。混合模型通常是指基于多个或多种数值模型，通过加权、分段或融合的方式得到的新的数值模型。混合模型对物理系统的表达方式更为灵活，可以得到更加准确的系统描述，常用于不规则、不连续、阶跃等特征的描述。

2.3.3 数据驱动的模型

与基于物理的模型相比，数据驱动的模型更多地依赖于实际数据，现实存在的数据反映了复杂物理系统的真实状态，是囊括了所有已知和未知的原理的综合。由于物理系统的复杂性，通过实测数据形成可信的原理和规律很难，因此，建立数据驱动的模型是描述复杂物理系统的又一可行途径。

（1）机器学习。传统的机器学习方法具体包括线性回归、支持向量机、决策树、随机森林、贝叶斯学习和人工神经网络等，可以从学习方式、学习策略、学习目标、数据形式等方面进行分类。

（2）深度学习。深度学习是机器学习领域中的一个研究方向，深度学习通过挖掘学习样本数据的内在规律和表示层次，让机器具备一定的学习能力、分析能力，常见的方法有卷积神经网络（CNN）、生成式对抗网络（GAN）、循环神经网络（RNN）、长短期记忆（LSTM）网络等。深度学习在数据挖掘、自然语言处理、图形识别、类脑决策等方面有广泛应用。

（3）基于物理信息的学习模型。将物理模型的原理和规律与学习模型框架相结合，如将偏微分方程的残差、梯度等信息与深度学习相结合进行混合编程，以提高模型的精度和效率等。基于物理信息、先验知识、原理规律等构建的学习模型是研究的热点之一。

2.3.4 复杂物理系统各类模型之间的相互关系

复杂物理系统建模方法的分类方法有多种，根据上文的分析，三大类模型及其相互关系如图2.7所示。

由图可见，三类模型既有各自的特点又存在一定的交叉，体现了对复杂物

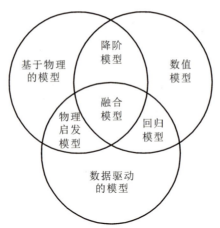

图 2.7 复杂系统模型之间的关系

理系统从数学、数值到数据的描述路径。各种模型在不同的系统层级和子系统之间有着自身独特的适用范围。在对智能电动车辆进行轻量化的过程中,根据问题属性的不同,可选择合适的一种或多种方法进行设计分析。

2.4 复杂物理系统的轻量化

轻量化作为对车辆整体特征的一种描述,是在满足车辆功能条件下的进一步要求。除结构和材料轻量化以外,系统级、子系统内和跨系统之间的轻量化也需要关注。

本节将对复杂物理系统的轻量化内涵进行分析并对轻量化的体系进行梳理。广义地,对系统进行直接或间接的减重都属于轻量化的范畴。通常,系统由多个功能不同的子系统组合而成,形成整机的完整功能,每个子系统都由一系列零部件组合而成,实现特定的功能,每个零部件则承担子系统部分职能。通常,结构轻量化设计过程主要集中于对零部件或子系统进行设计。本书将从零部件之间的关系、零部件与子系统的关系、零部件与整机的关系、子系统之间的关系、子系统与整机的关系方面进行更为广泛和深入的讨论。

2.4.1 轻量化体系的构成

轻量化体系从系统工作原理、运行方式、组织方式等角度对轻量化进行定义,涉及整机、各子系统、零部件等要素。轻量化可以在同一子系统的多个零部件之间展开,可以在不同子系统之间展开,也可以在不同子系统的零部件之间展开。本书从复杂物理系统的角度对轻量化进行分类,归纳出以下几类典型的轻量化问题:

(1) 系统级轻量化。从整机的角度,对与质量相关的功能需求进行分析,以功能为目标建立整机层面的优化模型,对整机的系统选型、配置和主要参数指标进行优化,这是自顶而下的设计流程中的第一层次优化。以电动车辆总体设计为例,以车辆的动力性和经济性为目标,对车辆动力系统进行配置。由于电池系统对车辆的续驶里程和整车质量均有较大影响,因此,在进行车辆动力系统匹配设计时,须同时考虑动力电池的质量对整车质量的影响和对续驶里程的影响。理论上,电池储存的能量越大,车辆的续驶里程越长,但是大的电池系统会增加整车质量,最终使得增加电池能量获得的续驶里程收益减小,因此,合理配置电池系统不仅是关于动力性和经济性的优化问题,同时也是一个典型的系统级轻量化问题。

(2) 跨层级轻量化。面向整机或子系统某一功能目标,通过隶属关系分解,对整机所属子系统中的某个或多个零部件的参数、几何关系等进行优化,在提升性能目标的同时实现轻量化。以电池散热系统设计为例,为控制电池箱体内的最高温度和温差,应对液冷散热管路的几何形状、尺寸、液体流量和流速进行设计。在此,设计变量为散热管路几何参数和控制参数,设计目标为电池箱体内的最高温度和温差,这属于同一子系统内跨层级的优化问题。

(3) 跨领域轻量化。面向整机或子系统某一功能目标,通过分析子系统内部各零部件关系、子系统之间关系、子系统与整机的关系,建立跨不同领域的优化模型,实现多领域下的功能优化和轻量化。以轮毂电机驱动电动汽车设计为例,为保证车辆的动力性、经济性和平顺性,对轮毂电机本体进行设计。从电动性能上看,轮毂电机的本体设计将会影响电机的功率-扭矩特性,在整车层级上将影响车辆的动力性和经济性;从平顺性上看,轮毂电机增加了车辆的簧下质量,可能影响车辆运行的平顺性。因此,对轮毂电机本体的设计直接影响电机性能和电机质量,间接影响车辆动力性、经济性和平顺性,故轮毂电机的本体设计是一个跨领域的设计问题。

(4) 结构轻量化。面向某一个或多个零部件展开,通过对结构件的拓扑、几何参数、尺寸参数的优化,实现零部件轻量化。结构轻量化广泛存在于车辆零部件结构设计中,相关设计方法较为成熟。以车辆正面碰撞中前纵梁设计为例,通过对前纵梁的截面形状、壁厚尺寸、吸能区长度等进行优化设计,在不牺牲前纵梁的吸能特性的前提下提高结构的轻量化水平。此类优化常见于车身结构和底盘零部件结构设计中。

(5) 材料轻量化。面向零部件或子系统的材料选用展开,通过选用轻质、高强材料进行替换来实现轻量化。轻质、高强材料包括铝镁合金、复合材料、高强钢等。在此类优化过程中,通常要考虑加工制造工艺、连接工艺、成本等因素。以车身结构件材料选型为例,在不改变结构件拓扑形状的前提下,可考虑使用轻质、高强材料进行材料替换和几何尺寸优化,在空间安装约束、成本约束、性能约束下进行轻量化设计。

2.4.2 轻量化体系框图

根据以上对轻量化体系的归类,各类轻量化的关系如图 2.8 所示。

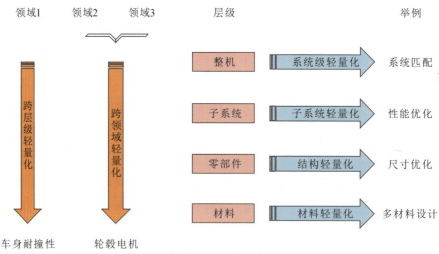

图 2.8 轻量化设计体系划分及示例

2.5 本章小结

本章从物理系统的角度对智能电动汽车的设计方法进行了分析。首先,从系统角度对智能电动车辆各子系统进行划分,从结构子系统、能源子系统、作动子系统和智能控制子系统四个部分进行描述,并对比了电动车辆各子系统与常规车辆系统的区别。接着,以安全分析为例,分析了物理系统架构与车辆功能之间的关系,指出物理系统与车辆功能之间存在较为复杂的对应关系。然后,分析了复杂物理系统的设计模型和建模方法,分析了基于物理的模型、数值模型和数据驱动的模型各自的特点和适用范围,为轻量化设计提供建模支持。最后,分析了复杂系统轻量化与系统功能、系统结构和材料之间的关系,提出了复杂系统轻量化设计体系。

本章参考文献

[1] 钱学森,于景元,戴汝为.一个科学新领域——开放的复杂巨系统及其方法论[J].自然杂志,1990,13(01):3-10,64.

[2] JOHN M B,THOMAS H B.基于模型的系统工程有效方法[M].高星海,译.北京:北京航空航天大学出版社,2020.

[3] 谢友柏.关于MBSE和MBD的思考[J].科技导报,2019,37(07):6-11.

[4] 韩旭.基于数值模拟的设计理论与方法[M].北京:科学出版社,2015.

[5] 姜潮,韩旭,谢慧超.区间不确定性优化设计理论与方法[M].北京:科学出版社,2017.

[6] LONG D,SCOTT Z. A primer for model-based system engineering[M]. Blacksburg:Vitech Corp,2011.

[7] BUEDE D M. The engineering design of systems:models and methods [M]. 2nd ed. Hoboken:John Wiley & Sons,2009.

第 3 章
与电动化和智能化相关的若干关键问题

电动化和智能化推动车辆技术进入新的发展阶段,为车辆的能量来源和使用方式赋予了新的特征,在引入新特征的同时,也给电动系统和智能系统带来了新的设计问题。例如,新型能源在促进能源转型的同时存在能量密度较低、安全性待提升等问题,智能控制系统在减缓驾驶负担、提高交通效率的同时存在功能失效风险和状态失效风险等问题。本章将对车辆电动化和智能化进程中的一些典型挑战进行分析,明确难点和科学问题,探索解决智能电动车辆在能源和安全方面新问题的方法,并讨论未来可能的技术发展路径。

3.1 电动汽车碰撞后起火问题

锂离子电池热失控作为热点研究课题,受到了机械、材料、化学、能源等领域研究人员的广泛关注。在工程领域,锂离子电池热失控被认为是引发众多火灾的直接原因。然而,对热失控的理论研究却难以解释工程中的一些现象,例如电动汽车碰撞后是否起火以及火灾的形成过程。据统计,电动汽车碰撞后的起火时间与碰撞时间间隔从几分钟到几十天不等,具有明显的不确定性。现有的研究在电池热失控分析方面取得了较大进展,使人们对锂离子电池的特性有了较为全面和深刻的理解,却仍无法预测车辆在随机碰撞后起火的可能性,也无法提供相应的应对措施。因此,有必要从复杂系统分析和过程不确定性的角度对电动汽车碰撞后起火问题展开研究,为此类问题寻找答案。

必须指出,电动汽车碰撞后起火的预测不能完全等同于锂离子电池的热失控过程研究,锂离子电池的热失控仅为碰撞后起火的一个环节。当前大多数研究工作针对的是锂离子电池在机械滥用、电滥用和热滥用等标准工况下的热失控,极少涉及整车环境下的热失控。对整车使用条件、碰撞不确定性、热管理系统、车身和电池箱结构等进行耦合分析和研究是现实中起火研究不能回避的问题,也是当前亟需关注的问题。

3.1.1 研究的现实意义

电动汽车碰撞后起火是车辆安全性研究中出现的新问题。通常,将碰撞后起火归因于机械滥用引起内外短路触发的电池热失控。电动汽车碰撞后起火通常伴随着一定的机械失效,动力电池热失控被认为是引发电动汽车碰撞后起火燃烧的关键因素之一。典型的电动汽车碰撞后起火事件如表3.1所示。

表 3.1 典型的电动汽车碰撞后起火事件

时间	地点	车型	起因	历时	结果
2019.04	中国西安	纯电动SUV	碰撞维修	2天后	维修时起火
2016.08	英国曼彻斯特	纯电动轿车	低速碰撞	2月后	未行驶起火
2013.10	美国西雅图	纯电动轿车	地面刮擦	30分钟后	行驶中起火
2011.05	美国伯灵顿	混合动力轿车	新车碰撞测试(NCAP)碰撞	3周后	停车场起火

由表3.1可见,电动汽车碰撞后起火事件具有典型的不确定性特征,起火时间与车辆碰撞时间间隔从几分钟到几十天不等,起火形成过程各异。同时,锂离子电池热失控触发前也可能存在一个发展过程。起火时间难以预测给车辆安全性评价带来了极大的挑战,也为电动汽车正常使用埋下了无法预知的隐患。因此,对碰撞后车辆起火的预测成为电动汽车安全性研究的核心问题。

世界各国锂离子电池安全试验标准对热失控触发方式均有明确的规定。而整车碰撞形式复杂多样,碰撞法规对整车热失控的要求限于碰撞后30 min内电池系统不爆炸、起火。这些要求在防范随机碰撞后起火事件上具有局限性。德国联邦交通研究所和瑞典查尔姆斯理工大学通过对电池滥用试验和车辆碰撞测试结果进行对比分析后指出,现有的电池滥用试验并不完全具有代表性。碰撞后受损车辆存在潜在安全风险成为电动汽车行业发展日益凸显的新难题。

事实上,车辆碰撞与起火燃烧之间存在着结构性能-化学过程-热传播时空耦合关系,并受多种不确定性因素影响。常规的车辆安全性研究擅长于解决车辆碰撞在空间上对结构和乘员的损伤问题,难以将电池热失控形成时间、热失控在结构中传播的时间-空间耦合作用等因素考虑进来,难以科学描述起火形成的时间特征。

因此,需要对电动汽车碰撞后起火的可能性及其预测方法展开研究,结合不确定性分析,从时间和空间结合的角度为预测车辆碰撞后起火提供解决方案。车辆碰撞后起火经历的三个基本过程如下。

(1) 车辆碰撞对锂离子电池造成损伤的过程。

(2) 潜在热失控的形成过程。

(3) 单体电池热失控发展为起火的过程。

以上三个基本过程涉及机、电、热、化学等多个学科领域,既存在时间上的多学科衔接,也存在空间上的多学科耦合,对建模理论和表达方式提出了很高的要求。同时,由于这三个过程包含多源不确定性,对其确定性描述存在明显局限性。因此,对这些过程的科学描述将突破传统车辆安全性设计的研究范畴,在研究方法、研究路线、研究工具等方面需借鉴相关基础科学研究思路和方法并进行创新。

3.1.2 现有研究成果及进展

1. 从车辆碰撞到电池损伤的跨层级结构损伤过程

从车辆碰撞到电池内部损伤的过程描述是一个典型的多层级问题。从物理结构层面来看,从车辆碰撞到电芯结构损伤会经历五个过程:① 车身结构变形与吸能过程;② 电池箱体受冲击或变形过程;③ 电池连接结构、支承结构、散热结构受冲击或变形过程;④ 单体电池受冲击或侵入过程;⑤ 电芯内部结构损伤过程。其中,电池系统损伤将引起外短路,电芯结构损伤将引起内短路,二者均可触发热失控。电芯结构宏观损伤与电芯内部微观产热量之间的关系是潜在热失控发展的输入条件。这五个过程之间的相互关系如图3.1所示。

将上述五个过程衔接起来,建立从整车层级到电芯结构层级的分析模型是准确描述车辆碰撞与结构损伤关系的基础。在此基础上,明确电芯结构损伤与材料化学反应之间的关系是描述产热量的前提。

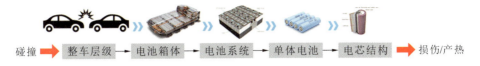

碰撞 → 整车层级 → 电池箱体 → 电池系统 → 单体电池 → 电芯结构 → 损伤/产热

图 3.1 从车辆碰撞到电芯结构损伤的五个过程之间的关系

在现有文献中,有研究人员建立了包含电池排布的电动汽车碰撞模型,分析了在小偏置碰撞工况下车身弯曲变形对电池包的挤压作用,用以评估车辆碰撞对电池排布的影响,完成了从车身结构变形(过程①)到电池系统变形(过程③)的建模。麻省理工学院的研究人员将地面障碍物对电池包的撞击转换为电池箱体变形和电芯变形,得到了电芯在地面冲击情况下的变形形态,完成了从电池箱体变形(过程②)到单体电池破坏形式(过程④)的建模。针对电芯结构变形(过程⑤)的研究集中于单体电池受外界载荷后的变形情况,相关研究涵盖机械滥用情况下的机-电-热耦合数值模拟技术、机械载荷下单体电池隔膜完整性研究、不同种类单体电池的机械测试等。在验证模型准确性的基础上,这些研究提出了单体电池发生内短路的变形条件和准则。

上述研究针对碰撞中不同层级的结构损伤,从不同角度分析了机械触发与电芯结构损伤之间的关系。然而,完整描述该过程需要覆盖五个层级,建立涵盖整车层级、电池箱体层级、电池系统层级、单体电池层级、电芯结构层级的跨层级模型对结构损伤和产热进行表达。不确定性在跨层级模型中的传播进一步增加了该问题的难度。解决该问题将是未来研究努力的方向之一。

2. 碰撞引起内外短路触发热失控的发展和形成机理

现有的单体电池热失控机理研究以明确的触发方式为前提,使用标准化的机械滥用、电滥用和热滥用技术在很短时间内触发热失控现象。而车辆碰撞后起火虽可以归因于机械滥用引起内外短路触发的电池起火,但其触发方式有别于标准工况。一方面,碰撞过程中电芯结构损伤会引起内短路,内短路产生的热量累积后会导致电池内部材料发生化学反应形成热滥用,最终触发热失控。另一方面,碰撞形成的外短路直接引起电滥用,一定条件下会转化为热滥用进而触发热失控。因此,碰撞后可能存在机械滥用、电滥用和热滥用等三种触发机制,三者之间存在并存和递进的关系。

在对电芯热失控机理的研究过程中,国内外学者付出了极大的努力,通过试验、理论分析和数值模拟等手段对锂离子电池热失控的热力学模型、外部特征、内短路监测、老化路径、内部形貌、时序图分析等进行了详细研究,同时对无内短路热失控、过放电热失控、热触发失控、针刺触发失控等触发机理展开了研究,取得了积极的研究进展。通过对锂离子电池失效机理和燃烧模式的分析可知,锂离子电池失效的形式主要包括:① 固体电解质相界面(SEI)层破坏;② 负极材料和电解液反应;③ 隔膜破裂与内短路;④ 正极材料分解并与电解液反应;⑤ 电解液分解等。在电池热失控形成的过程中,各失效形式既存在一定的触发次序,也存在同时发生的情况。因此,难以对潜在热失控发展和形成过程进行准确的量化描述。

根据最新研究进展,清华大学研究团队基于不同化学体系和不同种类的电芯热失控试验数据,结合化学反应动力学分析,将锂离子电池热失控分为六个阶段,并从中提取出三个关键特征温度(T_1、T_2、T_3)。其中,T_1为异常热量产生的起始温度,通常预示着电芯内部发生了明显的副反应,T_2为热失控的触发温度,T_3为热失控达到的最高温度。这三个特征温度伴随着电池热失控的发展过程依次出现,体现了热滥用条件下热失控过程的主要温度历程,为科学描述锂离子电池热失控过程提供了依据。该研究同时指出,在相邻特征温度之间,热量的累积由不同的化学放热反应主导,这为计量反应生热和建立热模型提供了依据。该研究虽未从时间角度对热失控过程进行讨论,但该研究结论有望为揭示机械触发内短路与潜在热失控的演化关系提供指导。

虽然碰撞后热失控形成过程存在诸多认知不确定性,但可以认为,基于试验数据和温度特征对热失控形成过程进行描述可以量化热失控的时间特性,具有重要的研究价值,对预测碰撞后热失控潜伏期具有重要的研究意义。

3. 从单体电池热失控到起火形成的演化过程

单体电池热失控并非一定会发展为起火并引起整车起火。在一些条件下,单体电池热失控受到电池排布、电气连接、支承结构、散热结构的抑制作用,不会传播至整个电池箱体。因此,热失控在空间上的传播特性也应成为关注的焦点。

国内外学者的研究主要集中在热失控在空间传播的结构、机理分析,以及试验和数值模拟等方面,包括电池排布、串并联方式、隔热材料、散热结构等,同时结合多物理场多域模型、有限体积模型等数值分析方法,为单体电池热失控传播的研究提供理论和试验支持。相关的研究结论包括：① 传质和接触热阻是影响热失控传播的关键因素；② 并联的单体电池之间更容易发生热失控的传播；③ 单体电池之间不同的间隙材料抑制热失控传播的能力各异；④ 可以通过建立三维热失控传播模型，对大规模锂离子电池热失控传播性能进行数值模拟和试验；⑤ 电池散热系统的优化设计对抑制热失控传播具有积极意义。这些结论为研究热失控在电池箱体内的空间传播提供了有益参考。

然而，在实际车辆碰撞过程中，热失控的传播不仅是一个空间热与结构相互作用的过程，也是一个具有明显时间特征的链式传播过程。仅在空间上对热失控传播进行研究不足以描述起火中链式热传播的时间特征。因此，对整车起火的预测需要在时间和空间两个维度上展开。

当电池箱体内多个单体电池在不同的时间发生热失控时，电池箱体发生起火的概率也将会大大增加。因此，需要从多个单体电池时序触发热失控的角度研究起火在时间-空间上的形成过程。

3.1.3 研究的难点与挑战

(1) 在空间上，车辆碰撞引起的电芯损伤与产热是一个跨层级多尺度问题，暂无完善的研究方案。同时，随机不确定性在多层级和宏微观量之间的传递使这一问题变得更为复杂。

(2) 在时间上，热失控形成过程中电芯内部化学反应进程较为复杂，目前缺少对实际化学反应进程的准确认知，从化学反应动力学角度对形成过程进行描述存在较大障碍。

(3) 在时间和空间维度上，判定起火需要建立能够描述热失控在结构中传播的空间路径和时间特性的模型，在时空耦合条件下对热失控的链式传播进行表达。

(4) 在科学表述上，由于车辆碰撞存在随机不确定性、热失控过程化学反应存在认知不确定性、时空耦合模型存在系统误差等，车辆碰撞后的起火可能性的表达方法有待创新。

(5) 由于涉及结构性能、化学过程、热传播等不同学科门类的研究内容，在时间和空间维度上对研究内容进行衔接尚无可借鉴方案。

3.2 电动汽车碰撞后起火的研究路径与预测方法

3.2.1 碰撞后起火研究的目标

以电动汽车碰撞后起火的不确定性为背景,从结构分析和时间演化的角度研究工程中起火的发生条件和形成过程,挖掘起火形成的时间属性,探索电动汽车碰撞后起火可能性的表达和预测方法。该目标分为以下几部分。

(1) 从结构分析的角度,获取车辆碰撞引起的跨层级结构损伤及电芯产热量,形成碰撞后热失控过程的输入条件。结构损伤包括电芯结构损伤和电池系统损伤,分别将其作为内短路和外短路的输入条件。

(2) 从时间的角度,以结构损伤为输入,建立不同触发条件下热失控形成过程的统一参数化模型,衔接结构损伤和时间演化两个过程。内短路和外短路情况下,电芯经历的热失控过程有差异,基于试验数据和温度特征建立统一参数化模型有利于全面描述热失控形成历程。

(3) 在时间和空间两个维度上,明确热失控在结构中的传播机理和形成起火的条件。起火形成通过热、化学、结构在时间和空间的相互耦合过程来表达。

(4) 建立车辆碰撞与起火燃烧之间的可能性关系模型,结合不确定性分析方法,预测车辆碰撞后起火的可能性。在起火条件下,电池将产生高温和易燃易爆有害气体,任何明火都会引起车辆起火甚至爆炸。

3.2.2 碰撞后起火研究的关键内容

1. 基于车辆碰撞的跨层级结构损伤和产热研究

为了明确从车辆碰撞到电池损伤过程中各层级结构所受载荷和变形情况,需建立跨各层级结构的物理变形之间的关系,形成相应的数学研究模型。在此模型基础上,建立电池损伤的判定指标和条件,以便形成单体电池损伤的评估标准。鉴于车辆碰撞可能造成电池箱体内不同位置、不同数量电池的不同程度的损伤,还需要对电池箱体内电池损伤分布特征进行表达。该研究内容的逻辑关系如图3.2所示,主要研究内容如下。

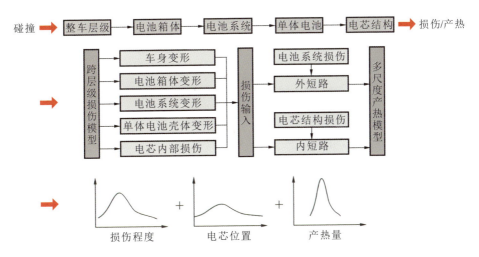

图 3.2 基于车辆碰撞的跨层级电池损伤特征和分布研究

（1）建立跨整车→电池箱体→电池系统→单体电池→电芯结构的跨层级结构损伤模型。由于各层级之间通过边界条件进行耦合，建立覆盖五个层级的单一数值模型具有较大的困难，因此，构建多层级模型将成为研究的首选。在该模型中需要处理的关系包括从整车到电池箱体、从电池箱体到单体电池、从单体电池到电芯内部结构的三种关系。通过对以上三种关系的研究，从动力学和连续体力学的角度考察结构变形和载荷传递。

（2）建立由电芯结构损伤引起的产热模型。碰撞过程无法保证电芯结构损伤在短时间内达到触发热失控的条件，因此碰撞条件下的损伤特点和损伤指标将不同于标准试验工况下的。研究碰撞条件下单体电池损伤与其产热量之间的关系需要建立多尺度模型，宏观输入量为电池损伤指标，宏观输出量为电池产热量，微观量为分子动力学参数。

（3）车辆碰撞后结构损伤和产热的随机不确定性研究。车辆碰撞可能引起电池箱体内多个单体电池的随机损伤，需要在跨层级模型和多尺度模型中考虑不确定性的传播。同时，由于不同位置和不同程度的损伤引发热失控、促进热传播的能力存在差异，为了全面描述电池箱体内受损单体电池与整车热失控之间的关系，需要对结构自身损伤的不确定性、电芯结构损伤的分布特征进行总结。通过对受损电池的位置、数量和损伤程度的统计来定量描述电池损伤的情况。

2. 不同触发条件下损伤电池热失控形成时间建模方法

不同触发条件引起的热失控过程不同。由于化学反应的复杂性,目前对化学反应进程的认知和计量都存在困难。因此,通过试验数据和温度特征建立热失控形成的统一参数化模型是解决认知不确定性条件下热失控形成时间问题的可行途径。现有研究得出的热失控形成的温度特征如图 3.3 所示。以图 3.3 中的研究进展为依据,可从以下三方面展开研究。

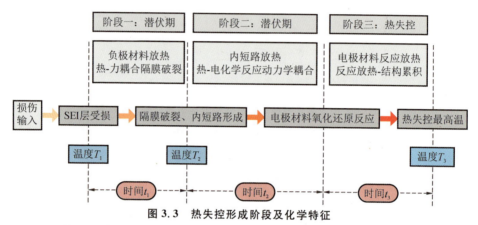

图 3.3　热失控形成阶段及化学特征

(1) 热滥用条件下热失控形成过程的时间特征及统一参数化模型研究。无论是机械滥用,还是电滥用,归根结底引起热失控的都是热滥用。因此,热滥用条件下的热失控形成过程具有热失控形成过程的全部必要典型特征。科学描述该过程将有利于从数值角度对热失控过程进行建模。由于实际化学反应过程的复杂性,该数值模型存在认知不确定性问题。

(2) 内短路触发热失控在统一参数化模型中的输入映射关系研究。机械滥用引起内短路触发热失控的形成过程虽不同于热滥用过程,但可以将其转化为统一参数化模型在某一输入条件下的情况。该输入条件为电芯结构损伤和产热量。电芯结构损伤和产热量具有随机不确定性,且随机不确定性和模型的认知不确定性将在分析的过程中传播。

(3) 外短路触发热失控在统一参数化模型中的输入映射关系研究。外短路触发热失控的形成过程最终将转化为热滥用触发过程,因此同样可以将其转化为统一参数化模型在某一输入条件下的情况。该输入条件来自电池系统的损伤。由电池系统损伤引起的外短路具有随机不确定性,且随机不确定性和模型的认知不确定性也将在分析的过程中传播。

3. 时空耦合条件下多点热失控传播及起火形成过程

发生单体电池热失控且热失控在电池箱体内蔓延传播是整车热失控的必要条件。热失控的传播与单体电池排布、电气连接、支承及散热结构密切相关，因此需要对电池系统内涉及多物理场和多作用域的问题进行建模并研究。对于多个单体电池同时具有潜在热失控风险的情况，需要从电池系统层级考虑多点热失控传播和相互作用的问题。在达到系统热失控条件后，即可判断整车热失控发生的可能性。基于时间-空间热传播的起火形成过程如图3.4所示。

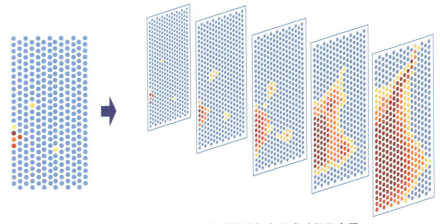

图3.4 基于时间-空间热传播的起火形成过程示意图

多点热失控传播及起火过程研究包括以下内容：

（1）基于多物理场多作用域模型的单体电池热失控传播机理研究。热失控蔓延传播是起火发生的前提。受电池箱体、电池系统、散热系统等结构的影响，热失控的传播过程涉及多物理场多作用域问题。通过建立多物理场多作用域模型可以对单体电池热失控引发的系统级热传播机理展开研究，发掘与热失控传播相关的关键参数及传播特征。

（2）多点热失控在时间和空间上的传播模型及系统热失控判定条件研究。在多点热失控传播模型的构建过程中，主要考虑碰撞后多个电芯以一定次序发生热失控的情况。多点热失控传播模型不是单体电池热失控传播模型的叠加，需要将在不同时刻发生热失控的情况表达在传播模型中，因此多点热失控传播模型是与时间相关的热传播分析模型。可通过对多点热失控传播模型的分析，找到判定起火的条件。

(3) 起火预测研究。在以多个电芯结构损伤为输入的前提下,结合单体电池热失控潜伏时间历程,根据起火判定条件,可以得到起火的潜伏时间。由于电池损伤的随机不确定性和化学过程的认知不确定性,以电池损伤的空间模型和化学反应的时间模型为输入,通过建立相应的分析模型,可以判断发生起火的可能性,为预测起火的潜伏期提供科学依据。

3.2.3 碰撞后起火过程中的关键科学问题

(1) 大变形非线性多层级系统中跨层级结构损伤的量化。车辆碰撞属于大变形非线性问题,建立包含电芯内部结构的电动汽车碰撞模型不仅需要花费巨大的工作量,而且由于随机不确定性的影响无法保证建模精度。因此,分层级建模并对结构损伤进行量化是解决该问题的关键。从车辆碰撞到电芯结构损伤会经历多个层级,准确建立各层级模型,并确定边界条件有利于实现跨层级的载荷传递和损伤量化。另外,需要解决随机不确定性在各层级模型中的传播问题。

(2) 在时间和空间维度下对热失控在结构中的链式传播特性的描述。热失控传播是一个热、化学、结构在时间和空间相互耦合的过程。热失控在电池系统中进行链式传播标志着系统热失控的最终形成。链式热传播过程包括时间维度上的热传播时序和空间维度上的热传播路径。描述系统热失控形成过程不仅需要描述热失控在时间上的发展历程,还需要描述热失控在空间上的传播路径,二者相互耦合,缺一不可。

(3) 多学科耦合问题中多源不确定性随时间和空间传播的表达方法。受碰撞过程的随机不确定性和化学反应过程的认知不确定性的影响,系统热失控事件发生的可能性问题并非是一个确定性问题。分析考虑多源不确定性的热-化学-结构耦合作用过程不仅需要进行概率可靠性分析、多学科分析和非概率可靠性分析,还需要解决多源不确定性在时间和空间上的耦合问题。在时间和空间两个维度上均需处理三层嵌套问题,这对不确定性分析理论提出了更高的要求。

3.2.4 碰撞后起火的研究框架

碰撞后起火总体研究方案如图 3.5 所示。该研究方案从由整车碰撞引起的结构损伤出发，通过数值方法对热失控形成过程进行统一参数化表达，最终通过结构和多物理场模型将化学反应动力学参数映射回整车层级，从而实现对整车发生热失控可能性的预测。

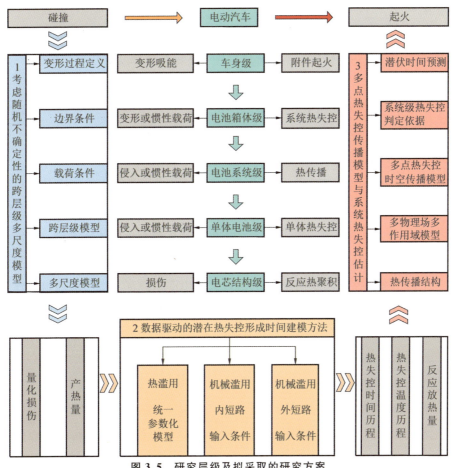

图 3.5 研究层级及拟采取的研究方案

从内容上看，可从三个主要方面展开工作，这三个方面的工作对应研究的三个阶段。研究内容一主要建立整车碰撞与电芯结构损伤之间的关系；研究内容二主要关注化学反应放热与电芯内部热失控发展之间的关系；研究内容三主要研究单体电池的热失控向整车起火发展的过程。三部分研究内容前后衔接紧凑,输入和输出关系明确。

3.2.5 研究方法分析及技术路线

1. 考虑随机不确定性的跨层级多尺度电池损伤模型

首先,需要研究跨层级损伤模型的建立方法。从车辆碰撞到电芯结构损伤经历整车层级、电池箱体层级、电池系统层级、单体电池层级、电芯结构层级等五个层级,不同的碰撞载荷在五个层级之间的传递形式并不唯一。相邻两个层级之间的位移边界条件和载荷边界条件可以通过相邻层级之间的物理结构连接来确定。作用在车辆结构上的碰撞载荷通常包括接触载荷和惯性载荷两类,需要对不同载荷形式对电芯结构的影响进行研究。

接着,需要研究受损电芯的产热建模方法。电芯结构损伤分为多种,这里,讨论将集中于能够引起潜在热失控的电芯结构损伤形式,包括 SEI 层受损、隔膜受损、电极材料受损等。这三种损伤也是潜在热失控形成过程中的三个主要损伤源。针对三种损伤形式,结合化学反应过程,提出受损电芯宏观量的计算方法。

最后,需要进行电池箱体内电芯结构损伤和产热的不确定性分析。车辆碰撞可能造成电池箱体内电芯随机损伤,掌握电芯损伤的分布规律可以实现对起火发展的准确预测。除损伤评价指标外,受损电芯的温度对电芯的热稳定性有重要影响,通过产热模型将化学反应发热的不确定性与宏观温度的不确定性进行耦合。

2. 数据驱动的损伤电池潜在热失控形成时间建模方法

国内外最新研究成果可以为本部分的研究提供较好的先验知识。

首先,研究基于试验和温度特征的热滥用条件下热失控形成过程的统一参数化建模方法。以热滥用条件下热失控形成过程为基准,建立统一参数化模型。由于不同外界加热功率和加热时间对热失控形成过程有重要影响,因此,从加热温度和加热时间两个维度对热失控形成过程温度-时间曲线进行参数化描述。

接着,需要研究机械损伤形成内短路触发热失控在统一参数化模型中的映射关系。以统一参数化模型为基础,根据跨层级模型得到的电芯结构损伤和产热结果,将机械滥用引起的内短路触发热失控形成过程向统一参数化模型映射,得到不同损伤和产热条件下热失控的形成时间历程。

最后,研究机械损伤形成外短路触发热失控在统一参数化模型中的映射关系。以统一参数化模型为基础,根据跨层级模型得到的电池系统损伤结果,将机械滥用引起的外短路触发热失控转换为热滥用的等效触发条件,向统一参数化模型映射,得到不同电池系统损伤条件下热失控的形成时间历程。

3. 基于时间和空间的多点热失控传播模型和热失控估计方法

首先,研究基于多物理场多作用域模型的单体电池热失控传播建模方法。通过建立多物理场多作用域模型,对涉及热失控传播的相关因素进行分析,包括发热功率、热释放速率、电池连接结构、散热系统结构等。通过对该模型的分析来评估电池系统在结构上对热失控的抑制作用。同时,为电池系统成组、电池支承结构、散热系统设计提供相应的数据支持。

接着,研究基于时间和空间的多点热失控传播分析方法。对于电池箱体内可能存在多个电芯热失控的问题,从时间和空间两个维度展开研究。将第一部分研究内容中的电芯结构损伤分布和第二部分研究内容中的基于时间的热失控形成过程相结合,通过数值方法对多个单体电池热失控在电池系统中的传播进行模拟,以期还原电池箱体内链式热传播的过程。同时,根据数值分析的结果,分析发生起火的条件。

最后,需要研究基于不确定性理论的系统热失控预测方法。由于车辆碰撞过程中的随机不确定性、电芯热失控形成过程的认知不确定性和多点热失控传播的多源不确定性,应尝试从随机-模糊-区间混合不确定性的角度建立车辆碰撞后起火的可能性表达方式,最终预测车辆碰撞后发生起火的可能性。

3.2.6　碰撞后起火研究的科学意义

电动汽车碰撞后起火广受关注,但对车辆随机碰撞后起火的预测研究尚为空白。由于起火发生时间表象随机,研究人员因缺少有效的预测方法而对此无能为力。该研究的意义在于:

(1)可以率先针对电动车辆随机碰撞后起火的可能性提出解决方案。针对电动汽车出现的安全新问题,将电动汽车碰撞安全性从常规的结构耐撞性拓展至热安全领域。通过建立跨层级多尺度模型，将空间域的结构数值模拟理论和时间域的过程分析理论衔接起来，将结构损伤的宏微观量转化为热失控形成的输入条件，在时间和空间耦合条件下分析热失控在结构中的链式传播特性。将汽车碰撞、电芯结构损伤、化学反应动力学、热传播等多个研究领域的内容通过时间和空间模型衔接起来，结合不确定性分析理论，形成预测起火的研究方案，可为电动车辆起火安全研究提供新的解决方案。

（2）将锂离子电池热失控研究的侧重点拓展至时间域。当前对热失控机理的研究均以明确的触发方式为前提，使用标准的机械滥用、电滥用或热滥用工况在较短时间内引发热失控，侧重于关注化学过程和温度特征，解决热失控如何形成这一问题。此项研究主要关注热失控形成的时间特征，解决何时形成的问题。进而，可以在时间和空间两个维度上对热失控在结构中的传播过程进行分析，展现链式热传播过程的关键特征。在时间域对热失控进行研究体现了热失控的另一本质属性，丰富了热失控研究的技术手段。

3.3　无人系统的状态失效问题

近年来，无人系统在深空探测、国防军事和应急救援等领域发挥出独特作用，无论是美国国家航空航天局（NASA）"毅力号"火星车还是我国"玉兔号"无人月球车，均面向重大战略需求，代表了人类科技发展的前沿方向。无人系统的全面部署应用将助推经济发展和社会进步。与此同时，无人系统的安全和可靠性也成为研究关注的焦点。

无人系统不单是多领域多学科的集成系统，也是信息系统与物理系统的结合体。因此，无人系统的安全性研究已超出常规机械装备安全性研究的范畴，向着电安全、热安全、信息安全、功能安全等领域扩展。从2018年四川航空公司3U8633航班驾驶舱玻璃脱落事件可见，在环境变量作用下，局部状态的变化可能导致令人难以察觉的系列失效。因此，有必要针对车辆智能化进程中存在的此类不易察觉的状态失效问题展开研究，关注由状态变化引起的系列失效过程，避免产生更大损失。

对状态失效的研究需以实时、全面的系统状态信息为基础，最佳的途径是通过系统状态的数字孪生进行研究。无人系统的各类状态数据不仅种类多,而且受多物理场作用,其随时间变化的规律不同。因此,对系统状态的在线分析将面临空间物理场耦合和时间尺度多样的问题。建立何种分析架构、如何描述子系统状态、失效过程如何发展等都是亟待解决的瓶颈问题。

3.3.1 无人系统状态失效的特征

随着第四次工业革命的深入,机械系统正向着智能化、数字化和信息化方向发展,以信息物理系统(cyber-physical system)为核心的无人系统将逐渐成为未来机电装备的重要发展方向,在深空探测、国防军事、应急救援等领域发挥重要作用。由于无人系统具备自主智能属性,可以在脱离人为监督的情况下运行,因此,无人系统的安全性和可靠性广受关注。

2018年5月14日,四川航空公司3U8633航班机组在巡航阶段驾驶舱右前风挡玻璃破裂脱落,导致驾驶舱失压和多系统故障,机组在各保障单位的配合下成功备降。经过两年多的调查,中国民用航空局在2020年6月公布了事故调查报告,结果显示,最大可能原因是右风挡封严破损导致水汽渗入,风挡左下部拐角处的电源导线在潮湿环境下持续放电产生局部高温致使双层结构玻璃破裂。

该事故起源于局部密封状态失效,在低温、气压和湿度等环境变量作用下,引起电气系统绝缘失效、放电热量累积、承载结构失效等一系列失效过程,最终发展为系统失效,如图3.6所示。从功能失效和状态失效两个维度进行分析可知,该事故发生在系统功能的执行过程中,是由某一状态失效引发的系列失效过程。

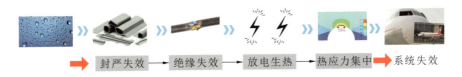

图3.6 状态失效引起的系列失效过程示意图

对于民航飞机这类复杂系统,基于功能的失效行为可以通过判断阈值等故障诊断手段实现在线监测,但基于状态的失效行为由于触发方式隐蔽、表现不明显、发展过程不确定、时间周期长等特点而不易被察觉。因此,全面获取无人系统状态数据是识别状态失效行为、追踪系列失效过程、预测系统寿命的基础。

从系统思维出发,结合数字孪生的理念,可对无人系统的状态及其变化过程进行分析。现阶段,实现无人系统在线状态数字孪生和失效预测存在以下问题:

(1) 如何构建融合不同时间尺度、触发方式和表达形式的失效分析架构。

现实中,基于功能的失效与基于状态的失效同时存在且可能相互影响,但每种失效的触发方式、表达形式和时间尺度不同,无法使用相同的架构同时刻画多种失效。因此,需要在综合两类失效特征的基础上,构建融合两类失效特征的分析架构。

(2) 如何基于大量不同种类的元件模型建立兼顾维度、精度和实时性的系统分析模型。

通过判断阈值进行故障诊断的方法通常缺乏对失效发生机理的描述,难以明确失效发生的具体位置、时间和原因,不能详细描述失效的形成和发展过程,故需要建立能够反映失效机理的系统过程模型。由于系统失效涉及元件众多,不同种类元件的工作原理各异,因此需要解决大量不同种类的元件在建模维度、精度和实时性方面的问题。

(3) 如何推理由某一状态失效行为引发的系列失效过程。

各组成元件在多物理场作用下的状态失效形式和发展过程不唯一。同一元件可以有多种状态失效形式,而每一种状态失效形式在特定的时间、空间和环境条件下可能触发其他元件的不同种类的失效。由此可知,系统状态失效的触发条件众多,形成过程复杂,表达形式各异,难以预知。因此,需要对系列失效过程的失效形成和发展机制进行研究。

针对以上问题,可以以系统工程理论为指导,结合数字驱动与模型驱动的建模方法,通过无人系统在线状态数字孪生,预测系统可能存在的失效。

3.3.2 现有研究成果及进展

1. 基于模型的系统工程发展进展

从 18 世纪至今,人类社会共经历了四次工业革命,工业产品形态从单纯的机械产品逐步发展到机电系统和智能系统,其复杂程度不断增加,开发难度越来越大。利用系统思维来解决复杂工程问题逐渐成为共识。

1982年,著名科学家钱学森先生在《论系统工程》中指出,系统工程是组织管理系统的规划、研究、设计、制造试验和使用的科学方法。钱学森先生在1990年发表的《一个科学新领域——开放的复杂巨系统及其方法论》中提出了将设计、制造甚至管理销售统一筹划设计的复杂巨系统思想及其方法论,开辟了复杂性研究的独特途径,形成了复杂巨系统的研究方法。

随着系统复杂性的逐步增加,基于模型的系统工程(model-based systems engineering,MBSE)方法逐渐成为系统产品开发的主要方法。国际系统工程协会对MBSE的定义为:对系统需求、设计、分析、验证与确认等活动的建模行为的形式化与标准化的应用,这种建模应用从系统概念设计阶段开始并贯穿于系统开发及之后的生命周期。由定义可知,基于模型的方法不仅应解决结构建模、系统行为和功能建模、可靠性建模等方面的问题,还应解决不同异构系统的接口问题、数据和知识的融合问题、系统验证等问题。

研究人员从系统层面讨论了基于模型的系统工程和基于模型的设计的重要性,并分析了二者建模的差别。在系统架构研究方面,对CAD/CAE系统异构性的研究、对复杂系统验证方法的研究等都促进了MBSE的发展。在建模方法方面,基于功能-行为-结构分析的建模方法、基于沃尔泰拉(Volterra)级数的非线性系统建模方法、针对不确定因素提出的鲁棒设计方法、参数再设计方法等均取得了相关进展。

与此同时,在系统工程应用层面,对复杂系统基于模型的方法的研究从最初的工业产品配置已扩展到设计、加工、装配、服务等多个方面,具体包括面向汽车智能化配置研究、基于模型的产品智能化配置方法和基于模型对汽车覆盖件冲压可加工性进行分析等;在航空航天领域,包括基于模型的设计(model-based design,MBD)的飞机结构件设计方法、卫星太阳翼系统设计、面向飞机装配工艺设计的MBD模型、基于大数据信息的智能制造服务系统等。

在数字化进程的推进下,数字孪生成为解决复杂系统工程问题的一种极具前景的方法,得到了研究人员的广泛关注。2002年,数字孪生的概念首次由美国密歇根大学教授Michael Grieves在NASA的研讨会上提出,2010年左右逐渐得到美国空军研究实验室和NASA等机构的重视。数字孪生通过数据驱动和模型驱动等方法对复杂物理系统在现实世界中的状态、行为和特性进行模拟。通过数字孪生技术,可以对运行数据进行连续采集和智能分析,预测维护工作的最佳时间点和系统寿命。

围绕这一新的研究理念,国内外学者对数字孪生的架构、体系、功能、实现途径、应用等进行了探讨,包括工业4.0下数字孪生的架构及数字孪生在各领域的范围、特征和实施等。同时,数字孪生也推动了系统方法的进一步发展。在应用研究方面,数字孪生在航空产品装配、金属缺陷检测、产品维护、切削工具研究等方面取得进展。未来,数字孪生技术将在航空航天、智能机器人、物联网、智慧城市、区块链等领域发挥更加积极的作用。

由此可见,数字孪生作为MBSE的最新进展,有望为复杂系统的在线状态自我评估提供新的研究思路。

2. 复杂系统的领域建模方法进展

领域模型是用于描述系统某一方面特性的模型,是复杂系统模型的基本组成单元,不同领域模型之间通过系统构架进行相互联系。复杂系统通常由多个不同领域的子系统组成,不同子系统的建模理论和建模方法因领域不同而各异。快速准确地创建机械、电气、控制等各领域模型是数字孪生的基本要求。

根据系统的组成,复杂系统的领域模型通常包括机械领域模型、控制领域模型、能源领域模型、电气领域模型、跨领域模型等。在现实中,可能存在多物理场耦合和不同领域模型耦合的情况。

机械领域模型包括计算机辅助设计(CAD)模型、有限元分析(FEA)模型、计算流体动力学(CFD)模型、热力学模型、多体动力学模型、可靠性模型等,这些模型从不同角度描述机械系统的物理属性。随着计算机算力的提升,基于物理模型和数值方法的机械领域建模方法逐渐从固体到流体、从静力到动力、从单尺度到多尺度发展。在此基础上,机械领域的建模、优化和分析方法得到了多样化发展,取得了一系列研究成果。

电气领域模型同样包括多个方面的内容。以作动电机建模为例,电气领域模型涉及本体形式模型、电磁场模型、电力电子模型等,是多领域多物理场共同耦合的结果。对电机进行系统研究需要明确各模型原理和相互之间的作用关系。

能源领域模型主要描述复杂系统的能量来源、转换和管理。以锂离子电池系统为例，涉及的模型包括电化学模型、热模型、等效电路模型、老化模型等。虽然锂离子电池的工作原理较为明确，但锂离子电池在使用过程中内部电化学过程异常复杂，目前国内外学者正从理论模型、数值模型、多尺度模型、代理模型、试验模型、混合模型、大数据分析等各个层面对其展开全面研究。能源领域模型的准确性直接影响对系统运行状态的估计。

由此可见，复杂系统的领域模型种类众多，建模方法多样、形式各异，需要探索同一架构下不同领域的建模方法，而且需要对多领域模型进行衔接和融合。

3. 复杂系统可靠性分析与失效预测研究进展

在可靠性分析方面，国内外学者在可靠性建模、分析理论、计算方法、不确定性传播等方面开展了全面研究，取得了相关研究进展，为系统分析提供了良好的研究基础。

针对工业产品的失效行为，研究人员探讨了神经网络、残差网络、混合方法、奇异值分解、深度学习、连续学习、迁移学习等在故障诊断中的积极作用，在旋转机械部件的故障诊断问题方面进行了大量研究。针对工程实际中机械装备可用数据稀缺的特点，研究人员对大数据下机械装备的智能诊断方法进行了研究，提出机械装备故障的深度迁移诊断方法，将实验室环境中积累的故障诊断知识迁移应用于工程实际装备，并以轴承故障诊断为例通过试验验证了方法的有效性。

由于信息物理系统的组成部分不仅包括机械系统，还包括控制系统、电气系统、能源系统等部分，因此对信息物理系统的失效分析需从系统的角度进行考虑。传感器是信息物理系统中信息系统与物理实体进行数据交换的桥梁，将传感器数据与系统架构进行融合是信息物理系统失效分析的可行途径之一。由最新的进展可见，将数字孪生、基于物理信息的模型和机器学习方法应用于结构的损伤探测，通过融合传感器信息可实现对系统失效的预测。在对系统潜在失效的追溯方面，基于功能安全的失效模式分析、网络系统的级联失效分析、故障树分析等方法得到了一定程度的应用。

由于无人系统的状态失效可能涉及多个失效过程的连锁发生，因此，单一状态失效不足以描述系列失效过程，研究基于状态的系列失效过程需要对各失效行为的触发、发展和传播进行科学分析。

3.3.3 无人系统状态失效研究的难点与挑战

基于状态的系列失效目前是无人系统难以通过故障诊断进行评估的潜在风险。由现有研究进展可知，基于模型的系统工程正处于高速发展阶段，数字孪生正成为研究信息物理系统的重要工具，有望为多领域复杂系统的数字化设计、制造、运维等提供基础数据。

分析无人系统的状态失效需要运用系统思维，从信息物理系统角度出发，在同一架构下对各子系统进行数字化建模，通过实时运行数据对系统模型进行驱动，实现系统状态数字孪生。在此基础上，探索系统状态失效的动力学建模方法，对系列失效过程进行预测。研究思路如图 3.7 所示。

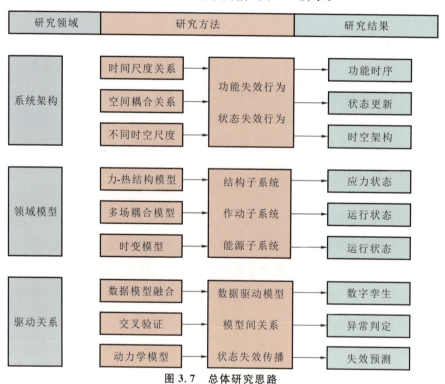

图 3.7　总体研究思路

在此，可从系统架构、领域模型和驱动关系三个方面对无人系统的运行状态展开研究，需要解决的问题包括：

（1）运用系统思维，研究不同时间尺度下无人系统的分析架构。

（2）结合多种建模方法，研究不同领域建模方法及其接口规范。

（3）从运行可靠性角度，分析系统失效的传播方式。

其中，系统架构确定了系统各组成部分在时间和空间上的相互关系，是整个系统的组织框架，系统架构的完整性和准确性决定了数字模型与实物模型之间映射关系的完备性；领域模型是在系统架构框架下对各系统功能的详细描述，构成了数字孪生的基本组成要素；系统驱动方式是系统架构下各组成要素之间的触发关系，决定了系统运行的因果关系和路径。

3.4 面向状态失效的无人系统数字孪生架构与预测

针对系统运行过程中可能存在的与状态有关的系列失效过程，可研究不同时间和空间尺度下复杂系统架构、领域模型及驱动方式，在有限运行数据的情况下实现复杂系统在线状态数字孪生，并对可能发生的系列状态失效进行预测。实现目标包括：

（1）建立一种融合不同时空尺度的系统分析架构；

（2）实现多领域建模及在线状态数字孪生；

（3）预测可能存在的系列失效。

3.4.1 无人系统数字孪生的研究内容

在此以某无人系统为例展开讨论，该系统包括智能子系统、作动子系统、能源子系统和结构子系统等四部分。智能子系统主要负责整机的传感、决策、通信与控制，作动子系统主要由电机及其驱动器组成，能源子系统使用锂离子电池为整机提供能量来源，结构子系统是整机的载体，除执行作业功能外，还提供各子系统在力-热-电-磁作用下的防护。各子系统之间的关系示意图如图3.8所示。研究内容详述如下。

1. 不同时空尺度下融合功能行为和状态行为的系统分析架构

各子系统之间的相互作用可以从系统功能执行和自身状态演化两个方面进行分析。如图3.9所示，纵向的关系为基于功能的行为，表现为在实现功能的过程中各系统之间随着指令信息和能量的传递过程，可以通过时间序列对多

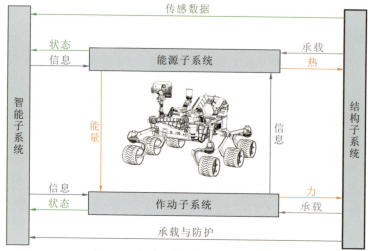

图 3.8 无人系统各部分关系示意图

个功能行为进行描述。基于状态的行为表现为各子系统自身状态在其所处的多物理场作用下发生的演变过程,可以通过多物理场耦合的方式进行描述。从时间和空间的角度将基于功能的行为和基于状态的行为进行融合,可以实现对系统状态和运行过程的描述。

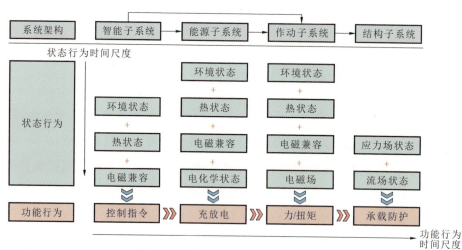

图 3.9 不同时空尺度下系统分析架构

(1) 基于功能的系统运行时序关系研究。以功能实现的因果关系、逻辑顺序为主线研究系统运行的时序关系。在信息物理系统执行任务的过程中,各子系统实现功能具有逻辑关系,其激活方式、投入运行的时间、工作模式等具有规律性,系统各部分总体运行状态处于一定的时序规则中。因此,建立系统运行的时序模型是实现各子系统功能的基础。

（2）基于多物理场耦合的子系统状态演化机理研究。研究多物理场作用下各子系统自身状态变化与更新机制。子系统在运行过程中，自身状态不仅随功能执行产生变化，而且会受到外界环境、其他系统物理场等的联合作用，子系统状态在各因素综合作用下发生变化。因此，各子系统的状态是在满足功能的基础上各物理场空间耦合作用的结果。

（3）不同时间尺度下功能行为和状态行为的更新机制。将基于功能的行为和基于状态的行为在时间和空间上进行协调统一。通常，基于功能的行为和基于状态的行为共存于同一空间，但是基于功能的行为和基于状态的行为在时间尺度上并不一致。因此，需要在同一空间状态下考虑不同时间尺度的行为之间的协调关系。

2. 领域模型及其集成方法研究

在信息物理系统运行过程中，各领域模型对应不同领域的实物，要通过建模实现对实物的数字表达，需要准确建立领域模型。同时，各领域模型需要满足系统架构要求和接口规范，通过系统架构进行集成。不同系统的领域模型建模方法不尽相同，这里以典型的结构模型、多场耦合模型和时变模型为主要研究对象，如图 3.10 所示。

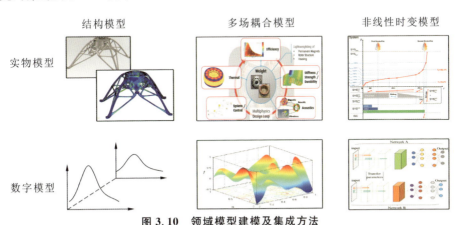

图 3.10 领域模型建模及集成方法

（1）基于有限数据驱动的力-热结构模型。结构子系统不仅是整机的载体，而且是作业执行的保障。无人系统涉及的结构众多，结构子系统处于良好的工作状态是系统运行的基础。通过建立结构模型可描述系统运行过程中结构子系统的载荷状态和热状态。建立结构子系统状态数字模型需要解决有限数据与结构完整性要求之间的矛盾。

（2）多物理场耦合下的作动系统模型。电机系统状态由扭矩、速度、温度、电流、电压等数据共同描述。由于电机及其驱动器在不同温度条件下的状态和效率不同，作动系统的载荷随工作任务可能随时发生变化，因此作动系统状态是由多个物理场模型实时耦合形成的。确定各物理场模型的耦合关系是作动系统模型建立的关键。

（3）基于历史数据的非线性时变电化学系统模型。能源子系统采用某型锂离子电池系统。理论上，锂离子电池在某时刻的状态可由其充放电数据表征，然而由于电池内部电化学性能会随使用时间和充放电历程发生改变，对电池容量衰减的精确描述仍处于研究阶段。因此，对能源子系统的建模需要以系统历史数据为基础，结合工作状态、温度等参数进行综合考虑。

3. 系统状态数字孪生与系列失效行为预测

基于子系统的数字模型，通过有限的运行数据实现子系统在线状态数字孪生。通过检验在线状态数字孪生与系统运行原理的相关性和合理性，评价子系统的运行状态。由于基于状态的失效行为可以引起连锁失效，因此，需要对系列失效的触发条件和发展过程进行研究，研究思路如图3.11所示。

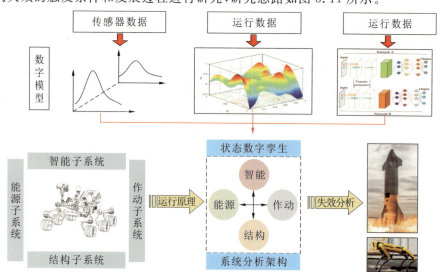

图 3.11　系统在线状态数字孪生与失效分析

（1）子系统在线状态数字孪生。通过提取系统运行数据和有限传感器数据，获取各子系统运行时全面准确的状态，实现在线状态数字孪生。在线状态数字孪生的核心问题是保证实物系统与数字模型间具备全面准确的映射关系。

（2）系统间状态交叉验证与运行状态分析。通过在线状态数字孪生可以得到各子系统的详细运行状态。各子系统的运行状态之间存在相关性，其相互关系满足系统运行的基本原理。因此，通过系统间状态的交叉验证可以初步估计系统是否存在异常。

（3）基于状态的系列失效过程推理及寿命预测。研究系列失效过程的描述方法，并将其应用于系统寿命预测。在系统架构下，随着各子系统自身状态的更新和演化，可能触发系列失效过程。由于各种失效过程的触发条件不尽相同，失效的表现形式多样，失效发展路径各异，因此需要对基于状态的失效过程触发条件和发展过程进行模型化描述，通过程序推理自动追踪失效过程。

3.4.2 研究中的关键科学问题

1. 不同时间尺度的行为在信息物理系统架构中的表达方法

基于状态的失效行为通常是一个相对缓慢的过程，与基于功能的失效行为存在发生时间上的不协调。因此，为了同时表达基于功能的失效行为和基于状态的失效行为，需要解决信息物理系统的状态孪生架构对不同时间尺度行为的兼容问题。

2. 领域模型的多样性与系统架构统一性之间的矛盾

不同领域模型具有不同的建模方法、输入输出参数、表现形式等，因此，信息物理系统领域模型种类和数量较多。实现系统数字孪生需要将各种领域模型在统一的系统架构下进行配置，需要解决领域模型多样性和系统架构统一性之间的矛盾。

3. 状态失效引起的系列失效过程的动力学描述方法

由状态引起的失效行为可以进一步引起其他子系统状态的系列失效，各种失效的形式、触发机理、引发的后果不同，最终可能导致系列失效过程的路径不同，系统失效形式各异。通过建立描述系列失效的动力学模型可以实现系列失效过程的科学推理。

3.4.3 数字孪生与失效研究框架

数字孪生与失效总体研究方案如图 3.12 所示。该研究方案从系统架构、领域模型、驱动关系三个方面进行分析。

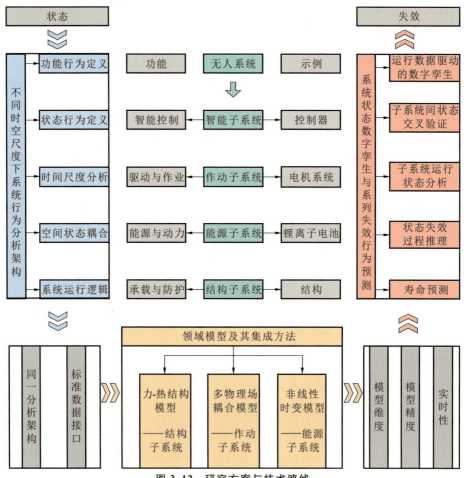

图 3.12 研究方案与技术路线

在系统架构方面,以某智能系统为例,通过分析系统的组成和功能,分解系统在功能和状态上的层次关系,从时间和空间两个维度展开系统架构研究。在领域模型方面,从结构子系统、作动子系统和能源子系统的工作原理入手,研究在统一架构下物理模型、数据驱动模型、代理模型、混合模型等模型的适用性。在驱动关系方面,研究各子系统的可能状态及其触发条件,提取各子系统状态失效的表达方式的共同点,结合系统架构建立系列失效过程的推理模型。

3.4.4 研究方法建议与技术路线

1. 不同时空尺度下融合功能行为和状态行为的系统架构

首先,研究基于功能的系统驱动时序关系。从系统功能执行的角度出发研究系统驱动的时序,具体研究内容包括系统驱动模型的总体架构、控制逻辑、全局参数与局部参数组成、子系统功能模型、子系统接口、子系统间的驱动条件、子系统状态表达等。研究系统的运行原理和子系统的功能,建立基于功能时序的系统驱动模型。

然后,研究基于多物理场耦合的子系统状态演化机理。从子系统状态更新的角度研究子系统在多物理场作用下的状态变化情况。考虑子系统可能涉及的状态,从不同物理场的角度对这些状态进行描述。对多物理场模型所涉及的状态进行梳理,形成不同物理场状态模型的驱动关系,建立不同物理场模型中相同状态量的同步更新机制。

最后,研究不同时间尺度下功能行为和状态行为的更新机制。基于功能的行为在执行过程中具备时间连续的特征,基于状态的行为在自身状态发展过程中具备时间连续的特征,二者的时间尺度不同。在此,拟优先考虑使用离散时间状态对模型进行更新。在系统架构下,使用离散时间状态解决不同时间尺度下的行为更新问题。

2. 领域模型及其集成方法研究

首先,研究基于有限数据驱动的力-热结构模型。在该研究中,对结构子系统的建模主要考虑力和热两个方面的影响。在实际工程问题中,还可将材料老化、电磁兼容、结构耐撞、疲劳特性等考虑进来。由于使用有限元方法进行在线状态计算对系统算力有较高的要求,因此,可以考虑采用线下训练和线上标定的方法进行。

然后,研究多物理场耦合条件下的作动子系统模型。作动子系统涉及力-热-电-磁-控制多场耦合情况,其模型是该领域较为复杂的模型。采用数字驱动的建模方法,通过电机控制器模型、热模型、电机本体模型、电机散热模型、电机驱动模型等,对电机系统进行分析,建立包含电机功能参数和运行状态的数字模型。

最后,研究基于历史数据的非线性时变电化学系统模型。能源子系统建模是一个较为复杂的问题,可采用深度学习的方法进行。通过对锂离子电池进行单体和系统的试验,建立与充放电历程、电池荷电(SoC)状态估计、温度相关的深度学习模型,通过深度学习的方法对锂离子电池关键参数和状态进行建模。

3. 系统在线状态数字孪生与系列失效行为预测

首先,实现系统在线状态数字孪生。对于包含物理信息的数字模型,如结构子系统的力-热结构模型,通过有限传感器数据对子系统模型进行估计和孪生,进而得到关键位置的力-热状态;对于基于数据驱动的模型,如作动子系统的多物理场耦合模型,通过系统运行数据实现子系统状态的数字孪生;对于基于历史数据的时变模型,如能源子系统的电化学模型,可结合系统运行状态数据,使用迁移学习的方法,将深度学习模型迁移至在线状态实现数字孪生。

然后,进行系统间状态交叉验证和运行状态分析。系统间状态的交叉验证将基于系统运行过程中的信息-能量传递方式进行。在正常工作时,各子系统的功能参数将满足一定的约束关系,如能源子系统提供的功率和作动子系统得到的功率应处于平衡状态。通过对各个子系统状态的交叉验证来判定系统的运行状态。

最后,研究基于状态的系列失效过程推理及寿命预测。基于状态的失效行为会引起其他系统的连锁失效,形成失效的传播。失效过程的动力学模型应包含状态-时间演化模型、触发条件、失效结果、更新机制等组成部分。建立不同系统的状态模型,设立不同系统状态失效的触发条件,在系统达到相应条件时形成失效结果,以一定的规则对系统状态进行更新。在此基础上推理可能发生的失效过程并预测寿命。

3.4.5 无人系统状态失效研究的科学意义与贡献

无人系统具备智能属性,可以在脱离人为监督的情况下运行,其安全性备受关注。在智能系统的开发过程中,对基于功能的失效行为可以通过故障诊断进行检测,而基于状态的失效行为及其诱发的连锁反应过程往往难以预测。

针对无人系统的状态失效行为及其系列传播过程,从信息物理系统的角度

探讨建模和分析方法,为无人系统的安全可靠运行提供保障。科学意义与贡献在于:

(1) 从状态失效的角度探讨无人系统的安全性问题,提出一种无人系统状态失效的在线分析架构,对发展缓慢、不易诊断的潜在危害进行识别。

(2) 在大时间尺度下研究状态失效的传播过程,提出系列失效过程的动力学分析方法,对由某一状态失效引起的系列失效过程进行预测。

(3) 对无人系统状态的数字孪生和失效预测由系统在线自主完成,不依赖远程监控和人为介入,为极端环境下无人系统的部署应用创造条件。

3.5 本章小结

本章聚焦锂离子电池热失控的前沿问题,将车辆碰撞后起火研究的侧重点拓展至时间域,揭示热失控过程中热量在结构中形成和传播的时间特性,有望实现在时空耦合条件下对热失控形成和传播过程的描述,形成新的研究方向。本章所提出的碰撞后车辆起火可能性表达方法丰富了不确定性理论的应用场景,为工程领域描述热失控提供了更加直观的研究工具,为评价车辆安全性提供了科学依据和指标。

本章关于无人系统的状态失效与数字孪生的讨论将进一步推动对无人系统安全性的研究,有望为无人系统的行为监测提供新思路和新方法,有助于形成信息物理系统的分析架构和建模方法。从状态失效角度探讨无人系统的安全性,有望在系统状态分析架构、失效传播等方面取得相关进展,为无人系统状态和行为研究提供新思路,助力无人系统的部署应用。

本章参考文献

[1] 钱学森,于景元,戴汝为.一个科学新领域——开放的复杂巨系统及其方法论[J].自然杂志,1990,13(01):3-10,64.

[2] 陈泽宇,熊瑞,孙逢春.电动汽车电池安全事故分析与研究现状[J].机械工程学报,2019,55(24):93-104,116.

[3] 何向明,冯旭宁,欧阳明高.车用锂离子动力电池系统的安全性[J].科技导报,2016,34(06):32-38.

[4] 胡晓松,唐小林.电动车辆锂离子动力电池建模方法综述[J].机械工程学报,2017,53(16):20-31.

[5] LI J H,LEI F,ZHU W H,et al. Large-scale zone-based approach to global modeling and optimization for a novel thermal management system of module-free lithium-ion battery[J]. Structural and Multidisciplinary Optimization,2021,64(6):3621-3636.

[6] 刘继红,李连升.考虑多源不确定性的多学科可靠性设计优化[M].武汉:华中科技大学出版社,2018.

[7] LONG D,SCOTT Z. A primer for model-based system engineering[M]. Blacksburg:Vitech Corp,2011.

[8] BUEDE D M. The engineering design of systems:models and methods [M]. 2nd ed. Hoboken:John Wiley & Sons,2009.

[9] JOHN M B,THOMAS H B.基于模型的系统工程有效方法[M].高星海,译.北京:北京航空航天大学出版社,2020.

[10] 谢友柏.关于MBSE和MBD的思考[J].科技导报,2019,37(07):6-11.

[11] 易兵,刘振宇,段桂芳,等.基于水平集方法的产品异构模型融合研究[J].机械工程学报,2016,52(19):132-144.

第 4 章
智能化与广义轻量化

智能化是车辆技术发展过程的新阶段。智能化影响了车辆物理系统的组成,在一定程度上改变了车辆的运行方式,影响了车辆功能的定义与实现,推动了车辆向智能体方向发展,促进了车辆与智能交通和智慧城市的融合,是车辆技术发展历程中的重大进展。车辆的智能化必然会对车辆各主要系统的组成和功能产生影响。智能化对车辆轻量化的影响可以从直接和间接两个角度进行考虑。物理系统的变化主要影响车辆的直接轻量化。与车辆功能相关的轻量化多属于间接轻量化,如:动力系统的变化会影响车辆的动力系统部件的设计,从而影响车辆重量和能耗;底盘系统的变化会影响车辆线控执行机构的运行方式和集成度,进而影响车辆的安全性和可靠性;智能系统包含大量感知设备和高算力计算平台,从而使车辆重量增加且有一定的能源消耗等。

本章面向车辆智能化进程,从物理系统的直接轻量化和面向功能的间接轻量化两个方面对轻量化进行描述,如图 4.1 所示。除对物理系统的直接轻量化进行分析外,本章还将对主动安全系统的集成设计、智能系统的能耗分析、动力系统的能耗优化、基于交通大数据的路径规划等间接轻量化问题进行讨论。

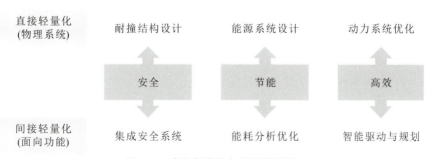

图 4.1 直接轻量化与间接轻量化

4.1 车辆智能化特征与系统分析

本节将对智能化过程中车辆设计问题进行分析,从物理系统设计和功能设计两个角度提出智能系统中可能存在的轻量化设计问题。

4.1.1 智能车辆物理系统设计

智能车辆物理系统设计不应等同采用常规燃油车辆结构设计的方法。智能车辆装备了大量的感知设备、计算设备和控制执行机构,相对于常规燃油车辆,其功能定义和实现方式均发生了一定程度的变化。以下从结构、能源、执行和控制的角度对智能车辆物理系统设计问题进行梳理。

1. 结构设计问题

对于智能车辆,尽管主体结构并未发生革命性变化,但车辆的智能属性仍会对结构产生较明显的影响。以车身设计为例,智能化对结构设计附加的要求包括:

(1) 车身结构需要为车载感知、计算和控制设备提供必要的安装空间、支承和防护功能;

(2) 车身结构需要对乘员在车内的潜在行为进行全方位保护;

(3) 车身结构被动安全性与车辆主动安全性的设计应协调;

(4) 满足智能座舱对车身布置、功能和结构的新要求。

2. 能源系统的设计问题

智能车辆的能源系统设计与车辆的动力系统形式相关。通常,在电动平台上进行智能车辆的设计较为方便,且可以实现较高的能源利用效率。以电动平台为基础,智能车辆的能源系统设计问题至少应包括:

(1) 电机本体效率优化及其控制优化;

(2) 车辆储能系统参数匹配设计;

(3) 电池管理系统设计与控制;

(4) 储能系统碰撞安全性设计;

(5) 车载感知和计算平台的能源消耗分析与优化;

(6) 整车热管理系统设计；

(7) 车辆能量回收系统设计。

3. 执行系统的设计问题

智能车辆的运行多由线控系统完成。车辆的电动化为线控系统提供了便利条件，通过线控系统可以执行车辆的多种控制。以线控底盘为例，执行系统的设计至少包括以下方面：

(1) 线控转向系统设计；

(2) 线控制动系统设计；

(3) 主动悬架控制系统设计；

(4) 线控系统硬件设计；

(5) 车辆行驶中侧-纵-垂向协同控制系统设计；

(6) 车辆安全性控制系统设计；

(7) 高级驾驶辅助系统（ADAS）的执行与实现设计。

4. 智能控制系统的设计问题

以环境感知设备为例，智能车辆上装备了多种摄像头、毫米波雷达、激光雷达、红外传感器等设备，这些设备分别布置在车辆的不同位置，协同完成车辆在不同情况下的感知与分析任务。与感知设备相关的设计问题包括：

(1) 感知设备的布置和安装与车辆造型之间的协调；

(2) 感知设备的布置和安装与车辆结构之间的融合；

(3) 感知设备的布置和安装对车辆风阻系数的影响；

(4) 感知设备的布置和性能对车辆通信线束布置的要求；

(5) 感知设备的布置和安装对车辆电磁兼容性的影响；

(6) 感知设备的布置和安装给整车热管理系统带来的挑战；

(7) 感知设备的性能和功耗对车辆能源系统的要求；

(8) 感知设备的布置和性能对车辆信息安全的影响；

(9) 感知设备的性能和安装与车辆故障诊断之间的关系等。

可以看出，这些与感知设备相关的问题涉及车辆的结构子系统、能源子系统、执行子系统、其他控制子系统等多个方面。综上，智能车辆的设计不应是在常规燃油车辆上进行物理系统的直接叠加，而是需要将各子系统进行融合设计,在保证安全和可靠性的前提下,优化各系统可能存在的重叠和冗余,达到一体化设计的效果。一体化设计和集成设计是实现智能系统轻量化的重要手段之一。

4.1.2 智能车辆的功能对轻量化的影响

在工程实践中,物理系统轻量化是减重的直接途径,除物理系统外,智能车辆的功能对轻量化同样会产生影响,对应的减重方式可以理解为间接轻量化方式。基于功能的轻量化是从系统的角度对智能车辆的各类参数、工作原理、运行模式等进行优化,需要从不同的方面对系统进行综合考量,以期达到较好的轻量化效果。

1. 安全

在车辆智能化进程中,安全性是在车辆设计中需要考虑的重要问题。在常规燃油车辆设计中,车辆的安全性设计以被动安全性为主,辅以一定的主动安全功能。智能车辆的安全性则是被动安全性和主动安全性的融合。在不降低车辆被动安全性的要求下,提高车辆的主动安全性设计水平,进一步降低车辆风险,减少人员伤亡。在此过程中,主、被动安全性的一体化设计将为轻量化提供一条可行路径。

2. 节能

智能电动车辆在节能方面具有较便利的实现条件。与一般电动车辆相比,智能电动车辆能耗除电动系统的能耗外,还包括智能系统各类感知、计算和执行单元的能耗。通过对整车电动系统、感知模块、计算分析模块、执行模块等在不同工况下进行能耗分析,可得到智能车辆运行过程中所需的能源,进而可对车辆的电动系统进行更加精确的设计和优化。

3. 高效

智能化作为智能车辆的核心特征之一,也可以从高效运行的角度实现车辆的进一步节能和减重。通过车辆的控制系统可以智能优化车辆电动系统的运行效率,在不同的交通状况、道路情况、车辆状态下控制电动系统输出最优的功率。通过车辆的感知模块、计算分析模块和执行模块可以优化车辆的运行方式,提高车辆运行效率。同时,智能系统的网联化将提高整个交通系统的通行效率,进而实现更广泛的节能目标。

4.2 智能车辆物理系统的轻量化设计

对智能车辆物理系统的轻量化可理解为直接轻量化,通过对部件或系统的结构、架构的重新设计来实现。以下讨论几种常见的物理系统轻量化设计问题。

1. 结构优化

对智能车辆的结构进行优化是进行轻量化设计的主要方法之一。智能车辆的结构轻量化对象包括车身结构、底盘结构、内外饰和附件、动力系统部件结构、汽车电子和线束等。

结构优化可以使用拓扑优化方法,也可以使用参数化方法或基于模型的优化方法。由于智能车辆的电子设备较多,传感器的位置、线束的布设和计算平台的安装都将对车辆相关结构提出额外的要求。因此,结构轻量化需要将结构特征与智能系统设备布置进行综合考虑,在满足物理结构原有功能的同时为智能系统提供相应的安装和防护。

2. 热管理系统分析

智能系统在工作过程中产生的热量对车辆的结构设计提出了新的挑战,整车热管理在智能车辆设计中同样重要。对于智能电动汽车,除乘员舱、电池系统、电机系统需要设置专门的热管理系统外,对计算平台、传感器等同样需要进行热管理。

在对车辆各部分进行热管理系统设计的过程中,常用的技术路线包括自然散热、强制风冷、液冷散热、相变材料吸热、热管导热等。以车辆电池系统为例,液冷散热结构将会带来额外的重量,液冷散热系统的运转也会消耗额外的动力,但经过热管理的电池则具有相对较好的性能,因此,如何在不增加过多能量消耗的条件下提高电池的性能和寿命是一个典型的优化问题。对于电机系统,电机控制器通常采用液冷散热方案,其可以与电机本体的散热系统进行集成,散热系统的能耗和它带来的电机系统效率的提升是优化过程中通常要考虑的问题。

从整车轻量化层面考虑,可以通过合理的设计对乘员舱热管理、电池系统热管理、电机系统热管理等进行系统整合,结合空调系统对乘员舱和动力系统各部件进行综合热管理,最大程度提高能量的利用率,同时实现系统减重的目标。

3. 与安全性相关的物理系统

安全是对车辆的基本要求之一。对于智能车辆,安全性的保障不仅由车辆机械结构提供,车辆的执行系统和控制系统同样对保障安全性起着举足轻重的作用。在车辆安全性总要求不变的情况下,被动安全、主动安全、电安全、热安全、功能安全、信息安全等共同实现车辆的安全行驶。对于不同的车型、不同的智能驾驶等级,安全性的实现方式不尽相同。

在常规燃油车辆的安全性设计中,除设置车身吸能结构、乘员约束系统等被动安全措施外,安全措施还包括配备防抱死制动系统(ABS)、牵引力控制系统(TCS)、车身电子稳定程序(ESP)等电子系统。在碰撞过程中对乘员的保护功能主要由被动安全措施(如吸能梁的溃缩、气囊的弹出等)实现,而车辆行驶和操纵过程中的安全性保障主要由汽车部分电子系统提供。在此,主动安全和被动安全保障由不同的系统提供,实现不同的功能,二者相对独立。

在电动车辆的安全性设计中,在被动安全方面,除了需保证乘员的安全外,还需保障车载储能系统和其他高压器件的安全。车载储能系统包括锂离子电池、超级电容、储氢瓶等。为实现对这些部件的防护,需要在车辆结构的基础上进行全局结构设计。电动车辆在碰撞后的状态也需要关注,如碰撞后的高压电管理问题。在主动安全方面,由于储能系统可能改变电动车辆的质心位置从而影响车辆的运动特性,因此需要对电子主动安全系统的相关控制参数进行进一步调整。同时,由于电动车辆具备能量回收功能,车辆的制动安全性策略和参数也有待优化。

不管电动车辆处于行驶过程中还是发生碰撞,锂离子电池的热安全都是需要重点关注的问题。锂离子电池的热失控是造成电动车辆起火的原因之一。由于电池热失控可以由机械滥用、电滥用、热滥用等多种方式触发,热失控的发生存在时间和空间上的耦合作用,因此,电动车辆的热失控问题可能发生在车辆的任一种状态下,起火成为电动车辆备受关注的安全隐患。

除上述被动安全、主动安全、电安全、热安全外,电动汽车的功能安全和预期功能安全同样需要得到关注。虽然功能安全与预期功能安全并不会对轻量化产生直接的影响,但其对整车系统的运行具有重要意义。对于智能车辆,安全还应包括信息安全等内容。

4.3 智能系统能耗与轻量化

智能系统使用了大量的传感和计算、执行元件,为保证智能系统正常工作,这些元件在工作过程中对能量有稳定的需求。在车辆行驶过程中,智能系统的重量和能耗是相对稳定的。以下将分析智能系统的能耗及其对车辆储能系统的额外能源需求。

4.3.1 车辆智能化等级

如前文所述,根据汽车驾驶自动化分级标准,可以将智能车辆划分为以下等级,如图 4.2 所示。

驾驶分级	描述	纵横向控制	驾驶环境监测	失效接管	车辆控制权
0	应急辅助	👤	👤	👤	👤
1	部分驾驶辅助	🚗/👤	👤	👤	👤
2	组合驾驶辅助	🚗	👤	👤	👤
3	有条件自动驾驶	🚗	🚗	👤	👤
4	高度自动驾驶	🚗	🚗	🚗	👤
5	完全自动驾驶	🚗	🚗	🚗	🚗

图 4.2 汽车驾驶自动化分级示意图

0 级为应急辅助,驾驶自动化系统不能持续执行动态驾驶任务中的车辆横向或纵向运动控制,但具备持续执行动态驾驶任务中的部分目标和事件探测与响应的能力。

1级为部分驾驶辅助,驾驶自动化系统在其设计运行条件下持续地执行动态驾驶任务中的车辆横向或纵向运动控制,且具备与所执行的车辆横向或纵向运动控制相适应的部分目标和事件探测与响应的能力。

2级为组合驾驶辅助,驾驶自动化系统在其设计运行条件下持续地执行动态驾驶任务中的车辆横向和纵向运动控制,且具备与所执行的车辆横向和纵向运动控制相适应的部分目标和事件探测与响应的能力。

3级为有条件自动驾驶,驾驶自动化系统在其设计运行条件下持续地执行全部动态驾驶任务,但需要驾驶员具备失效接管能力。

4级为高度自动驾驶,驾驶自动化系统在其设计运行条件下持续地执行全部动态驾驶任务和执行动态驾驶任务接管。当系统发出的接管请求无响应时,系统具备自动达到最小风险状态的能力。

5级为完全自动驾驶,驾驶自动化系统在任何可行驶条件下持续地执行全部动态驾驶任务和执行动态驾驶任务接管。除商业和法规因素外,在车辆可行驶环境下该级驾驶自动化没有设计运行条件的限制。

由于不同驾驶等级所实现的功能不同,使用的智能系统硬件也有所不同。因此,智能系统的能耗与车辆的自动化等级密切相关。

4.3.2 智能系统能耗情况

在智能系统中,对能量有稳定需求的部件较多。智能系统最大的能耗来自车载计算设备。以某车载计算设备为例,目前量产设备的算力可大于 400 TOPS,若按照 1 TOPS/W 计算,则该设备的最大功率将达到 400 W 左右,若按 5 TOPS/W 的能效比来算,则功率为 80 W 左右。

除此之外,智能车辆的系统配置同样对能耗有不同的要求。以激光雷达为例,一台 16 线激光雷达功率为 8~10 W,随着激光束的增加,64 线的激光雷达功率可达 60 W 左右。随着数据采样频率的增加,激光雷达的体积、重量、价格随之增加。对于装备多个激光雷达的智能车辆,较多的数据即意味着更大的成本、重量、体积,这对车辆的设计和制造提出了一定的要求。

随着制造技术的进步,单个车载智能系统的功率有降低的趋势。但另一方面,随着对智能车辆算力和安全性要求的逐步提高,较多的功能和硬件冗余又会带来功率需求的进一步增加。

在早期无人车辆原理样机设计中,智能系统的功率消耗超过 2000 W,这意味着电动汽车的电池系统每小时需要为智能系统提供 $2\ kW \cdot h$ 的能量。以配备 $96\ kW \cdot h$ 电池系统的电动车辆为例,假设城市综合工况下车辆行驶每小时消耗的能量为 $6\ kW \cdot h$,那么增加智能系统后,车辆每小时能量消耗为 $8\ kW \cdot h$,粗略估计续驶里程将减少 25%。因此,使用低功耗的芯片和设备是提高智能车辆续驶里程的另一可行途径。使用低功耗的芯片和元器件的优点还在于,发热量较少,可以降低系统热管理的难度,减少散热系统的能耗,降低尺寸和重量,但这又有赖于更加优化的设计、更高等级的智能和控制。

随着智能功能逐步增加和扩展,智能车辆对高算力的需求依然旺盛。从当前的发展趋势看,智能车辆对算力的需求有进一步增加的趋势。未来,高等级自动驾驶汽车中智能系统能耗对车载能源的需求不应忽略。

4.4 车辆驱动决策与智慧交通系统协同规划

除车辆物理部件的结构轻量化和能耗优化外,还可以通过车辆的最优控制来提高智能车辆的运行效率以降低能耗,也可以通过对交通系统的控制来实现整体通行效率的提升,进而实现能耗的进一步降低。本节将从车辆驱动和交通系统协同规划角度讨论智能车辆在运行过程中的一些节能策略。

4.4.1 交通拥堵与能源消耗

交通拥堵情况下的车辆能源浪费已成为现代城市绿色发展过程中不可回避的问题。优化能源消耗和提高通行效率是解决该问题的有效途径之一。统计分析显示,在交通高峰时期,50 个主要城市中道路平均车速最低为 21.49 km/h,拥堵路段里程最高的城市达到 5.03%,即每百千米约有 5 km 的路段为拥堵路段。因此,合理规划车辆行驶路线以避开拥堵既可以使人更快到达目的地,也可以减少能源消耗,这对全局路径规划提出了较高的要求。通常,全局路径规划系统根据当前交通状态进行规划,不考虑未来交通状态可能发生的变化,这就可能使得原本规划的畅通的路线随着时间的推移变得拥堵,造成全局路径规划的效率较低。

车辆的能源消耗取决于控制系统驱动策略与道路交通情况的匹配程度,其随车辆运行工况实时变化。由于实时道路交通信息的不确定性,现阶段车辆控制系统在能源消耗控制方面主要依赖于驾驶员的判断和操作。

通行效率的提高依赖于精确的道路交通信息和可靠的交通预测。目前,静态交通规划基于当前交通状态进行,若不考虑未来时刻的交通状态,则极有可能因部分静态规划路线过于集中而导致潜在的新拥堵。

随着现代通信技术和计算技术的发展,高速高带宽通信和车载高性能计算系统逐步应用,智能车辆不仅可以通过 V2X(车联万物)技术获取更多实时道路交通情况,而且可以实现实时快速分析和计算,车辆和路网协同决策的基础平台已经具备实施条件。因此,从车辆的能源最优驱动决策、时变交通系统预测等方面探索解决大规模车辆路线规划过程中的通行效率和能源效率问题具有重要经济价值和社会效益。

4.4.2　交通状态预测的关键问题

交通系统的预测通常有两类方法,一类是基于模型的参数化方法,另一类是基于数值的非参数化方法。

基于模型的方法通过一定的理论假设和经验数据建立参数化模型,通过解析模型或交通模拟模型实现对交通系统的描述。其中,在解析方法中,交通状态参数通过解析公式得到,通行时间由交通容量决定。在实际的交通系统中,这些参数具有随机性,难以准确测量。在交通模拟模型中,常用的理论是交通流理论,主要用于预测车速、密度和流量等信息。

在过去的几十年里,研究人员设计出一系列数学模型对交通动态进行描述,如动力波模型、细胞自动控制模型和三相交通模型等,模型参数由交通系统中的传感器提供。

由于参数化数学模型的假设条件较为理想并且缺少实际数据的支持,因此在近年来的研究中基于数值的非参数化方法得到了一定程度的发展。当前常用的非参数化方法以人工智能算法居多。其中,以神经网络类算法最为流行,这类算法基于已有的数据对神经网络进行训练,实现对交通系统中某一特定观测点的短期预测。这种预测方法由于训练数据较多等问题难以对全局交通系统进行实时预测。

从国内外的研究来看,交通规划和车辆控制策略是独立的,交通规划的结果与车辆能源效率的结合较少。在智能交通系统和V2X技术的支持下,将车辆的控制策略与交通规划相结合将成为发展智慧城市、智能交通和智能出行的关键。其中的关键问题包括:

1. 能源最优驱动决策下的车辆路线规划

其主要解决车辆驱动策略与交通系统中车辆的行驶需求无法实时匹配的问题,减少过多的车辆能源消耗,提高交通效率。

对传统车辆而言,通行效率和能源效率相关,通过优化通行效率可以间接优化能源效率。对电动车辆而言,受充电桩分布和车辆剩余续驶里程的约束,能源消耗将成为车辆行驶过程中应考虑的问题之一。影响这一问题的因素主要来自两个方面:道路交通状态和车辆驱动策略。当车辆驱动策略与道路交通状态匹配最优时,可以获得最小的能源消耗和最高的通行效率。

能源最优驱动决策下的车辆路线规划就是将车辆路线规划与驱动决策中的扭矩规划进行协同优化,估算出不同时刻每路段在不同交通状态下车辆所需的最优驱动策略,在保证通行效率的前提下实现能耗最小。

2. 非线性时变交通系统预测的数学建模

其主要解决当前交通系统状态和未来某时刻交通预测之间的相关性不能量化表达的问题。非线性时变交通系统的预测模型属于长时间和全局预测模型,区别于局部交通预测的短期模型,其反映了全局交通系统随时间等条件变化的关系。

非线性时变交通系统预测模型主要表达交通系统中每路段的车流量和车速随时间的变化关系,是随时间变化的交通状态的序列。在大规模车辆分布式交通规划过程中,该系统应能提供相对准确的当前交通状态信息和未来某时刻的交通状态预测信息。个体车辆规划以当前交通状态信息为原点,通过跨时间序列的交通状态预测信息,规划出以时间为序列的最优路线。

4.4.3 驱动与交通协同优化的可行方法与路径

1. 动态交通规划中车辆的能源最优驱动决策

车辆的驱动决策通常由整车控制程序根据驾驶员的操作进行扭矩解析实现,通过对车辆动力输出的控制,实现在一定范围内对车辆能源消耗的调节。通常,车辆的驱动决策是静态的,在驾驶员油门踏板开度、制动踏板开度和挡位信息等输入下,得到车辆的扭矩和能量控制逻辑输出,不考虑车辆行驶的路线、路面状态、天气情况和车辆状态变化对驱动决策和能源效率的影响。在车辆实际行驶过程中,由于路面坡度、滚动阻力系数、风速、交通通行能力、限速、动力电池 SoC 等信息实时变化,因此车辆的驱动决策和能源效率难以得到精确的最优控制。通过 V2X 技术,车辆可以实时获取这些信息,为精确的协同优化提供数据支持。

对智能网联车辆而言,行驶过程中的驱动决策将同时影响局部路径规划和全局路径规划的能源消耗。局部路径规划主要关注与车辆横向和纵向动力学相关的信息,决定了车辆在某一路段以何种方式加速或制动,由车辆的驱动决策直接决定;全局路径规划着重关注与行驶路线相关的总体能量规划与分配,决定了车辆某一行驶阶段的总体最优能耗。

2. 大规模车辆分布式能源-路径协同规划

协同规划的难点在于大规模车辆能量和路径协同优化在整个系统中的表达方式。个体车辆的能量-路径协同优化结果随时间和空间变化,大规模车辆的能源-交通模型同样随时间和空间变化。在包含大规模车辆的系统中,如何将每个时空可变模型的信息完整表达在系统中而不影响系统的实时更新效率是难点。

除此之外,还需关注单个时空可变模型与系统模型的信息交换、融合和表达机制。信息交换机制主要负责将单个时空可变模型的节点信息与系统模型的节点信息进行交互;信息融合机制主要负责将大量时空可变模型的有效信息进行融合并在系统模型中进行更新;信息表达机制主要完成系统模型的表达,为交通控制系统提供有效的全局交通信息。

4.5 基于大数据的动态交通状态预测

4.4节使用数学规划的思想对交通系统进行了分析预测,本节则将从数据驱动的角度讨论交通动态预测的方法。基于交通大数据和深度学习的方法有望为交通状态动态预测提供另一种可行思路。

4.5.1 智能交通预测的总体思路

准确的交通预测可以为全局路径规划的有效性提供时间上的保证。交通预测的方法可分为两大类:一是以传统统计数学和经典物理学理论为基础的预测方法;二是以人工智能算法为基础的预测方法。有时也可以将两种方法结合起来,取长补短,以提高整体的预测表现。

第一类预测方法主要是通过数学的方法对交通数据进行分析处理,实现对交通信息的预测。这些方法追求严格的理论推导,采用的模型通常包括历史平均模型、时间序列模型、自回归模型、卡尔曼滤波模型和自回归滑动平均模型等。第二类预测方法主要是利用智能算法进行交通信息预测,相较于传统模型,其更加侧重对真实情况下数据的分析。在这类智能算法中,长短期记忆神经(LSTM)网络在进行短期道路车速预测和道路车辆数目预测时的准确度相较于时间序列模型、极限学习机(ELM)更高,并且利用LSTM网络进行长期预测也具有较好的稳定性。

图神经网络作为一种智能算法在交通预测上也有应用。图神经网络通过节点本身的信息及其他相邻节点的特征定义道路网络,能更加有效地处理交通数据在复杂空间结构上的特征。卷积神经网络可以将一定区域内的交通信息转换为图像数据,再将其用于模型训练。智能算法重视模型对数据非线性的拟合效果,而交通大数据的重要特征就是非线性,大多数智能算法都可以通过非线性函数的复合实现复杂的非线性变换,从而有效提取数据特征,提高预测精度。此类算法需要大量实际交通数据和较高的计算能力才能确保有较好的效果,随着计算机算力的提升和大数据技术的发展,数据驱动的智能算法将成为交通预测的有效工具之一。

本部分基于交通大数据信息,使用卷积神经网络(CNN)、循环神经网络(RNN)、含有复合激活函数的门控循环单元(GRU)及 LSTM 网络四种智能算法构建模型。在已知短期信息和已知单独时刻信息这两种特定的输入条件下,对上述四种算法进行检验,通过相应的评价指标对四种算法的特点进行总结。

基于大数据的交通状态预测基本步骤如图 4.3 所示。通过数据挖掘的手段实时获取用于全局路径规划的地图信息和交通信息,将其保存到本地的数据库中;进行数据清洗和数据处理,将处理过的数据用于四种智能算法的训练,得到基于交通大数据的预测算法模型;最后在已知短期信息和已知单独时刻信息这两个输入条件下,通过均方误差(MSE)、均方根误差(RMSE)、平均绝对误差(MAE)等评价指标对所得模型的预测精度进行评价。

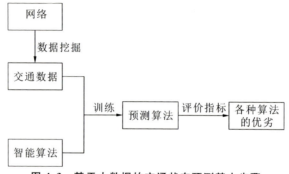

图 4.3　基于大数据的交通状态预测基本步骤

4.5.2　交通数据获取及预处理

交通数据获取方法是通过指定程序向网站发送访问请求,接收、储存网站返回的信息,并对接收到的信息加以分析利用。

数据挖掘是当前自动获取互联网信息的一种主要方式,其主要流程如下:通过程序向特定网站发送访问请求,获取网页原始信息,对网页原始信息进行处理,检索出需要的信息并加以保存。为了获取实时的交通信息,可以编写程序对特定地图平台进行数据挖掘,将实时的交通信息保存到本地的数据库中。

数据挖掘程序主要分为两部分:请求函数和主函数。请求函数用于向地图平台发送访问请求,地图平台根据所接收的请求信息,发送相应的数据到本地。主函数对返回的地图数据加以处理,将数据提取出来并保存至数据库中。程序以一定的间隔(如每分钟)启动,获取当前的交通信息并储存。数据挖掘程序的流程如图4.4所示。

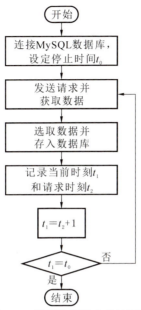

图4.4 数据挖掘程序的流程图

本案例挖掘的数据来自长沙市岳麓区部分道路随机73个工作日的每日上午9点至11点半间的交通数据,数据点时间间隔为1 min,共10950个数据样本,数据总量为1.3 GB。所选区域如图4.5所示。

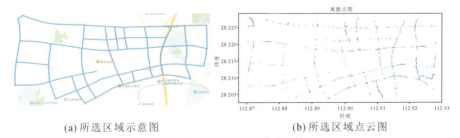

(a) 所选区域示意图　　　　　　　　(b) 所选区域点云图

图4.5 目标区域的道路网络

从数据集中选出部分道路的真实图像(见图4.6(a))和通过数据挖掘得到的对应数据(见图4.6(b)),可以发现,挖掘出的数据点分布于现实道路的周围。尽管采集点的数量较多,但是在训练模型时并不需要这么多点。一方面,过多的点会增大计算量,另一方面,同一路段的同向道路的若干连续点代表的当前时间的路况信息其实是相同的,因此有必要去除多余的点来降低数据量。

 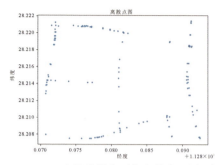

(a) 局部道路网络示意图　　　　　　(b) 小规模道路网络离散点云图

图 4.6　局部道路网络图

采用一条带有权值的线段来代替节点,线段的交汇处是道路的交点,经过处理之后就可以得到一张简化后的道路网络图,如图 4.7 所示。

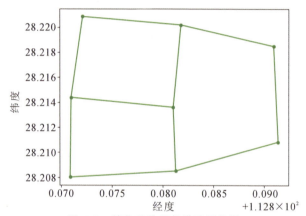

图 4.7　简化后的局部道路网络图

对整个区域重复以上操作。未简化前整个区域共有 1141 个数据点,简化后节点数量为 49。需要说明的是,图 4.8 中的边仅用于描述节点间的连接关系,其几何长度与对应路段的长度及交通速度无关。

在进行交通预测模型训练时,可将数据转换为矩阵的形式。图 4.9 为对局部道路网络进行预处理后得到的某一工作日的速度矩阵的图像,其中颜色越深表示速度越快,交通状况越好,颜色越浅则说明对应路段的交通速度越慢。在进行 CNN 模型训练时,需要设置数据的特征及标签。这里设置了两种预测任务:① 当以前 26 min 的数据预测后 5 min 的信息时,将所得速度矩阵的前 26 列数据作为特征,后 5 列数据作为标签;② 当以前 21 min 的数据预测后 10 min 的信息时,将所得速度矩阵的前 21 列数据作为特征,后 10 列数据作为标签。从

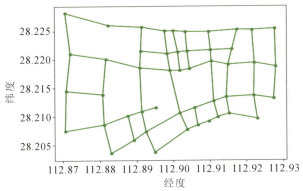

图 4.8 简化后的区域道路节点图

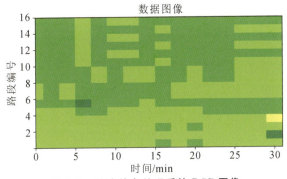

图 4.9 速度信息处理后的 RGB 图像

图像识别的角度上看,相当于将完整图像裁剪成一大一小两个部分,将较大的部分作为特征,较小部分作为标签。

对于 RNN 模型、GRU 模型和 LSTM 网络模型这三种时序模型,一般是通过特定的采样方法从大批量的时序数列中获取小批量数据进行训练。故将所得矩阵按工作日的日期先后进行横向拼接,组合成一个新的数组,其中的任一列数据表示该时刻道路网络中各个路段的交通信息。

4.5.3 基于智能算法的交通预测模型构建

相较于传统预测算法,智能算法注重数据与模型的拟合程度,依靠大量的数据训练获取良好的数据特征。随着深度学习算法的不断发展,其能通过将简单非线性函数复合成复杂函数,提取数据更深层的非线性特征,这使其具有拟合复杂非线性数据的能力。因此,多层神经网络在交通信息特征的提取上有明显的优势,拥有良好的提取数据特征的能力。这一特点对处理复杂的非线性交通信息是非常有利的。一般而言,交通预测的对象是道路车流量和道路车辆平均速度,二者在一定程度上有相关性,在此选取车辆平均速度这一指标来反映道路的实际交通情况。

本研究以 CNN、RNN、GRU 和 LSTM 网络为基础构建交通信息预测模型。具体的建模过程在此略述,仅简述其基本步骤。

(1) LeNet 模型是 CNN 模型中的一类,因其对空间特征具有良好的提取能力,所以该模型对图像数据等具有明显空间特征的数据具有较好的拟合效果。LeNet 模型主要由输入(input)层、卷积(convolution)层、池化(pooling)层、全连接(full connected)层和输出(output)层构成。在 CNN 中,输入层的输入为一段连续时间内的道路平均速度矩阵,卷积层用于提取输入数据的空间特征,卷积层在一般情况下都进行互相关运算而非卷积运算。LeNet 模型的输入为矩阵,可基于所得交通状态大数据的时间和空间特征,将其转换为可以描述交通场景速度变化情况的矩阵。在此采用的激活函数为 sigmoid 函数。

(2) 基于 RNN 模型在其隐藏层的基础上增加一个单元数相同的隐藏层,两个隐藏层的激活函数均为 tanh 函数。RNN 使用的采样方法为相邻采样方法,梯度计算方法为时间反向传播法。使用相邻采样方法能使每次迭代所用的批量数据在时序上毗邻,这意味前一批量数据的最后一个时刻的隐藏状态将被作为当前批量数据起始时刻的初始隐藏状态。这使得模型参数只需进行一次初始化,而且所有的小批量数据序列的特征都被传递至当前时刻的隐藏状态并参与模型参数的梯度计算。将交通数据按日期先后排列,前面的数据能在一定程度上反映当前时间的状态,所以理论上 RNN 在交通状态预测方面具有优势。

(3) GRU 模型使用由 sigmoid 函数和 tanh 函数复合而成的 $\tanh(\mathrm{sigmoid}(x))$ 函数作为模型中更新门和重置门的激活函数。RNN 虽然可以通过裁剪梯度来处理因时间跨度较小而引起的梯度爆炸问题,但对于时间跨度较大时产生的梯度爆炸现象,上述方法并不适合。GRU 模型可通过采用具有学习能力的门来控制信息的流动。这一方法可以有效避免时间跨度大时的梯度爆炸现象。

(4) LSTM 网络模型相较于 GRU 模型计算稍复杂。LSTM 网络模型在简单 RNN 的基础上增加了三个门,即输入门、遗忘门和输出门,并且添加了记忆细胞。记忆细胞的形状与隐藏状态相同。记忆细胞使得 LSTM 网络能够记录额外信息。LSTM 网络的门计算与 GRU 的门计算相似。这里 LSTM 网络模型的输入门、遗忘门和输出门的激活函数为 $\tanh(\text{ReLU}(x))$ 函数，该函数为 tanh 函数和 ReLU 函数的复合函数。候选记忆细胞和隐藏状态的激活函数均为 tanh 函数。

为减少训练时的计算量，选用图 4.7 所示的局部道路网络及相应的交通数据进行预测模型的训练。该局部道路网络中共有 10 个路段，每个路段均为双向车道，数据时间长度为 30 min，数据时间间隔为 1 min，包括首末共 31 个时间点。对于 CNN 模型，输入数据的特征分别为前 26 个时间点数据和前 21 个时间点数据，对应的数据标签为后 5 min 数据和后 10 min 数据；对于 RNN、GRU 和 LSTM 模型，以相邻采样方法从拼接的时序数列中顺序选取小批量数据进行训练。

进行 CNN 模型训练时，以前 20 个数据样本作为训练数据集，后 3 个数据样本作为测试数据集。对于以时序数据为输入的 RNN、GRU 和 LSTM 模型，将所有数据按时间顺序排列，设置训练时间长度为 30 min，以顺序采样方法从数据集中选取小批量数据进行训练。四种模型的训练损失函数均为均方误差（MSE）函数：

$$\text{MSE} = \frac{1}{m} \sum_{i=1}^{m} (y_i - \hat{y}_i)^2 \tag{4.1}$$

式中：m 为样本数量；y_i 为真实值；$\hat{y}_i$ 为预测值。

图 4.10 所示为 CNN、RNN、GRU 和 LSTM 四种模型的训练损失和测试损失的变化曲线。CNN、RNN、GRU 和 LSTM 的训练损失最小值分别为 0.1403、0.1431、0.1452、0.1453。在训练 CNN 模型时，我们将数据转换为矩阵，矩阵的横向为时间特征，纵向为空间特征。对于三种时序模型，在模型训练时按时序依次输入，相较于 CNN 训练时将整个矩阵一起输入来提取特征，时序模型的微观输入为矩阵的一列，这导致其对空间特征的提取能力稍弱，加之本研究中预测任务的时间跨度较小，因此 GRU 和 LSTM 模型在处理长时序数据中的优势表现得不明显。

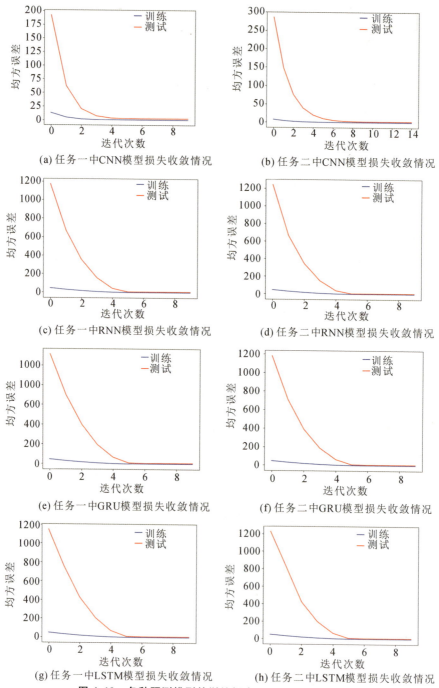

图 4.10　各种预测模型的训练损失和测试损失变化曲线

4.5.4 不同已知条件下的交通信息预测对比

1. 已知单独时刻信息预测交通状态

在实际应用中我们可以通过地图等工具获取当前时刻的交通信息,但在不借助其他程序的帮助时,很难获取过去几十分钟的交通信息。为便于实验,以预测数据集中第 20 min 和第 25 min 的交通信息为预测输入进行预测实验。由于 CNN 模型对预测输入有维度上的限制,任务一和任务二的 CNN 模型的预测输入的维度分别为 16×26 和 16×21,而单独时刻的交通数据维度为 16×1,因此我们需要对其增幅,如图 4.11 所示。下面用两种方法对预测输入进行增幅。

方法一:将当前时刻的交通信息按列复制。

方法二:求已知信息的均值和方差,以此为基础通过正态函数输出该时刻以前的交通信息。

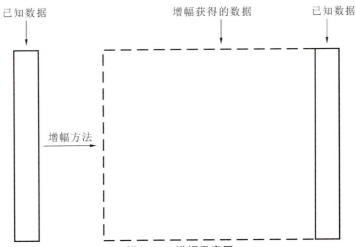

图 4.11 增幅示意图

深度学习模型的预测误差即泛化误差,用于描述模型对未知的输入数据的预测能力。泛化误差可用于评价模型对数据的拟合效果。我们选择 RNN、GRU 和 LSTM 隐藏单元数为 128 的模型进行预测实验。表 4.1 为已知单独时刻的交通数据时部分预测方案的预测误差。可以看出,基于单独时刻信息进行预测时四种模型的表现相差不大,其中 RNN、GRU 和 LSTM 模型的预测精度相较于 CNN 模型的更好。

表 4.1　以单独时刻交通数据为预测输入时的预测实验结果

预测方法	预测时间	均方误差
CNN(增幅方法一)	未来 5 min(任务一)	7.8916
CNN(增幅方法一)	未来 10 min	7.5961
CNN(增幅方法二)	未来 5 min	7.8621
CNN(增幅方法二)	未来 10 min	7.5310
RNN(128)	未来 5 min	6.4521
RNN(128)	未来 10 min	5.5632
GRU(128)	未来 5 min	6.7521
GRU(128)	未来 10 min	6.3954
LSTM(128)	未来 5 min	6.7120
LSTM(128)	未来 10 min	6.3561

2. 已知短期信息预测交通状态

两个预测任务分别为:任务一是以区域交通前 25 min 数据来预测此后 5 min 交通信息,任务二是以区域交通前 20 min 数据来预测此后 10 min 交通信息。

在实际应用中,我们可以通过外部程序记录过往时间的交通信息,通过将输入变为一段时间的交通信息,增加输入数据的总量。这样虽然增加了一定的成本,但可以避免数据扩增不确定因素带来的不利影响,因而可以提高模型预测的准确度。针对基于短期信息的预测,确定模型预测结果的评价指标为均方误差、均方根误差和平均绝对误差。

将两种预测任务进行编号,分别为①和②。表 4.2 所示为两种预测任务的结果。

表 4.2　两种预测任务的结果

模型类型	预测任务	隐藏单元数	MSE	RMSE	MAE
CNN	①		2.4741	1.5793	0.7669
CNN	②		1.8806	1.3714	0.6421
RNN(64)	①	64	6.5121	2.5518	1.8855
RNN(64)	②	64	5.9610	2.4415	1.8744
RNN(128)	①	128	6.2565	2.5073	1.8048
RNN(128)	②	128	5.3706	2.3175	1.7889
RNN(256)	①	256	6.8205	2.6116	1.9148

续表

模型类型	预测任务	隐藏单元数	MSE	RMSE	MAE
RNN(256)	②	256	6.2666	2.5033	1.8264
GRU(64)	①	64	6.6190	2.5727	1.7710
GRU(64)	②	64	6.1563	2.4811	1.8456
GRU(128)	①	128	6.5859	2.5663	1.7363
GRU(128)	②	128	6.0394	2.4575	1.8182
GRU(256)	①	256	6.7711	2.6021	1.7608
GRU(256)	②	256	6.2341	2.4968	1.8655
LSTM(64)	①	64	6.8621	2.6195	1.8580
LSTM(64)	②	64	6.1964	2.4892	1.7585
LSTM(128)	①	128	6.6118	2.5713	1.8485
LSTM(128)	②	128	6.0683	2.4634	1.7397
LSTM(256)	①	256	6.7728	2.6025	1.8703
LSTM(256)	②	256	6.2302	2.4960	1.7617

在本例的预测中，输入的数据不同。预测任务一输入为前 25 min 的数据，任务二输入为前 20 min 的数据。由表 4.2 可以看出，在预测任务二中，四种模型的三种误差均低于任务一的误差，说明在进行任务二时模型的泛化能力更强。在四种模型中，CNN 模型的预测误差约为其他三种模型的 0.4 倍，而 RNN、GRU 和 LSTM 模型的预测性能相差不大，其中 RNN 模型的泛化误差最小。本例中的数据时间跨度较小，而 GRU 模型和 LSTM 模型针对的是长时间跨度的数据的预测，在进行短期数据训练时可能会忽略部分数据特征。

4.6 智能车辆主动安全系统集成设计

对于智能汽车，将不同的物理系统功能进行整合，可以得到较好的系统集成效果。以下将从智能系统功能整合的角度，介绍通过对不同系统功能进行整合而实现集成设计的过程。

在此以智能车辆纵向运动控制为例，介绍一种考虑跟驰与避撞的车辆纵向主动安全系统，通过该系统将辅助驾驶系统中的自适应巡航控制(ACC)、自动紧急制动(AEB)等功能进行整合,形成主动安全系统设计。

4.6.1　主动安全系统功能分析

通常,主动安全系统通过感知系统识别即将发生的碰撞并通过控制系统做出反应,主动避免或者减少交通事故的发生。在雨、雪、雾等极端天气条件下,主动安全系统能够感知可能存在的碰撞危险,并能通过声、光等方式警示驾驶员,以便进行必要的制动,减少甚至避免碰撞。此类主动安全系统主要通过对制动系统的控制来实现,AEB系统为其典型代表。

在车辆行驶过程中,除AEB系统外,车辆纵向驱动控制技术同样影响车辆行驶安全性。例如,自适应巡航控制系统可以通过对自车与前车的车距或时距进行控制而降低驾驶员的工作强度。在一些特殊情况下,如前车突发交通事故时,自适应巡航控制系统与AEB系统存在同时响应的可能性,此时若驾驶员同时进行制动,则可能造成系统响应冲突。因此,设计控制系统时需要协调自适应巡航控制、紧急辅助制动和驾驶员制动等工作。

智能车辆行驶时,既存在低速城市工况,也存在高速工况,车速跨度比较大,车辆跟驰控制中单一安全距离模型难以实现安全距离与交通流量的均衡。同时,基于制动过程的避撞模型制动距离偏大,而基于车头时距的避撞模型的制动距离偏小,难以考虑驾驶员感受。在极端工况下,车辆跟驰控制、避撞控制和驾驶员控制将出现不协调、不相容的情况。因此,可将车辆跟驰和避撞控制与驾驶员特性进行结合,形成一种综合跟驰、避撞的纵向主动安全控制系统,保证车辆正常情况下的跟驰和避撞,同时考虑在极端情况下的车辆纵向控制。

汽车主动安全系统所要实现的功能:在驾驶员疲劳、分心或无操作等情况下,若车辆即将发生碰撞事故,系统能够提前对驾驶员进行预警或者主动制动,最大限度地避免车辆碰撞,保证交通安全。主动安全系统的功能应包括跟驰、预警和主动制动等。

(1) 跟驰。车辆行驶时,通过定速巡航或自适应巡航保持自车与前车的安全距离。

(2) 预警。当自车与前车的跟车距离较近而驾驶员未减速时,自车会通过声音、灯光、振动等形式对驾驶员进行警示,提醒其制动。

（3）主动制动。当自车与前车之间碰撞风险较大而未及时、充分制动时，系统会介入进行主动制动。

汽车主动安全系统要实现对车辆的纵向控制，避免碰撞的发生，就必须感知前车的行驶信息，在与自车当前的行驶信息比较分析之后，经过系统的处理与控制，决定自车应该采取的驾驶策略与动作。因此，该主动安全系统结构应包括三部分：一是信息采集模块；二是控制决策模块；三是执行模块。系统的总体架构如图 4.12 所示。

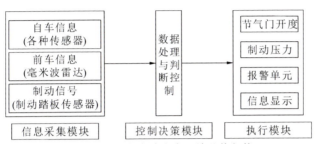

图 4.12 汽车主动安全系统总体架构

结合汽车主动安全系统所要实现的功能及组成模块，可设计出图 4.13 所示的汽车主动安全系统的总体方案。

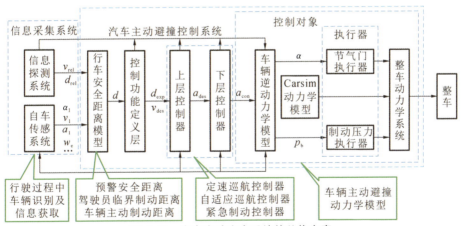

图 4.13 汽车主动安全系统的总体方案

图 4.13 中各参数的含义：v_{rel} 为自车与前车的相对速度；d_{rel} 为两车的相对距离；α_1 为自车节气门开度；v_1 为自车车速；a_1 为自车加速度；w_e 为发动机转速；d 为安全距离；d_{exp} 为期望的两车距离；v_{des} 为期望的自车速度；a_{des} 为期望的加速度；a_{con} 为控制加速度；α 为节气门开度；p_b 为制动压力。

4.6.2 主动安全系统设计

根据主动安全系统的结构和功能要求,从车间距离保持和制动方式两个方面进行研究。

1. 基于分段车速的安全车距设计

车间距离保持是指在车间距离较大的时候实现自车加速,在车间距离小时实现制动。车间安全距离设计要考虑预警时间、驾驶员反应时间和制动器作动时间等因素。建立汽车安全距离模型还需要考虑实际行车情况、驾驶员操作习惯等因素。安全距离设计准则如下:

(1) 预警及安全距离模型的参数易于获取。

(2) 模型要兼顾安全性和交通流量。安全距离偏大会降低道路流量,安全距离小需要驾驶员时刻集中注意力和频繁制动,易导致驾驶员驾驶疲劳及操作失误。

(3) 模型要符合驾驶员的行为特性。既要起到辅助驾驶员安全行车的目的,又不能频繁地介入驾驶员的驾驶过程,干扰驾驶员的正常行驶。

(4) 设计模型时要考虑乘坐的舒适性。设计的安全距离模型要考虑车内人员的生理承受能力,不能使人体承受太大的过载。

除距离外,车速通常也是关键因素之一。以某一速度为界限,划分出高、低速工况,以保守策略应对高速工况,以激进策略应对低速工况,兼顾行驶安全与交通流量。现行的交通法规规定轿车高速公路行驶的车速上限为 120 km/h,最低速度为 60 km/h。在此设定车速 60 km/h 为高速与低速的分界线,得到如下所示的安全距离公式:

$$S_0 = \begin{cases} v_0(t_r + t_s) + \dfrac{v_0^2}{2a_0} - \dfrac{v_1^2}{2a_1} + d_1, & v_0 \geqslant 60 \text{ km/h} \\ v_0 t_h + d_2, & v_0 < 60 \text{ km/h} \end{cases} \quad (4.2)$$

式中:S_0 为行车安全距离;v_0 为自车车速;t_r 为驾驶员反应时间;t_s 为制动器作动时间;v_1 为前车速度;t_h 为车头时距;a_0、a_1 分别为自车、前车的制动加速度;d_1、d_2 分别为对应车速下的安全停车距离。

同时,式(4.2)所示的模型是在驾驶员操作下车辆能成功实现避免碰撞的临界安全距离模型。

当车距小于临界安全距离时,仅依赖驾驶员制动将会导致不可避免的碰撞,需进行安全预警,提醒驾驶员在临界安全距离之前制动。若将驾驶员制动的临界安全距离作为预警距离,则对于驾龄短、保守型驾驶员等反应时间较长的驾驶员,会导致制动不及时、不充分,仍可能导致碰撞。

在此引入提醒时间 t_w 用于提前警示驾驶员前方潜在的碰撞风险。提醒时间 t_w 过短起不到预警作用,过长则与驾驶员的实际判断相差较大,易导致驾驶员不信任预警系统。在此暂将 t_w 设为 1 s,所以预警距离 S_w 为

$$S_w = \begin{cases} v_0(t_r + t_s + t_w) + \dfrac{v_0^2}{2a_0} - \dfrac{v_1^2}{2a_1} + d_1, v_0 \geqslant 60 \text{ km/h} \\ v_0(t_h + t_w) + d_2, v_0 < 60 \text{ km/h} \end{cases} \quad (4.3)$$

式中:S_w 为预警距离;t_w 为提醒时间。

2. 分级制动策略

当车辆紧急制动时,一方面要保证车辆的安全,另一方面必须考虑车内乘员的舒适性和承受能力。

针对这一问题,考虑设计一种分级制动策略。在车辆主动制动时,刚开始采用较小的加速度进行制动,给车内乘员一定的缓冲时间后再以最大制动力制动,保证行车安全。根据分级制动的方式,车辆主动制动的距离 S_{br} 可以表示为

$$S_{br} = \frac{v_0^2 - (v_0 - a_1 t_0)^2}{2a_0} + \frac{(v_0 - a_1 t_0)^2}{2a_{max}} - \frac{v_1^2}{2a_1} + d_0 \quad (4.4)$$

式中:a_0、a_{max} 为分段加速度;t_0 为自车以加速度 a_1 制动的减速时间。

设定在附着系数为 0.8 的路面上,车辆的最大加速度为 8 m/s²。根据确定的车辆制动临界安全距离,兼顾行车的安全性和舒适性,进行分级制动参数分析。需要对第一阶段制动的持续时间进行约束,以确保车辆制动临界安全距离小于驾驶员人工制动距离。在此将第一阶段制动持续时间 t_{set} 定为 1.2 s,根据分级制动的思想及控制策略,可得自动紧急制动的控制模型,如图 4.14 所示。

3. 安全区域分析

根据安全车距模型、预警方式和分级制动策略,得到制动距离与车辆安全区域的关系,如图 4.15 所示。

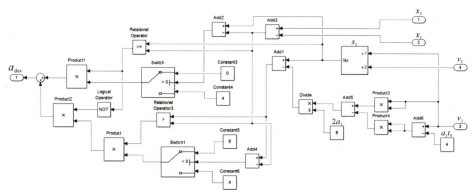

图 4.14 自动紧急制动的控制模型

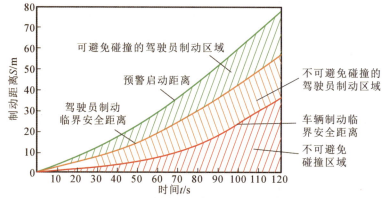

图 4.15 制动距离与车辆安全区域的关系示意图

如图 4.15 所示,驾驶员制动临界安全距离之上的区域为安全行驶区域,预警启动距离是车辆主动制动避免碰撞的临界距离。当两车车距达到预警启动距离时,系统以声、光等方式警示驾驶者。此时,两车车距尚未达到驾驶员制动临界安全距离,面对潜在的碰撞危险,驾驶员有较为充分的时间进行反应和选择。提醒之后,若驾驶员仍未制动,则仅靠驾驶员制动已不可避免碰撞。此时,车辆主动安全系统会对制动系统管路预充压力,缩短主动制动时制动系统的延迟时间和制动力增大时间。即使驾驶员未能及时制动,通过车辆主动制动仍然可以避免碰撞。

设计的车辆主动安全系统以 60 km/h 的速度为分界点,根据不同的安全距离模型对车辆进行控制。当车辆主动制动时,根据设定的时间阈值,对车辆进行分级制动,兼顾驾驶的安全性和舒适性,据此可以总结归纳出图 4.16 所示的主动安全系统控制逻辑。

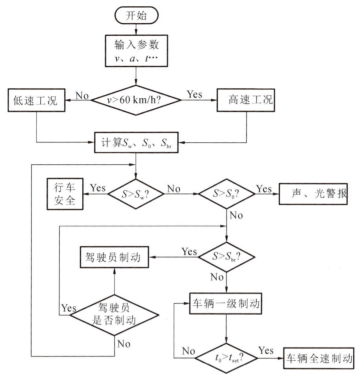

图 4.16　主动安全系统控制逻辑

4.6.3　主动安全系统分层控制器设计

在此采用分层控制器实现主动安全系统。上层控制器通过两车的相对速度、距离等参数,计算出当前自车需要维持的期望加速度 a_{des}。下层控制器将 a_{des} 转化为控制加速度,输入给车辆实现对速度的控制。

1. 基于模糊控制设计下层控制器

下层控制器由 PID 控制器和受控对象组成。PID 控制器将给定的输入值 $y_{\text{in}}(t)$ 与实际的输出值 $y_{\text{out}}(t)$ 作为线性控制的偏差 $e(t)$,有

$$e(t) = y_{\text{in}}(t) - y_{\text{out}}(t) \tag{4.5}$$

输入量为期望加速度与车辆实际加速度之差,即 $e(t) = a_{\text{des}} - a$,输出量为控制加速度 a_{con}。

$$a_{\text{con}} = k_{\text{p}} e(t) + k_{\text{i}} \int_0^t e(t) \mathrm{d}t + k_{\text{d}} \frac{\mathrm{d}e(t)}{\mathrm{d}t} \tag{4.6}$$

建立的 PID 控制模型如图 4.17 所示。

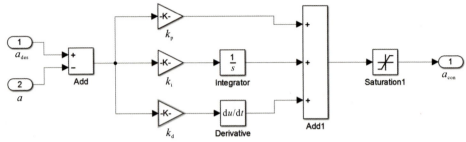

图 4.17　基于 PID 的下层控制器

对于强非线性、多输入输出系统,模糊 PID 控制具有鲁棒性好、调控效果好的优点。模糊 PID 控制对 PID 系统的 k_p、k_i、k_d 三个参数进行实时整定,使其满足控制要求。对输入、输出量进行模糊化,确定隶属度函数并建立模糊规则,可以得到输入与输出 k_p、k_i 的三维关系图,如图 4.18 所示。

模糊控制器以自车的加速度 a 和其变化率 a/t 为输入信号,分别记为 e 和 e_c,以 k_p、k_i 为输出信号。

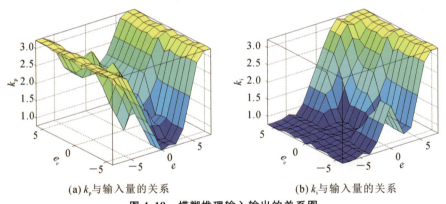

(a) k_p 与输入量的关系　　　　　　(b) k_i 与输入量的关系

图 4.18　模糊推理输入输出的关系图

2. 自适应巡航上层控制器设计

上层控制器输出自车的期望加速度,在车辆行驶过程中各参数存在以下关系:

$$\Delta v = v_1 - v_2 \tag{4.7}$$

$$\Delta d = y_d - S_0 \tag{4.8}$$

式中:Δv 为两车相对速度;v_1、v_2 分别为前、后车车速;y_d 是期望车距;S_0 是实际车距；Δd 为两车相对距离。

取系统的状态向量为 $\dot{x} = [\Delta v \quad \Delta d]^T$，则系统的控制量为自车加速度 $u = a$，系统的输出量为 $y = S_0$。

由此可以得到控制系统的状态方程：

$$\begin{cases} \dot{X} = Ax(t) + Bu(t) \\ Y = Cx(t) \end{cases} \tag{4.9}$$

式中：$x(t)$ 为二维状态向量；$u(t)$ 为控制向量；A、B、C 均为矩阵。

A、B、C 分别为

$$A = \begin{bmatrix} 0 & -1 \\ 0 & 0 \end{bmatrix}; B = \begin{bmatrix} 0 \\ -1 \end{bmatrix}; C = \begin{bmatrix} t_h \\ 1 \end{bmatrix} \tag{4.10}$$

对于式（4.11），寻求最优控制量 u，使性能指标 J_u 取极小值：

$$J_u = \frac{1}{2} \int_0^t [x^T Q x + u^T R u] dt \tag{4.11}$$

式中：$Q = \begin{bmatrix} \rho_1 & 0 \\ 0 & \rho_2 \end{bmatrix}$，$R = [r]$，分别为相应状态变量和加速度的权矩阵。

由此可导出线性控制规律为

$$u(t) = -Kx(t) \tag{4.12}$$

根据线性二次型最优控制的求解方法，求解问题可以转换为

$$u = k_1(S_0 - y_d) + k_2(v_1 - v_2) \tag{4.13}$$

式中：k_1、k_2 为控制系统的状态反馈系数；y_d 为期望的两车距离。

Q、R 会影响车辆车距保持的效果，合适的 Q、R 取值可以使仿真的结果更接近驾驶员操作的特性。经过参数选取，以 $Q = \begin{bmatrix} 1 & 0 \\ 0 & 3 \end{bmatrix}$，$R = 10$ 时的控制效果为例，相应的状态反馈系数为 $k_1 = 0.3162, k_2 = -1.0563$。所以上层控制器输出量期望加速度为

$$a_{des} = 0.3162(S_0 - y_d) + 1.0563(v_2 - v_1) \tag{4.14}$$

根据设计的基于最优理论的上层控制器建立的相应模型如图 4.19 所示。

3. 自动紧急制动控制器

结合分级制动的上层控制器和基于模糊控制的下层控制器，可得到主动安

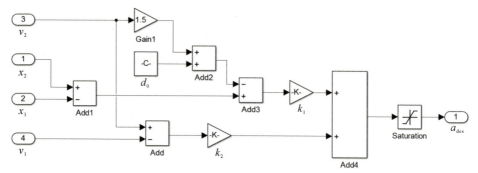

图 4.19　车距保持的自适应巡航上层控制器

全系统联合控制模型,如图 4.20 所示。

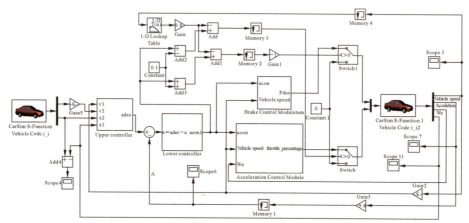

图 4.20　一种车辆主动安全系统联合控制模型

4.6.4　讨论与分析

1. 减速工况

假设自车以 90 km/h 的初速匀速行驶,在第 5 s 做匀减速运动,10 s 后速度降为 60 km/h,然后维持该速度至仿真结束,整个仿真过程持续 30 s。自车的速度、加速度及期望加速度如图 4.21 所示。

由图 4.21 可见,车辆实际速度与设定的速度吻合,15 s 后车辆能保持匀速运动。整个制动过程的实际加速度为 -0.833 m/s^2,车辆的实际加速度曲线与期望加速度曲线基本保持一致,制动较为平缓,不会造成车内人员的不适。

2. 随机交变工况下的跟随与避撞控制

假设前车位于自车前方 80 m 处开始加速至最高车速 100 km/h,而后进行

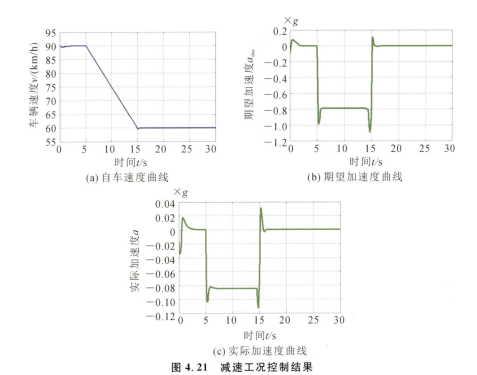

图 4.21 减速工况控制结果

紧急制动、加速、减速等操作,工况如图 4.22 所示。若自车起步加速至 120 km/h,两车将发生碰撞。在此情况下进行跟随和避撞控制,可见两车间距快速缩小,在 15 s 时已经达到临界制动距离,驾驶员进行最大加速度的制动;在 22 s 两车相对间距缩短至 4 m 左右,避免了碰撞;由于前车再次加速,两车距离逐渐变大,在 33.5 s 时两车距离达到最大;33.5 s 后,自车加速跟随,而前车再次减速,导致两车距离减小,通过避撞控制在 45 s 时最小车距为 7 m。整个跟车过程中,虽然两次制动后自车与前车的距离都小于 10 m,但最终还是能避免碰撞。自车经过两次急加速和两次急减速,与前车的运动趋势相同,但自车速度波动范围较大。自车在交变工况下的控制结果如图 4.23 所示。

仿真结果表明,避撞系统实现了既定的避撞目标,并保证了道路的交通流量。

3. 中低速工况的避撞控制

当车辆行驶在城市道路时,由于交通流量和限速,速度以中低速为主。中低速工况仿真采用基于车头时距的安全距离模型。设定工况为前车初始位置在自车前方 19 m,0~5 s 前车先以 20 km/h 的初速度匀速行驶,之后匀加速,

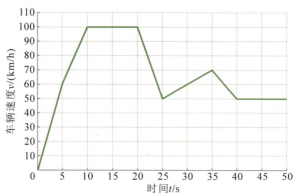

图 4.22　交变工况下前车速度变化

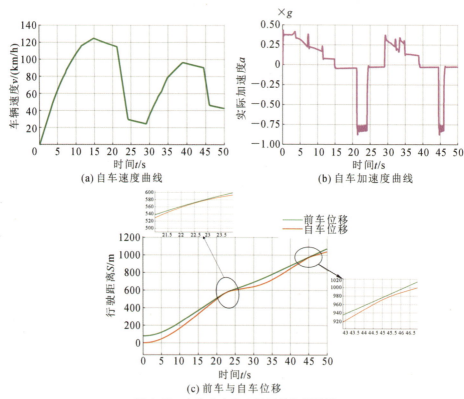

图 4.23　自车在交变工况下的控制结果

在第 10 s 达到 50 km/h 并维持该速度至第 20 s,然后又在 5 s 内匀减速至 30 km/h,并匀速运动到第 35 s,接着在 5 s 内减速至 20 km/h,最后保持速度不变,整个仿真过程持续 50 s。仿真的结果如图 4.24 所示。

由结果可知,自车在初始时刻与前车的距离大于临界制动距离,自车开始

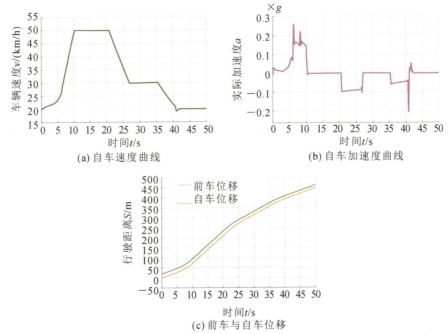

图 4.24 中低速工况的避撞控制结果

加速,两车相对距离缩短,随着自车速度继续增大,需要与前车保持的距离也增大。自车两次减速比较平缓,减速时刻分别为 20.4 s 和 35.3 s,加速度分别为 $0.1g$ 和 $0.05g$,与城市工况的实际情况相吻合。整个跟随过程中,自车速度与前车速度变化趋势一致,两车车距保持情况符合预期。

4. 单级制动条件下的自动紧急制动

前车位于自车前方 80 m 处,前车先以 108 km/h 的初速匀速行驶 5 s,后以 6 m/s² 的加速度在第 10 s 减速至 0 km/h,最后保持静止。自车以相同速度出发,最大制动加速度设置为 $0.8g$,控制时间为 20 s,结果如图 4.25 所示。

由图 4.25 可知,自车在前车制动后约 3 s 开始制动,此时两车实际距离约为 55 m,根据模型计算出来的安全制动距离为 56.9 m,制动略有滞后。制动过程大约持续3.8 s,加速度保持在 $0.8g$ 左右略微波动,减速度阶跃变化且数值较大,可能引起车内人员的不适。车辆在 12 s 开始静止,总体上实现了紧急避撞。

5. 分级制动条件下的自动紧急制动

在车辆主动制动时,其先以最大加速度的一半制动,在给车内人员一定的适应时间后,再以最大加速度制动,使车辆避免碰撞。车辆分级制动过程中,前

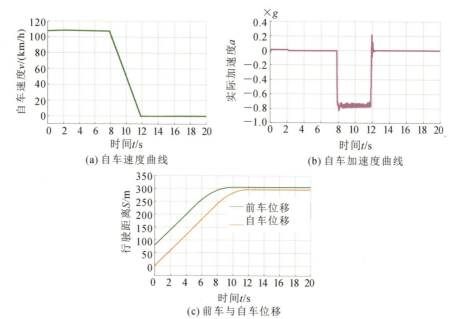

图 4.25 车辆单级制动的仿真结果

车的仿真工况设置与单级制动的一样,分级制动的仿真结果如图 4.26 所示。

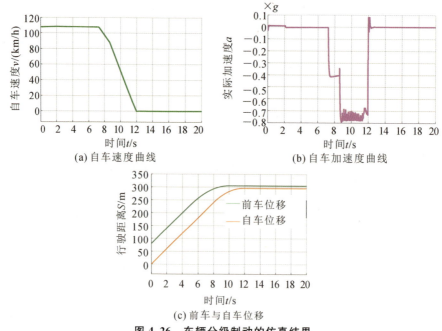

图 4.26 车辆分级制动的仿真结果

由结果可知,当采用分级制动时,自车在 7.2 s 开始以 0.4g 的加速度制动,此时前车车速为 60.5 km/h,两车实际距离为 64 m 左右,可以计算出此时安全制动距离为 62.5 m,大于临界安全制动距离。经过 1.3 s 自车速度降到 90 km/h,前车车速为 32.4 km/h,此时两车实际距离为 45 m 左右,自车以 0.8g 的加速度进行制动至车辆停止。可知当自车与前车停下后,两车相距 9.25 m,可以避免碰撞,保证行车安全。

与单级制动结果相比,分级制动在兼顾舒适性的同时,也能保证行车安全。不同点在于:

(1) 制动时机提前。单级制动在接近第 8 s 的时候开始,整个制动过程持续 3.8 s;分级制动在第 7.2 s 时开始,在 4.5 s 后速度才能降为 0 km/h。

(2) 制动距离增大。单级制动在自车距离前车约 55 m 的时候开始;分级制动在两车距离为 64 m 左右的时候开始。

(3) 两车停止时安全距离略有差异。分级制动停车后车距为 9.25 m,单级制动停车后车距为 10 m。这是由于两车制动启动的时机不同,以及分级制动存在加速度阶跃变化误差。

通过对加速工况、自适应巡航、交变工况和极限工况的分析可见,车辆在各工况下都能实现避撞,设计的主动安全系统具有可行性。同时,分级制动能保证行车的安全性及车上人员的舒适性。以上示例为智能车辆纵向控制系统的集成设计。在实际应用中,功能的集成与车辆的智能化水平密切相关。

4.7 本章小结

智能系统的轻量化不仅体现为物理结构质量的减轻,也表现为伴随智能特征产生的新安全理念、节能和高效的运行方式等。随着车辆智能化的进一步发展,智能化带来的附加设备、附加能源消耗等问题也将是值得思考的问题。

从系统角度看,智能车辆、智慧交通、智慧城市三者的进一步融合将为智能车辆的轻量化提供新的途径。如,使用路侧感知和通信设备来减少车辆上众多冗余的感知设备;通过路侧设备向更多的智能车辆提供感知和信息服务;通过共享方式减少车辆感知系统的组成和成本,减少车载计算平台的运行压力,实现更广义的轻量化;通过与智慧城市的结合,在提高车辆系统可靠性的同时进一步实现电动车辆能量分配与优化、智能车辆总体效率提升等。

本章参考文献

[1] HAN X,LIU J. Numerical simulation-based design:Theory and methods[M]. Singapore:Springer,2020.

[2] 韩旭.基于数值模拟的设计理论与方法[M].北京:科学出版社,2016.

[3] 姜潮,韩旭,谢慧超.区间不确定性优化设计理论与方法[M].北京:科学出版社,2017.

[4] 邱志锋.基于交通大数据的动态交通状态预测及全局路径规划研究[D].长沙:湖南大学,2021.

[5] 黄启华.考虑分段车速和分级制动的车辆主动避撞系统设计与研究[D].长沙:湖南大学,2021.

第 5 章
电动系统轻量化设计

本章将以电动系统设计为对象,讨论在车辆电动化过程中的部件设计方法和系统分析的一些思路。电动汽车的动力部件设计往往涉及诸多学科,如力、热、电磁、电化学等。多场耦合和多学科设计是电动系统设计的典型特征之一。除此之外,电动系统设计对功能、性能有明确的要求,轻量化设计通常会与电动系统功能设计和性能设计同时进行。

由于涉及多个学科的内容,电动系统设计暂无通用的方法可供选择。本章将首先讨论电动系统设计的层级,明确通过电动系统设计实现轻量化的三个可能路径。然后,以电机设计、散热结构设计和电池系统方案设计为例,从设计需求出发,说明在零部件设计过程中应遵循的基本设计思路及其实现过程。

5.1 电动系统轻量化设计的三个层级

电动化进程中轻量化研究主要关注电动系统及其性能对整车轻量化的影响。直观上看,电动系统的轻量化就是对电动系统组成部件结构的优化,是对物理部件本身的优化设计。电动系统的组成部件包括电机、电机控制器、减速器、传动系统、电池系统、充电机等。

事实上,电动系统的配置同样影响整车的轻量化。根据前述分析可知,增加电池系统的储能量可以提高车辆续驶里程,但是由于电池系统的能量密度不高,电池系统每增加单位质量所带来的续驶里程效益是递减的。因此,合理确定电动系统参数、提高电动系统效率、提升整车能量管理水平同样有助于车辆轻量化。

在此,分别从部件、子系统和整车三个层级对电动汽车的轻量化可行途径进行分析。

5.1.1 物理部件的设计

电动系统的主要质量来自驱动电机、减速器、电池系统。对于纯电动汽车，驱动电机要能保证低速区间的大扭矩和高速区间的恒功率，通常电机功率与燃油车发动机功率相当。电动汽车常采用的交流电机质量在几十乃至上百千克，电机本体的体积小于发动机的体积。除电机外，电机控制器通常布置在电机附近。对电机本体的轻量化是减轻电机质量的方法之一，但是电机本体参数的改变将会影响到电机的功率特性、控制参数等，因此，对电机的轻量化需要考虑多方面的因素。

电池系统的轻量化主要通过电池系统能量密度的提升来实现，即在采用高能量密度电池的基础上，对电池箱体结构进行轻量化设计。电池箱体结构除了承载电芯外，还需要实现在各向碰撞和冲击载荷作用下对电芯的保护。电池箱体内还有电池散热系统的管路、流道、散热结构等。对这些物理系统的优化将减轻电池箱体物理部件的质量。

对物理部件的轻量化设计可以有多种方法，根据设计目标和设计变量所处的设计层级可以选择合适的设计方法。如，对于具备电机本体设计和制造能力的车企，电动汽车驱动电机的设计可以从电机本体设计入手，结合电机控制器进行驱动电机的性能、轻量化和效率等综合设计。有时车企也可以从供应商产品库中进行选型，这样可以降低开发成本。因此，尽管设计目标可能是一致的，但从不同开发阶段介入部件设计会得到不同的设计结果。对于电动系统部件，其设计涉及力-热-电-磁的多场耦合问题，从设计变量到设计目标的映射通常难以显式表达，这对常规设计方法提出了一定的挑战。本章后续将从需求入手介绍电机的设计方法。

5.1.2 子系统集成与一体化

子系统集成与一体化是实现轻量化的常用手段。在电动汽车的设计过程中，将具有关联功能的物理部件集中布置可以减少各物理部件独立布置的空间，通过部件的集成实现轻量化。

在电动系统中,将电机、减速器和差速器进行集成,形成一体化驱动桥是进行子系统轻量化的常用方法。通过集成设计,将电机输出的动力直接接入减速齿轮,减少了电机与减速器之间的连接。将减速器和差速器进行集成后,减速器输出的动力直接由差速器分配给左右半轴,省略了常规车辆中减速器和差速器之间的传动系统,减轻了质量。通过集成设计,将驱动系统集中布置于驱动桥附近,减小了传动链的长度,使得结构更加紧凑,省略了不必要的中间连接和安装部件。集成设计需要由总布置、电机设计、减速器和差速器设计等领域的设计人员共同完成,对跨学科设计提出了较高的要求。同时,集成设计对电动系统的制造和安装有更高的要求。

除电动系统的一体化设计外,电力电子系统的集成设计也为轻量化设计提供了帮助。电力电子系统包括整车控制器、电机控制器、高压分线盒、充电机等。通过将电力电子系统进行整合,可以进一步优化布置并减轻质量。在一些大型电动客车上,采用集成控制器可以实现多种不同功能的集成。

5.1.3 动力系统匹配优化

对于电动汽车,通过优化整车系统进行减重的效果明显。最显著的例子为对整车电池系统储能量的优化。美国能源部在 2011 年设定了未来 40 年的电动车辆各部件的减重目标,如表 5.1 所示。

表 5.1 美国能源部 2011 年设定的未来 40 年电动车辆各部件减重目标

子系统	2020 年目标	2025 年目标	2030 年目标	2040 年目标	2050 年目标
车身	35%	45%	55%	60%	65%
底盘	25%	35%	45%	50%	55%
内外饰	5%	15%	25%	30%	35%
电池系统	30%	64%	70%	75%	80%
电机系统	25%	29%	33%	37%	40%
整车质量	26%	46%	54%	59%	64%

部分车型电池系统的质量占整车整备质量的比例估计如表 5.2 所示。

表 5.2 部分车型电池系统质量占整车整备质量的比例估计

车型	聆风	宝马 i3	Model S	Fiat 500E	Bolt	e-Golf
整备质量	~1591 kg	~1195 kg	~2086 kg	~1355 kg	~1628 kg	~1655 kg
电池质量	~302 kg	~215.1 kg	~521.5 kg	~271 kg	~439 kg	~347 kg
电池容量	30 kW·h	22 kW·h	85 kW·h	24 kW·h	65 kW·h	35.8 kW·h
电池质量占比	19%	18%	25%	20%	27%	21%

由表 5.2 可见,随着储能量的增加,车辆的总质量也增加。从动力性的角度,储能越多的车辆可以得到越好的动力性,这不仅与电池储能量相关,而且与车辆配备的驱动电机性能有关。而从经济性角度,增加的电池能量不会使车辆续驶里程同比例增加。因此,在车辆设计时,通过设定合理的动力性和经济性目标可以达到最优的车辆配置,从而提高车辆对能量的使用效率。

5.2 一种轻量化高效率车用轮毂电机设计

本节将从电动系统的形式和组成出发,分析电动系统轻量化的可行途径。从需求分析到性能优化将经历概念设计、初步分析、初始设计、建模分析和工程设计等多个阶段,涵盖产品设计的全过程,是产品从无到有的设计过程。分布式、模块化的驱动方式为电动汽车的构型创新提供了新的思路。

本节将以某轮毂电机为例,说明多物理场耦合条件下面向产品性能和轻量化的设计方法。车用轮毂电机的设计可以从以下几个方面展开。

(1) 确定设计指标:电动汽车轮毂电机的设计首先应关注在车辆运行工况下对电机特性和效率的要求,提出车用轮毂电机的关键设计指标。

(2) 设计变量分析:对电机本体参数进行分析,找出与关键和重要性能相关的变量。

(3) 初始设计:从电磁方案开始进行电机本体结构和初始参数的选定。

(4) 多场耦合模型建立:以电机本体参数为设计变量,在电机控制器弱磁扩速和过载性能的约束下,建立能够描述电机功率特性、扭矩特性、效率和质量的机-电-磁多场耦合模型。

(5) 性能优化:对电机本体参数进行多学科多目标优化,以满足电机对性能、效率和质量的多重要求。

在本问题中,设计变量为零部件层级的设计参数,设计目标除轻量化外,还包括整车层面的性能。例如,在进行电机本体设计的过程中,设计变量为零部件层级的几何结构参数,设计目标参数包括零部件层级的质量、子系统层级的电动系统效率、整车层级的动力性和经济性。这种设计跨越了零部件、子系统和整车三个层级,在此暂将其称为跨层级的轻量化问题。该类轻量化设计问题将以某一具体的零部件的具体设计参数为对象,在设计中除关注零部件的质量外,还要关注与该零部件性能密切相关的子系统和整车层级的性能,从整车性能和系统性能的角度对零部件进行优化。在此,以驱动电机设计为例,说明此类问题的设计方法。

5.2.1 设计需求分解与设计方法选择

轮毂电机驱动式电动汽车采用轮毂电机为动力驱动装置,省去了传统汽车上的发动机、变速器等机械装置,通常采用四轮或两轮驱动。整车主要由电池包、电池管理系统、轮毂电机驱动系统、电机控制器、整车控制器等组成。主要结构如图 5.1 所示。

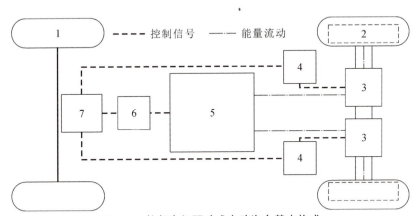

图 5.1 轮毂电机驱动式电动汽车基本构成

1—车轮;2—轮毂电机;3—逆变器;4—驱动控制系统;
5—电池包;6—电池管理系统;7—整车控制器

本设计拟开发出能够满足城市行驶工况的轮毂电机驱动式超轻电动汽车,车辆将尽可能使用包括碳纤维等在内的新材料,实现最大程度的轻量化设计。

整车具有自重轻、结构紧凑的特点，主要参数与性能指标如表 5.3 所示。

表 5.3 整车主要参数与性能指标

类别	项目	参数	类别	项目	参数
整车主要参数	整车整备质量 m/kg	550	整车性能指标	车速区间/(km/h)	0～80
	滚动阻力系数 f	0.015		最大爬坡度 i	0.20
	风阻系数 C_D	0.4		行驶里程/km	150
	传动比 i_g	1		最高车速/(km/h)	≥80
	最大承载质量/kg	150		爬坡车速/(km/h)	20
	车轮滚动半径 r_a/mm	260.3		0～80 km/h 加速时间/s	≤16
	迎风面积/mm²	2.4			
	主减速比 i_0	1			

除整车的运行参数外，对电机设计指标无具体要求。为得到一款动力好、效率高、质量小的轮毂电机，需要根据整车性能要求得到电机的性能指标。在电机的各项性能指标中：功率和扭矩是基本要求，可以使用数值表示；最高效率同样可以用数值表示；高效区间是对电机在运行区间内所有的性能要求，难以用设计指标表达。因此，除需要满足明确的设计目标外，电机性能指标设计还需要解决高效区间与车辆运行工况的匹配问题。

综上，可将电动汽车对电机特性的需求归纳如下：

（1）在恒转矩区，电机需提供汽车起步、加速及爬坡工况所需的扭矩；在恒功率区，需满足驱动汽车的功率需求，且能提供短时的过载能力，以满足整车克服恶劣工况时的动力需求。

（2）为提高整车的经济性，电机不仅要具备较高的效率，而且高效区间应能够集中分布于基速两侧，高效区间应足够宽。

（3）为降低电动汽车簧下质量，提高整车舒适性，要求电机有较高的功率密度和较小的质量、较小的转矩脉动和齿槽转矩。

5.2.2 电机运行高频区与高效区

在满足车辆动力性和经济性的条件下，确定电机的性能参数，据此进行电机电磁结构设计。电机最高转速、峰值功率、峰值扭矩、额定功率、额定扭矩、转折转速与整车行驶工况和整车参数息息相关,常规的匹配设计方法仅仅通过整车动力性能指标来计算电机最大功率、最大扭矩,然后通过经验系数来确定电机的过载系数与电机的转折转速。该方法没有考虑电机的效率区间分布问题,据此匹配的电机在不同的工况下运行时,电机运行高频区不一定集中于高效区间内,从而会造成过多的能源消耗。

当采用外转子永磁同步电机作为驱动电机时,由于不设置减速器等机构,电机最高转速低且转速区间窄,由于铜耗影响,电机基速点效率不高。针对此类电机,如何合理地确定电机的额定转速点,使得电机运行在高效区间内显得格外重要。

对电动汽车用轮毂电机而言,总的要求是保证电机运行高频区内效率足够高,并且运行高频区尽可能在高效区间内。参考集中驱动式纯电动汽车电机参数匹配方法,采用原国家标准规定的城市工况(等效于 ECE-15 工况)、等速 60 km/h 行驶工况、日本 10.15 工况和 JC08 工况以及美国城市测功机行驶计划(UDDS)工况。利用权系数组成综合工况,在此工况下进行电机参数匹配。其中 UDDS 工况由于最高车速超出了本车设计车速范围,为了能够使用该工况,对该工况车速进行适当缩放。将轮毂电机驱动式电动汽车工况进行转化,得到电机在各工况下运行的转速、功率、扭矩统计特性,如表 5.4 至表 5.7 所示。

表 5.4　UDDS 工况下电机运行统计特性

项目	最大值	平均值	高频区间
转速/(r/min)	826.5	413.25	[252,503]
功率/kW	6.77	3.385	[1.5,3.76]
扭矩/(N·m)	114.1	57.05	[50.7,88.7]

表 5.5　10.15 工况下电机运行统计特性

项目	最大值	平均值	高频区间
转速/(r/min)	713.1	356.55	[158,396.14]
功率/kW	5.993	3.0	[1.33,3.32]
扭矩/(N·m)	80.33	40.165	[17.85,44.63]

表 5.6　ECE-15 工况下电机运行统计特性

项目	最大值	平均值	高频区间
转速/(r/min)	509.5	254.75	[169.8,226.45] [339.7,420.3]
功率/kW	3.439	1.71875	[1.5,3.73]
扭矩/(N·m)	88.73	57.05	[39.44,60] [66,80.2]

表 5.7　JC08 工况下电机运行统计特性

项目	最大值	平均值	高频区间
转速/(r/min)	830.5	415.25	[83.05,415.25] [498.5,581.35]
功率/kW	5.746	2.873	[1.148,4.018]
扭矩/(N·m)	129.7	64.85	[28.81,86.45]

由以上统计特性可以看出，不同工况下电机运行特性有较大区别，为了全面描述电机在实际道路中的运行规律，采用平均加权法来指导电机设计。

在加权工况下，功率较为集中的区间是 0～1 kW、1～2 kW。另外可以看出，在加权工况下，功率 0～3 kW 占据整个循环工况的 86%，0～4 kW 占据整个循环工况的 93% 以上，这主要与电动汽车测试工况下车速区间有关。

在加权工况下，转速多分布在 200～300 r/min、300～400 r/min 及 600～700 r/min 区间内，按照频数分布高低，依次为 300～400 r/min、200～300 r/min、600～700 r/min、400～500 r/min。低速段转速 0～100 r/min 分布较为集中是由于测试工况中含有较多的启停阶段。另外，转速 0～400 r/min 占综合工况下转速区间的 72%，0～500 r/min 占电机转速区间的 83%。

由加权工况扭矩分布可知，电机常用工作扭矩集中在 20～90 N·m 以及 90～120 N·m。但需要注意，在瞬态工况中曾短时间出现过 110～130 N·m 的扭矩需求，这说明在起步加速阶段，电机需要短时间输出最大扭矩以满足动力需求。统计加权工况下的扭矩占比可以得出，综合工况下电机扭矩 0～60 N·m 区间占总区间的 83.9%，0～70 N·m 区间占总区间的 89.3%。

设定车辆的性能工况要求：最高车速为 80 km/h；加速工况下要求汽车在

16 s 内完成车速从 0 km/h 加速到 80 km/h；爬坡工况要求汽车能够以 20 km/h 的车速通过 20％坡度的斜坡。根据车辆动力学理论，可以得到此时对电机的功率和扭矩要求，如表 5.8 所示。

表 5.8 特征工况计算结果

特征工况	要求	计算结果	
		功率/kW	扭矩/(N·m)
最高车速	80 km/h	4.58	48.33
最大爬坡度	$i=0.2$	3.51	147.89
起步加速	$t \leqslant 16$ s	7.23	143.30

由表 5.8 可知，驱动电机最高功率为 7.23 kW，最大扭矩为 147.89 N·m。由 ECE-15、UDDS、JC08 以及 10.15 工况统计特征可以得出，电机多运行在 200～500 r/min 以及 600～700 r/min 区间内，为了能让高频区落在高效区间内，并且考虑外转子永磁同步电机自身弱磁能力，在此选择 500 r/min 作为电机额定转速点。由统计特征可以看出电机额定功率在 3～3.5 kW 之间，故电机额定功率取 3.5 kW，对应的额定扭矩为 67 N·m，可得电机扭矩与转速的关系曲线，如图 5.2 所示。

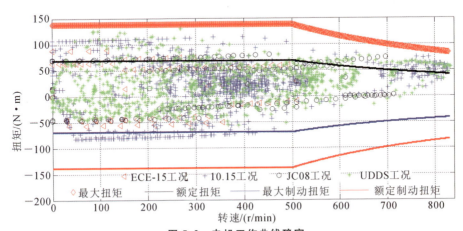

图 5.2 电机工作曲线确定

结合特征工况与加权工况后，所得到的电机设计指标参数如表 5.9 所示，采用蓄电池为电源和三相全桥逆变电路，定子绕组采用 Y 形接法，考虑控制器管路压降与占空比等因素，确定所设计的外转子永磁同步电机线电压有效值为 83 V。

表 5.9　电机设计指标参数

电机类型	外转子永磁同步电机
工作模式	连续
额定转速	500 r/min
最高转速	830 r/min
额定功率	3.5 kW
最高功率	8 kW
额定扭矩	67 N·m
最大扭矩	150 N·m
电源电压(DC)	140 V
防水等级	IP54
绝缘等级	F 级
冷却方式	自然风冷
电机效率	0.9 及以上
电机最大直径	30 cm

5.2.3　电磁方案及本体设计参数

永磁同步电机特性包括电机稳态特性和瞬态特性两部分。电机稳态特性主要有外特性、效率特性和部分负荷特性。电机的瞬态特性为电机转速和转矩的阶跃特性，需要指出的是，电机的瞬态特性与电机控制相关。在此不对瞬态特性做重点讨论。由于电机的稳态特性决定了电动汽车在行驶过程中的动力性和经济性，因此，这里将重点探讨电机本体设计参数与电机稳态特性之间的相互关系。

在电机层面，过载能力和弱磁扩速能力对电机性能参数影响较大。因此，在轮毂电机几何空间的约束下，需要对过载能力和弱磁扩速能力进行特别设计。影响电机性能的设计参数众多，敏感性分析有助于找到本体设计参数与电机性能的主要关联因素。

电机过载能力指电机工作于极限工况时输出峰值功率与峰值扭矩的能力，可采用过载系数来评价。电机过载系数定义为电机峰值扭矩与额定扭矩之比，即电机峰值扭矩与峰值功率决定了电机过载能力的大小。

为研究电机外特性与电机本体设计参数的关系,使用商业软件对电机外径、电机电枢长度及永磁体尺寸进行参数化仿真分析,可以看出,在其他参数不变的情况下,电机最大功率随转子外径增大而增大;随着电机定子轴向长度增加,峰值功率呈现逐步增大并趋于恒定的趋势;随着永磁体充磁方向厚度增加,磁通密度逐渐增大,对应的电机抗过载能力也相应增大;随着电机永磁体极弧系数增大,磁通密度呈现出减小趋势;磁通密度随着气隙厚度和定子槽深度增加而减小。电机本体参数与过载能力的关系如图5.3所示。

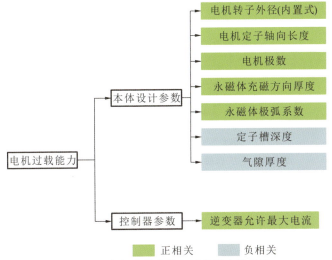

图5.3 电机本体参数与过载能力的关系

电机弱磁扩速能力指电机运行于基速之上区间并且保持恒定功率输出的能力,它决定了电机恒功率运行区间的宽度。

一方面,电机最高转速取决于控制器能提供的最高电压;另一方面,在端电压、电流达到极限值的情况下,电机弱磁能力与电机交轴电感、永磁体所能提供的磁通量以及定子绕组电阻相关。为了加大电机弱磁区间的大小,可减小永磁体磁链,增大直轴电感。永磁体磁通量与永磁体参数、气隙参数相关,定子绕组电阻值与绕组和定子齿槽参数相关。通过分析可以看出,在其他设计参数不变的情况下,电机交轴电感受到永磁体充磁方向厚度、气隙厚度、槽口开度、定子槽深度以及每槽导体数的影响,永磁体充磁方向厚度、气隙厚度、槽口开度对磁通密度有较大影响,绕组相电阻受到绕组线径、并绕根数、每槽导体数的影响。电机弱磁扩速能力与电机本体参数的关系如图 5.4 所示。

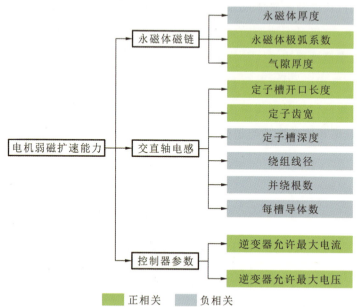

图 5.4 电机弱磁扩速能力与电机本体参数的关系

5.2.4 电机本体初始电磁方案设计

由于轮毂电机的设计是从零开始的设计,因此需要先确定初始设计方案,然后在此基础上开展优化设计工作,以满足前述的诸多性能要求。电机本体电磁设计的主要目的是根据技术指标来确定电机主要尺寸参数、电机磁路结构形式以及电枢绕组参数,然后对初始参数方案进行仿真校核,直至满足技术指标要求。本设计主要包括以下内容(详细设计方案在此暂略)。

(1) 槽极比选择:在此采用槽极比组合为 12/10 的分数槽集中绕组方案。

(2) 电机主要尺寸:转子外径取 290 mm,电机线负荷预取 200 A/cm。

(3) 转子磁路设计:永磁体材料选择、永磁体放置方式确定以及永磁体尺寸参数设计。

(4) 定子冲片设计:主要包括槽类型选取以及槽型参数设计。

(5) 电枢绕组设计:主要包括绕组线径、每槽导体数、并绕根数与并联支路数设计。

5.2.5 基于组合代理模型的轮毂电机优化

轮毂电机多目标优化问题具有非凸、非线性、多维度的特点,这使得求解优化问题费时费力。在电机优化问题中,需要考虑电机的功率特性、过载能力、弱磁扩速能力和电机质量等因素,这些因素与电机本体设计参数之间的关系难以通过某一特定的模型描述。

组合代理模型可以综合不同模型的优势,具有更好的稳健性和模型精度。采用组合代理模型方法建立电机本体设计参数与影响电机弱磁扩速能力和过载能力的电感 L_d、永磁体磁链 ψ_f 及相电阻 R 之间的关系模型,获得满足过载能力与弱磁扩速能力的参数表达式。最后,采用非支配排序遗传算法 NSGA-II 算法求解以过载能力与弱磁扩速能力为约束、以电机效率最高和质量最小为目标的多目标优化问题。

1. 变量的选取

设计变量的选取与待优化问题关系密切,各参数均可作为优化变量。对轮毂电机而言,受限于轮毂外径尺寸和轴安装孔径,形成的设计域如图 5.5 所示。

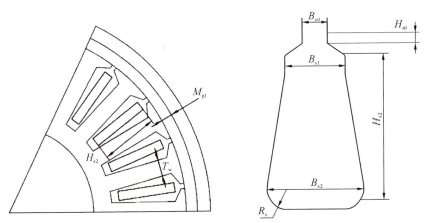

图 5.5 电机设计变量

图中:T_w 为定子齿宽;H_{s2} 为定子槽高;M_{gt} 为永磁体厚度;B_{s0} 为槽口宽度;B_{s1}、B_{s2} 为槽宽;H_{s0}、H_{s2}、R_s 为槽型参数。对电机过载能力影响较大的是电机转子外径、轴向长度,而气隙厚度、并绕根数、定子齿宽、定子槽高、永磁体厚度及导体直径会对电机效率有较大影响。因此将气隙厚度、并绕根数、定子齿宽、定子槽高、永磁体厚度及导体直径作为设计变量,设计变量上下限及初始值如表 5.10 所示。

表 5.10　设计变量上下限及初始值

设计变量	下限值	上限值	初始值
定子槽高 H_{s2}/mm	20	42	31
定子齿宽 T_w/mm	5	12	7
导体直径 w_s/mm	0.4	1.0	0.5
永磁体厚度 M_{gt}/mm	4	7	5
气隙厚度 δ/mm	0.5	0.9	0.7
并绕根数 N_{os}	4	10	4

2. 约束条件

约束条件可按照定义分为边界约束与性能约束。边界约束是为满足结构设计和工艺性能而设定的界限。性能约束则是根据电机性能要求而设计的变量边界。在此,电机电流密度、热负荷、最大输出功率、定子齿部磁密、定子轭部磁密、转子轭部磁密需满足式(5.1),其值大小根据工程设计经验确定。

$$\begin{cases} J_{Cu} \leqslant 6000000 \text{ A/mm}^2 \\ T_{Cu} \leqslant 200 \text{ A}^2/\text{mm}^3 \\ P_{max} \geqslant 8000 \text{ W} \\ 1.4 \text{ T} \leqslant B_{St} \leqslant 1.9 \text{ T} \\ 1.0 \text{ T} \leqslant B_{Sy} \leqslant 1.9 \text{ T} \\ 1.0 \text{ T} \leqslant B_{Ry} \leqslant 1.7 \text{ T} \\ S_{factor} \approx 65\% \end{cases} \tag{5.1}$$

式中:J_{Cu} 为电机电流密度;T_{Cu} 为热负荷;P_{max} 为最大输出功率;B_{St} 为定子齿部磁密;B_{Sy} 为定子轭部磁密;B_{Ry} 为转子轭部磁密;S_{factor} 为槽满率。

电机优化问题中并非所有的约束条件都有同等重要性。在优化设计中,约束函数需实现对违反不同约束条件有不同的惩罚力度。针对含约束优化问题中惩罚因子系数初始值的选择问题,在此提出一种自适应惩罚因子更新策略以

提升算法运行效率。采用的分级式惩罚函数为

$$p_i(x) = \begin{cases} 0 & g_i(x) \leqslant 0 \\ C + \omega_i \mathrm{e}^{g_i(x)} & g_i(x) > 0 \end{cases} \tag{5.2}$$

式中:C 为常数;ω_i 为不同重要性约束条件惩罚因子。

在电机控制器参数限制下,电机性能会受到诸多约束,在这里将弱磁扩速能力和过载能力作为约束进行优化设计。在电压极限圆及电流极限圆约束下,电机直交轴电感需满足:

$$\begin{cases} L_{\mathrm{dmin}} = \dfrac{\sqrt{(\psi_{\mathrm{f}} i_{\mathrm{dm}})^2 - i_{\mathrm{lim}}^2 \{\psi_{\mathrm{f}}^2 - [U_{\mathrm{dc}}/(p\omega_{\max})]^2\}}}{i_{\mathrm{lim}}^2} + \dfrac{-\psi_{\mathrm{f}} i_{\mathrm{dm}}}{i_{\mathrm{lim}}^2} \\ L_{\mathrm{dmax}} = \dfrac{\sqrt{(U_{\mathrm{dc}})^2 - \left[i_{\mathrm{lim}} R_1 + \left(E_{\max} \dfrac{\omega_{\mathrm{e}}}{\sqrt{3}\omega_{\max}}\right)\right]^2}}{p\omega_{\mathrm{e}} i_{\max}^2} \end{cases} \tag{5.3}$$

式中:U_{dc} 为逆变器直流侧母线电压;ω_{e} 为转折角速度;$\omega_{\max}$ 为最高转速时的角速度;$E_{\max}$ 为电机线电压有效值,240 V;i_{lim} 为逆变器最大输出电流,90 A;i_{dm} 为直轴电流;$i_{\max}$ 为最大电流;ψ_{f} 为永磁体磁链;L_{dmin} 为电感最小值;L_{dmax} 为电感最大值;R_1 为相电阻值;p 为极对数。

3. 目标函数

作为车用轮毂电机,轮毂电机质量会对整车平顺性产生影响,同时减小电机质量也可以提高电机功率密度,并降低成本。轮毂电机质量由以下几部分组成:

$$M = m_{\mathrm{s}} + m_{\mathrm{r}} + m_{\mathrm{c}} + m_{\mathrm{p}} \tag{5.4}$$

式中:m_{s} 为定子质量;m_{r} 为转子质量;m_{c} 为铜线质量;m_{p} 为永磁体质量。

为提高整车续航里程,希望设计的电机有较高的效率和较宽的效率区间。在已确定电机在综合工况下的高频点与高频区间分布的基础上,本次优化将以提高电机高频区域效率为设计目标之一。电机效率可用下式来表示:

$$\eta = \frac{P_{\mathrm{e}}}{P_{\mathrm{w}}} \tag{5.5}$$

式中:P_{e} 为电机输出功率;P_{w} 为电机计算功率。

考虑弱磁扩速和过载能力约束,将式(5.2)和式(5.3)作为约束条件加入式(5.1)中,对应的优化问题可以描述为

$$\begin{cases} \text{find } H_{s2}, M_{gt}, N_{os}, \delta, T_w, w_s \\ \min M, \max \eta \\ \text{s. t.} \quad g_j(x) \leqslant 0, j = 1,2\cdots \\ \quad\quad h_k(x) = 0, k = 1,2\cdots \end{cases} \tag{5.6}$$

4. 组合代理模型

为了解决多目标优化效率问题,人们将并行计算方法及基于缩减模型的优化方法应用于工程问题,并取得了较好效果。基于代理模型的多目标优化方法被广泛使用,各种代理模型预测能力不尽相同,组合代理模型(ensemble of surrogate model)方法由于具有稳健性好、对试验设计方法敏感度低的特点而被越来越多的学者所推荐。

组合代理模型由多个元代理模型经加权线性叠加构成,可表示为

$$\begin{cases} \tilde{y}_m(x) = \sum_{i=1}^{M} \omega_i(x) \tilde{y}_i(x) \\ \text{s. t.} \quad \sum_{i=1}^{M} \omega_i(x) = 1 \end{cases} \tag{5.7}$$

式中:x 为输入变量;M 为组合代理模型中元代理模型个数;$\tilde{y}_m$ 为组合代理模型的响应值;ω_i 为第 i 元代理模型的权值;$\tilde{y}_i$ 是第 i 元代理模型的响应值。

5. 权系数的求解

为了获得精确且具有鲁棒性的代理模型,采用组合代理模型全局误差与局部误差加权最小的方式来求解组合代理模型权系数,通式为

$$\begin{cases} \text{find} \quad \omega_i, i = 1,2,\cdots,M \\ \min \quad \lambda_1 |\varepsilon_1| + \lambda_2 |\varepsilon_2| \\ \text{s. t.} \quad \omega_i \geqslant 0, \sum_{i=1}^{M} \omega_i = 1 \end{cases} \tag{5.8}$$

式中:λ_1、λ_2 分别为全局误差系数与局部误差系数;ε_1 为组合代理模型全局误差;ε_2 为组合代理模型局部误差。

6. 组合代理模型验证

为了能更好地验证改进方法的适用性,同时考虑该方法对不同函数维度和不同响应非线性程度的适应性,选取 3 个典型测试函数——Branin-Hoo 函数

(函数 1),Hartman-3 函数(函数 2),Hartman-6 函数(函数 3)来对比组合代理模型与单一代理模型的预测能力,元模型信息如表 5.11 所示。

表 5.11 测试函数所采用的元模型信息

函数编号	函数维度	试验设计次数	训练样本数	测试样本数	元函数类型			权值系数	
					多项式	Kriging 函数	组合径向基函数	λ_1	λ_2
1	2	500	500	20	三次多项式	高斯基	立方基		
2	3	1000	100	20	三次多项式	高斯基	立方基	0.7	0.3
3	6	1000	100	20	三次多项式	高斯基	立方基		

7. 优化结果

对帕累托(Pareto)解集进行排序并经工程修正所得的结果如表 5.12 所示。

表 5.12 含约束优化结果

类别	优化结果										
	H_{s2}	M_{gt}	T_w	δ	N_{os}	w_s	ψ_f	L_d	R_1	电机效率	质量
代理模型结果	32.796	4.982	7.830	0.725	8.982	0.62	0.070	0.883	0.061	94.346	10.316
仿真结果	32.80	5.000	7.830	0.730	9.000	0.603	0.076	0.936	0.067	93.025	10.2
相对误差/(%)	0.122	0.360	0.00	0.685	0.200	2.819	7.895	5.662	8.955	1.420	1.137

8. 结果分析

现将含约束优化结果与初始设计方案对应的电机定子相电阻、交轴电感、永磁体磁链及质量与效率进行对比,如表 5.13 所示。

表 5.13 优化结果对比

对比项	永磁体磁链/Wb	交轴电感/mH	定子相电阻/Ω	过载倍数	弱磁率	质量/kg	效率/(%)
含约束优化结果	0.076	0.936	0.068	2.30	1.059	10.2	92.86
初始设计	0.079	0.815	0.076	2.39	0.887	11.72	91.20

可以看出,加入弱磁扩速与过载能力约束后,虽然优化方案与初始设计方案相比低速恒扭矩区过载能力下降3.8%,但弱磁率提高19.4%。考虑永磁同步电机弱磁扩速能力约束的优化设计方案无论在基速点还是在高效区间宽度方面,较初始设计方案均有一定提高。其中,电机额定点效率提高1.8%,电机效率大于85%的区间扩大了11.56%。轮毂电机优化模型与原始模型相比较:在满足性能要求的条件下,电机效率提高1.8%,质量降低12.9%,达到了轻量化预期效果。

5.3 一种电机控制器传热学反问题的求解方法

由5.2节电机设计内容可知,多物理场耦合问题具有较高复杂性,各物理场的相互作用可以通过一定的形式进行表达,表达形式可以是数学模型、数值模型、代理模型和人工智能模型。因此,当设计目标确定时,可将设计问题转化为优化问题进行参数求解。但是,在设计中通常也会遇到另一类问题,即相关物理规律无法定性描述,这时基于模型的正向设计方法就会存在一定的局限性。本节将以车载集成控制器的热设计为例,给出此类问题的一个可行求解方案。

5.3.1 问题描述

随着电动汽车控制器技术和电子元器件的发展,控制器内部元件的集成度和功能逐步提升,热密度也越来越大,大功率元件的热通量甚至可以达到200~300 W/cm^2。根据10 ℃法则,当电子元器件的温度大于70 ℃时,每升高10 ℃,元件的可靠性就会降低50%。过高的温度会直接损坏元件,因此控制器内电子器件的散热结构设计变得尤为重要。功率器件通常采用箱体水冷方式,而控制器内部的其他大功率芯片通常采用自然风冷或强迫风冷方式,这就意味着在集成控制器中有多种散热形式并存的情况。

电机控制器风冷散热翅片数量的设计问题通常是已知目标的设计温度来求解相关设计参数的问题,在本质上属于已知目标温度求解几何边界的传热学反问题。在该问题中控制器内的传热规律复杂,很难得到与风冷散热器设计相关的传热学规律的定性描述。

传热学反问题（inverse heat conduction problem,IHCP）是指在传热学系统中,根据系统中的已知量（诸如热源功率、温度等易测量的信息）对该系统中不能测量或不易测量的参数（如系统内部的几何形状、局部对流换热系数等）进行求解。依据待求解量对传热学反问题进行分类,可将其分为几何形状识别反问题、热物性参数识别反问题、热源项识别反问题和混合型反问题等。

传热学反问题也具有反问题的典型特点——不适定性。这种不适定性主要体现在两方面：一方面由于输入信息的不全面性,往往不能保证反问题解的存在性,会出现解不存在或不唯一的情况；另一方面,由于输入信息的不准确性,不能保证反问题解的稳定性,输入信息的误差在反问题的求解过程中可能会被放大,从而导致问题的反演结果波动较大。不适定性给传热学反问题的求解带来了一定困难。

在解决传热学反问题的过程中,作为输入的测点信息一方面可能会因为测点数量有限而并不完整,另一方面又会不可避免地存在测量误差和噪声干扰,从而使反演结果出现巨大偏差。模糊推理方法具备有效利用这些不完整、不精确信息的能力和良好的抗不适定性,在传热学反问题求解方面有一定优势。但是该方法在制订论域和模糊规则时对传热规律的定性描述存在着较强的依赖,对问题认知不清晰将导致论域和模糊规则与问题不符,使得反演结果失准,这在很大程度上限制了该方法在传热学反问题求解中的应用。

下面在模糊推理方法的基础上,结合反馈思想和模拟退火思想对其进行改良,提出一种反馈-模糊推理全局算法,将模糊推理算法应用于非单调传热或未知规律的传热学反问题。通过对传热学反问题的研究,提出一种抗不适定性好、计算效率较高的反问题求解方法,并从传热学反问题的角度实现一般散热结构的正向设计。

5.3.2　反馈-模糊推理算法

模糊推理系统的组成部分包括模糊化模块、知识库、模糊推理模块和解模糊化模块,其中知识库由先验知识库和模糊规则库两部分构成。先验知识库中包括专家知识等对待求解问题定性规律的认知总结,是常规模糊推理系统中模糊规则的制订依据,而模糊规则库则决定了整个模糊推理系统的运行方式。模糊推理系统的具体结构如图 5.6 所示。

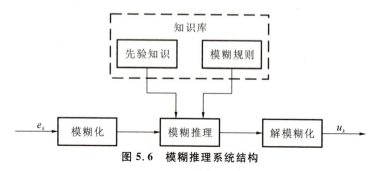

图 5.6 模糊推理系统结构

在图 5.6 中:e_k 为整个模糊推理系统的输入变量;u_k 为模糊推理系统的输出变量。

通过模糊推理方法进行计算的基本流程如下:通过模糊化模块将精确输入量 e_k 转化为模糊输入量,即输入论域上对应的模糊集合,再依据模糊推理规则,通过模糊推理模块将输入量对应的模糊集合映射到输出论域,得到输出论域的模糊集合,最后通过解模糊化模块将模糊集合重新变为精确量输出。

在此将变论域思想、反馈思想、模拟退火与常规模糊推理算法相结合,提出一种反馈-模糊推理算法和反馈-模糊推理全局算法,使得模糊推理系统可以应用于上述问题的求解,并且可以起到很好的效果。

在求解反问题时,常规模糊推理的输入量一般为 $e = T_{mea} - T_{cal}$,其中 T_{mea} 为测点输入信息,T_{cal} 为每次迭代过程的计算结果。对应输入输出论域的语言值通常有负大(NB)、负中(NM)、负小(NS)、零(ZO)、正小(PS)、正中(PM)、正大(PB),这种情况下模糊推理系统输出量的大小和符号均由论域和对应的模糊规则决定;而反馈-模糊推理算法由模糊推理单元和反馈单元组成,系统的输入量为 $e = |T_{mea} - T_{cal}|$,对应输入输出论域的语言值只有零(ZO)、正小(PS)、正中(PM)、正大(PB),此时反馈-模糊推理算法输出量的大小由对应的论域和模糊规则决定,符号则由反馈单元决定。

这种方式可以在保留模糊推理在抗不适定性方面的优势的同时降低模糊推理输出值对模糊规则和待求解系统先验知识的依赖程度,并减少论域数量,降低模糊推理系统的构建难度。记 $u_k(i)$ 为模糊推理单元第 i 次迭代的输出,

$n(i)$为待求解量第i次迭代的计算结果,$T_{cal}(i)$为第i次迭代的计算结果,迭代结束条件为$|T_{mea}-T_{cal}|\leqslant\varepsilon$,利用反馈-模糊推理算法求解单极值函数的反问题时的流程如图5.7所示。

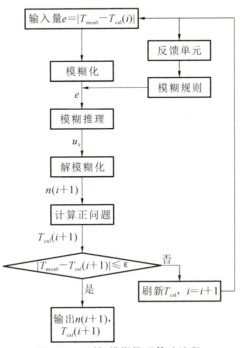

图5.7 反馈-模糊推理算法流程

为了保证算法的全局性,将模拟退火算法与反馈-模糊推理算法相结合。模拟退火(simulated annealing,SA)算法是一种结合固体退火过程、基于蒙特卡罗准则进行迭代求解的随机优化算法,最早由 Metropolis 等提出。该算法结合了固体退火规律和解决优化问题的过程,利用温度下降过程中的概率跳跃,随机搜索目标函数的全局最优解,与此同时,通过温度下降过程中接受准则的改变来保证迭代计算的稳定性。算法中设定的初始温度对应加温过程,等温过程对应 Metropolis 准则抽样过程和接受准则,降温过程对应目标参数接近目标值的过程。在此过程中模拟退火算法会根据 Metropolis 准则以一定概率接受恶劣迭代结果,并以此结果为起点开始下一步搜索,这个过程中接受准则和降温方式的确定是模拟退火算法能否收敛到全局最优解的关键。

5.3.3 基于分散模糊推理的设计方法

如果在反演系统中存在着多个测点或者多个待反演点,此时为了反映多个输入、输出量的信息,模糊推理系统中模糊规则的数量和规则的复杂程度就会增加,这种现象被称为规则爆炸。而求解几何边界的传热学反问题往往需要以多个测点的测量信息为输入量,故规则爆炸在此类传热学反问题中较常见。

在实际工程中,模糊规则可以通过对专家经验或问题规律的定性描述产生,也可以通过机器学习等方法基于问题的历史数据来计算生成,而这两种方法在应用于多输入变量的集中模糊规则建立时都有其自身的局限性,原因如下:

首先,集中式模糊规则中每条模糊规则的复杂程度都会随着输入变量数量的增多而增加,此时的模糊推理规则很难通过问题的定性描述来制订。一般来讲,当模糊推理系统的输入变量数大于三个时难以建立完善的模糊规则。

其次,集中式模糊规则的数量 p 与变量数 g 之间的关系为指数关系,即一套完整的集中式模糊推理规则中至少需要 $p=g^n$ 条模糊规则。当变量数或模糊等级划分过多时,模糊规则的数量将呈指数级增长,依靠专家经验和定性描述难以建立规则,而数据增加导致的模糊规则数量的指数级增加也会使得机器学习法等可以自动生成模糊规则方法的计算量大幅增加,影响模糊推理方法的进一步应用。

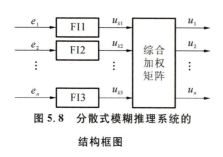

图 5.8 分散式模糊推理系统的结构框图

分散式模糊推理规则的运算模拟了人脑在处理复杂问题时分类汇总的过程,先把输入信息分为若干组,分别对每组信息进行处理,最后再进行汇总,做出决策。参照此人工推理过程的分散式模糊推理系统的结构框图如图 5.8 所示。

在传热学反问题中,该推理系统会将每个测量点的输入信息单独考虑,分别用单独的单输入一维模糊推理系统进行推理,这样就将复杂的集中模糊推理系统拆分成数个简单的模糊推理子系统,同时将复杂的集中式模糊规则拆分成简单的 if-then 规则,最后通过综合加权矩阵反映不同测点对其他测点和对反演点结果的影响,同时将各个推理单元的结果进行集中综合汇总,这种处理方式可以有效解决集中模糊推理系统在处理多输入问题时的规则爆炸问题,示例如下。

图 5.9 所示为二维平板传热系统的几何示意图,图中单位为 mm,热源的发热功率为 3869320 W/(m³·K),热源只通过下方冷板进行冷却,其他面均为绝热边界。冷却液入口处流体的水平速度 $u_0=0.1$ m/s,流体温度为 339 K,编号为 1、2、3…的点为温度测量点,其温度信息如表 5.14 所示,反演目标为各个测点处对应的冷却水道上边界的几何形状,每个反演点处的目标函数为

$$J = (|T_{\text{mea}j} - T_{\text{cal}j}|) < \varepsilon \tag{5.9}$$

式中:$\varepsilon=0.2$,单位为 K;$T_{\text{mea}j}$ 为编号 j 测点处的测量温度;$T_{\text{cal}j}$ 为编号 j 测点处的计算温度。假定液冷通道中的液体流动为二维稳态湍流且忽略辐射传热。

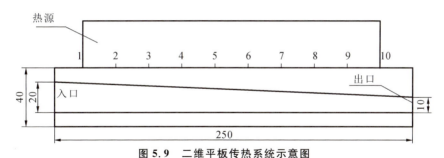

图 5.9 二维平板传热系统示意图

表 5.14 测点温度

测点编号	1	2	3	4	5	6	7	8	9	10
温度/K	401.2	402.2	403.2	403.0	402.2	400.2	399.1	397.2	396.1	394.1

算法单元的输入量为 $e=|T_{\text{mea}j}-T_{\text{cal}j}(i)|$,其中 $T_{\text{cal}j}(i)$ 为测点 j 处在第 i 次迭代时的计算温度,本问题中 e 的取值范围为 [0,12]。u_k 为模糊推理的输出量,其取值范围为 [0,q],输出论域中 q 的取值如下:

$$q = \begin{cases} 2 \times e^{0.3}, & e > 2 \\ 0.5, & e \leqslant 2 \end{cases} \tag{5.10}$$

每个模糊推理单元中输入论域和输出论域分别划分为 4 个模糊等级,其对应的语言值为零(ZO)、正小(PS)、正中(PM)、正大(PB),输入输出论域及其对

应的隶属度函数如图 5.10(a)(b)所示。

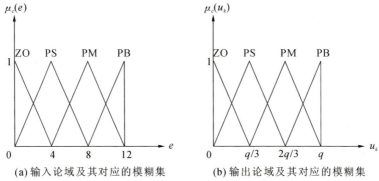

(a) 输入论域及其对应的模糊集   (b) 输出论域及其对应的模糊集

图 5.10　输出论域及其对应的模糊集

此问题中测点温度和水道几何形状之间的数量关系很难定量描述,反馈-模糊推理全局算法中的模糊推理规则只需满足交叉性、相容性和完备性即可,故模糊推理规则制订如下:

(1) 若输入量为正大(PB),则输出量为正大(PB);

(2) 若输入量为正中(PM),则输出量为正中(PM);

(3) 若输入量为正小(PS),则输出量为正小(PS);

(4) 若输入量为零(ZO),则输出量为零(ZO)。

模糊推理方法和解模糊化方法与前文所述相同。该问题中其他测点对某一个测点的影响和两点间的距离有关,且距离越近的点影响程度越大,故综合加权矩阵中的影响系数定义如下:

$$\alpha_{i,j} = \frac{1-e^{-y_j}}{\sum_{i=1}^{j}(1-e^{-y_j})} \tag{5.11}$$

其中 y_j 是当前测点与其他测点的距离。

模拟退火单元设置如下:当前退火温度为 t,退火初始温度 $t_2=90$ ℃,退火结束温度 $t_3=89.9$ ℃,降温方式采用等比例降温方式,比例系数为 $j=0.999$。定义接受准则如下:当 $T_{cal}(i)-T_{cal}(i-1)<0$ 时,接受当前结果,当 $T_{cal}(i)-T_{cal}(i-1)\geqslant 0$ 时,如果 rand$<e^{(-(T_{cal}(i)-T_{mea})/t)}$,则接受结果,否则不接受结果。

使用基于反馈-模糊推理全局算法的分散模糊推理系统得到的冷却水道几何边界如图 5.11 所示,图中横轴为测量点编号,虚线为反演结果,粗实线为实际边界。由图可知,各点处反演结果与实际水道几何边界基本一致,对由反演结果得到的几何边界和实际几何边界分别进行仿真得到的热源温度云图如图 5.12 和图 5.13 所示。通过对比可知,反演结果符合温度要求。综上所述,对于输入量与待求解量之间数量关系定性描述未知的传热学反问题,基于反馈-模糊推理全局算法的分散模糊推理系统可以有效求解。

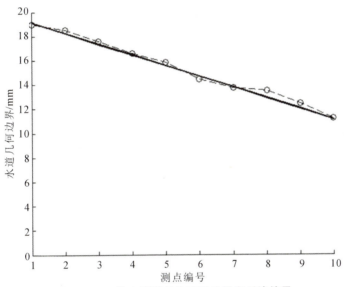

图 5.11 二维水道形状的实际边界和反演结果

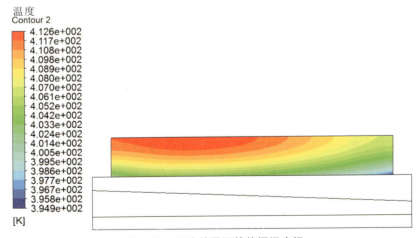

图 5.12 反演结果下的热源温度场

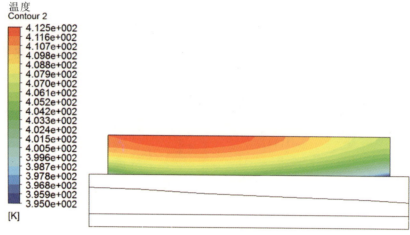

图 5.13　实际边界下的热源温度场

5.4　一种高可靠性低成本轻量化电池箱体设计

电动汽车在行驶过程中会遇到各种恶劣的工况,如上下颠簸、紧急制动、急转弯等。电池包质量大且能量密度不高,在这些工况下受到的冲击会很剧烈,存在的安全隐患也较多。电池箱体是承载整个系统质量的关键结构件,对电池包的安全性能有着很大的影响。因此,电池箱体的设计对保证整个电池系统的安全较为重要。

对于电池箱体的设计,需考虑整体的机械尺寸边界、排布设计及详细设计等因素。其中,详细设计主要包括箱体的机械设计、电气连接设计、IP 防护设计等。这里主要关注的是电池包机械结构部分的设计,主要包括电池模组的排列,成组方式的选择,上下箱体、内部加强件、安装吊耳等部件的方案设计。

1. 电池模组排列及成组方式

根据设计需求确定模组数量为 75 个。基于模块化设计的思想,本次设计将每 5 个模组合并为一个大模组,即电池包内部最终由 15 个大的模组组成。电池模组在箱体内部的排列需要均匀合理,通常呈几何对称分布,模组的排列方式如图 5.14 所示。

2. 电池包下箱体设计

电池包下箱体是承载电池模组质量的主要结构件,在各种行驶工况下受

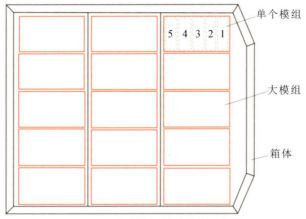

图 5.14　电池模组排列分布示意图

力十分复杂,设计时需考虑的因素较多。下箱体要有足够的刚度、强度等力学性能,保证电池包在各种恶劣工况下不发生破坏;在电动汽车发生碰撞时,电池包下箱体要能很好地保证内部电池模组的安全,以免发生电池起火、爆炸等更加严重的事故。由于下箱体的质量占整个箱体总质量的比重较大,因此下箱体的设计还要考虑轻量化的问题。但是,轻量化设计必须以保证电池包整体的安全性能为前提,不能片面地为了追求减重效果而忽视电池包的结构强度问题。

为了满足电池包下箱体较高力学性能的要求,通常选择高强钢、铝合金或高强度复合材料作为下箱体的材料。本例中下箱体的设计采用铝型材和铝合金板件相结合的方式来实现。电动汽车发生碰撞时,电池包下箱体侧围是保护内部电池模组的最后一道屏障,对于电池包的碰撞安全尤为重要。故这里下箱体侧围选择铝型材焊接而成;下箱体底板采用铝合金板件,同样通过焊接的方式与侧围型材连接。

3.电池包箱体上盖设计

箱体上盖在整个电池系统中主要起到密封和防尘的作用,在各种工况下承受的载荷较小。因此,一般要求上顶盖结构的低阶模态频率满足设计要求,避免发生共振。目前,纯电动汽车上使用比较成熟的主要有钢制上盖、铝合金上盖、复合材料上盖等。考虑轻量化的要求并兼顾生产制造成本等因素,这里电池包箱体上盖选择铝合金材料制备。

4. 内部加强件设计

设置箱体内部加强件可以增加电池包整体的刚度、强度;在发生碰撞时,纵横交错布置的加强梁还能很好地吸收碰撞能量,减小内部电池模组的变形量,进一步提高电池包整体的安全性能。相比于正碰和追尾,侧面碰撞对电池包的安全是一个更大的考验。因为在正碰和追尾过程中,前部和后部车身能吸收相当一部分的能量,而发生侧碰时留给电池包的缓冲空间十分有限。因此,在侧碰或柱撞工况下,可以设置加强横梁,吸收碰撞传递过来的能量,还可以通过优化截面形状来提高加强梁的吸能特性。内部加强件除了增加电池包箱体力学性能及安全性能外,还能为模组的安装提供支撑。

这里电池包箱体内部设置了两道加强横梁,将箱体内部均匀分为三个空间,并在箱体内部四周布置了电池模组安装支撑件。其中,加强横梁采用铝型材制备,模组安装支撑件由铝板焊接而成。

5. 安装吊耳设计

电池包安装吊耳通常采用螺栓连接方式与车身或车架相连,安装点对称均匀分布在电池包四周。吊耳承载着整个电池包的质量,在各种冲击载荷作用下,吊耳安装孔部分极易产生变形破坏。因此,吊耳要选择具有较高强度的材料制成。在此吊耳选择的材料为高强度冷轧钢。

初步设计的电池包箱体几何模型如图 5.15 所示,详细结构设计过程暂略。

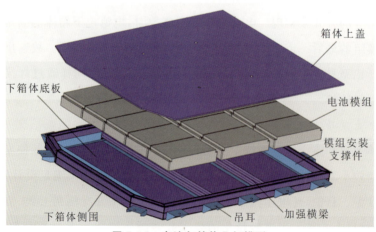

图 5.15　电池包箱体几何模型

5.5 本章小结

本章以电动系统设计为例介绍了多物理场耦合条件下的电机设计、复杂热环境下的散热系统设计和轻量化电池系统方案设计等内容。从方法的角度来看,电动系统的设计并无具体明确的方法可以参考,具体的设计问题有赖于具体的分析;但从设计思想上看,无论电磁系统设计还是热设计,其都遵循设计的基本原理和流程。在这些设计中,对设计空间的定义维度、对需求目标的理解程度、对物理系统的描述精度都会影响最终的设计结果。

本章参考文献

[1] LEI F, BAI Y C, ZHU W H, et al. A novel approach for electric powertrain optimization considering vehicle power performance, energy consumption and ride comfort[J]. Energy, 2019, 167:1040-1050.

[2] LI J H, LEI F, ZHU W H, et al. Large-scale zone-based approach to global modeling and optimization for a novel thermal management system of module-free lithium-ion battery[J]. Structural and Multidisciplinary Optimization, 2021, 64(6):3621-3636.

[3] LEI F, GU K, DU B, et al. Comprehensive global optimization of an implicit constrained multi-physics system for electric vehicles with in-wheel motors[J]. Energy, 2017, 139:523-534.

[4] LEI F, DU B, LIU X, et al. Optimization of an implicit constrained multiphysics system for motor wheels of electric vehicle[J]. Energy, 2016, 113:980-990.

[5] 杜斌. 基于组合代理模型的轮毂电机优化设计[D]. 长沙:湖南大学, 2017.

[6] 唐广笛,张天昊,章桐. 面向大功率芯片散热的电动汽车电机控制器结构优化[J]. 电机与控制应用, 2020, 47(10):80-84.

[7] 代晓鹏,雷飞,张天昊. 基于最优控制策略的逆变器散热结构优化[J]. 控制与信息技术, 2020(02):55-59.

第 6 章
车辆结构轻量化设计的基本方法

轻量化设计最朴素的思想是对材料进行相应的替代,使用轻质和高强的材料替代现有材料,达到减轻质量、保证结构性能的目的。其中,仅进行材料的替代可以解决质量的问题,但并不一定能满足结构原有功能和性能的要求。因此,在进行材料替代的同时需要对结构参数进行相应的优化。

除进行材料替换外,去除结构上的冗余材料是轻量化设计的另一重要思想。由隋代匠师李春主持修建的赵州桥是建桥史上材料用量和结构性能完美结合的典范。根据结构的性能要求去除冗余材料是轻量化设计的重要手段。

最优化方法的发展为轻量化设计提供了更多的可能性。除参数化方法、非参数化方法外,伴随着数值模拟技术和数据处理技术的发展,变量筛选技术、实验设计技术、代理模型技术、优化求解技术等也不断涌现,结构轻量化设计成为众多轻量化领域中应用最广泛、方法最完备、效果最直观的一类。本章将从参数化的基本原理、非参数化方法的工程应用、现代设计方法等角度对轻量化设计的基本方法进行分析。

6.1 结构轻量化基本思想

本节以构件的等刚度设计为例简要阐述通过材料替换和截面改变实现轻量化的原理。此类结构轻量化原理和方法可见于诸多文献中。

以车身结构设计中的封闭截面结构为例,使用轻质材料替换的方法,在保证结构性能要求的情况下讨论结构参数变化的情况。此处以车身 B 柱结构在单一侧碰工况下的性能为例来说明此参数化的方法,在实际工程设计中 B 柱的设计工况复杂且具挑战性,相关内容见后续章节。

B柱结构及其侧碰工况如图6.1所示。B柱的原始结构由高强钢板冲压后焊接而成,分为内板、外板和中间加强板。这里将使用锻压铝件来替换高强钢冲压焊接结构,仅保留B柱的内板和外板,取消B柱内部的加强板。

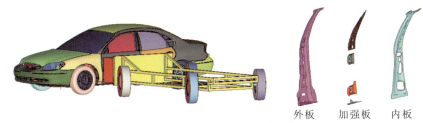

图 6.1　车辆侧碰情况下的B柱

对此问题可以通过参数化方法进行简单的估算。等刚度设计的基本目标是保证材料替换前后结构的刚度相当。刚度取决于结构的截面形状、材料的弹性模量等参数。以铝材和钢材为例,铝材料的密度小于钢材的密度,铝材料的弹性模量亦小于钢材的,因此需要对截面参数进行调整以实现等刚度的目标。

此处以封闭截面悬臂梁结构为例来进行讨论,暂不涉及关于成形和连接的问题。结构示意图和截面参数如图6.2所示。其中l是悬臂梁的长度,t是悬臂梁的厚度,p为施加在自由端的载荷,b、B、d、D反映了悬臂梁的截面尺寸。此处假设梁的长度为定值,则保证同样的刚度就是要满足:

$$E_{steel} I_{steel} = E_{Al} I_{Al} \tag{6.1}$$

式中:E为材料弹性模量;I为结构截面惯性矩。

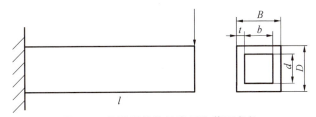

图 6.2　悬臂梁结构示意图和截面参数

考虑到钢材和铝材的弹性模量之间的关系,可近似得到

$$3 I_{steel} = I_{Al} \tag{6.2}$$

对于空心矩形截面梁,其惯性矩为

$$I = (BD^3 - bd^3)/12 \tag{6.3}$$

为了得到更加直观的结果,假设$b=d=50$ mm,$t_{steel}=2$ mm,可得

$$3 \times [(50 + 2t_{\text{steel}})^4 - 50^4]/12 = [(50 + 2t_{\text{Al}})^4 - 50^4]/12 \tag{6.4}$$

$$t_{\text{Al}} \approx 2.5 t_{\text{steel}} \tag{6.5}$$

由此可见,为达到在悬臂弯曲工况下同样的刚度,铝材梁截面的厚度应近似为钢材梁截面厚度的 2.5 倍。由于铝材料的密度小于钢材密度,因此虽然结构厚度增加,但总质量仍然是减小的。在该矩形截面梁设计中,结构质量减小 13.46%。

6.2 材料-结构-性能的关系指标

除刚度性能外,通过替代材料进行轻量化设计还需考虑其他的性能指标,本节主要介绍材料指数的概念。研究者也可以根据自身需求提出更加切合工程问题的指数。

6.2.1 结构件

车身主要构件的刚度取决于构件的形状、尺寸和构件材料的弹性模量。在材料的选择上需要考虑的不仅是弹性模量,还有材料的密度。例如,设计一根连杆,设计目标为满足轴向刚度和质量最小,那么选择材料的时候要选择合适的弹性模量(E)和弹性模量-密度比(E/ρ)。将弹性模量与密度的比值定义为材料指数 M:

$$M = \frac{E^n}{\rho} \tag{6.6}$$

式中:对于拉伸和压缩情形,取 $n=1$;对于一端固定的弯曲情形,取 $n=1/2$;对于两端固定的弯压情形,取 $n=1/3$。

可见,用于轻量化设计的材料指数取决于负载条件和刚度、强度设计需求。表 6.1 列出了几种车身轻量化材料的性能指标和相对成本。例如,以最小质量为目标设计一根横梁,可以利用材料指数表初步选择材料。考虑到最小质量的设计要求,可以将横梁简化为一个简支梁,按照最小弯曲刚度的设计要求,定义材料指数为 $\frac{E^{1/3}}{\rho}$。如表 6.1 所示,比较 DP 钢、铝合金 6111、碳纤维增强复合材料(CFRP)和玻璃纤维增强复合材料(GFRP)等几种材料可知,CFRP 是最佳的轻量化材料。但是材料的最终选择还需要考虑成本、可加工性、使用寿命、连接性能、环境因素等。

表6.1 几种典型车身材料的性能指标和相对成本

材料	性能（相对值）			刚度设计材料指数			强度设计材料指数		材料成本（相对值）
	密度 (ρ)	弹性模量 (E)	抗拉强度 (S_t)	拉伸 $\dfrac{E}{\rho}$	屈曲 $\dfrac{E^{1/2}}{\rho}$	弯曲 $\dfrac{E^{1/3}}{\rho}$	拉伸 $\dfrac{E_t}{\rho}$	弯曲 $\dfrac{E_t^{1/2}}{\rho}$	
DQ钢	1	1	1	26.3	1.83	0.75	40.3	2.26	1
DP钢	1	1	2.21	26.3	1.83	0.75	88.9	3.36	1.15
铝合金6111	0.34	0.34	1.13	25.9	3.10	1.53	133.3	7.03	4～5
镁合金AZ91	0.23	0.22	0.76	25	3.73	1.97	133.3	8.6	4～5
碳纤维增强复合材料(CFRP)	0.2	0.67	4.89	89	7.58	3.33	1000	2.54	15～20
玻璃纤维增强复合材料(GFRP)	0.23	0.19	3.04	21.1	3.37	1.83	521.6	16.8	8

对承受弯曲载荷的结构件来说，截面形状是刚度设计的另一个因素。相同质量材料的构件，空心结构的刚度比实心结构的刚度大。对于钢质部件，为了提高刚度，可以先冲压出两个半圆，然后通过点焊制作出一个空心部件；而铝合金部件可以采用挤压工艺直接制作成空心部件。在弯曲刚度设计中，用高强钢代替普通钢材并不会带来减小质量的效果，而铝合金有更高的 $\dfrac{E^{1/3}}{\rho}$ 值，能达到减重的目的，质量比较如表6.2所示。为了保持钢质部件和铝合金部件的刚度相同，铝合金部件的厚度或尺寸必须大于钢质部件，但即使增加厚度，采用铝合金部件仍能得到轻量化的效果。

表6.2 几种典型车身轻量化材料的质量比较

材料	等刚度设计质量相对值
DQ钢	1
DP钢	1
铝合金6111	0.49
镁合金AZ91	0.38

续表

材料	等刚度设计质量相对值
碳纤维增强复合材料(CFRP)	0.23
玻璃纤维增强复合材料(GFRP)	0.41

保证车身的碰撞安全性是车身结构轻量化设计中最重要的问题。为了改善车辆的耐撞性,汽车的前部和后部设计了吸能结构。碰撞发生时,通过前部或后部的结构变形吸收碰撞能量,以减小碰撞冲击力和车身减速度。前纵梁为正面碰撞中的关键部件,设计有吸能结构。车辆前部的主吸能区往往被设计成能产生褶皱变形的结构,以使其在发生正面碰撞时能尽量多地吸收碰撞能量。当汽车以 65 km/h 的速度撞击刚性墙时,碰撞主吸能区的长度可达 500~900 mm。图 6.3 展示了几种能产生褶皱变形的吸能结构。

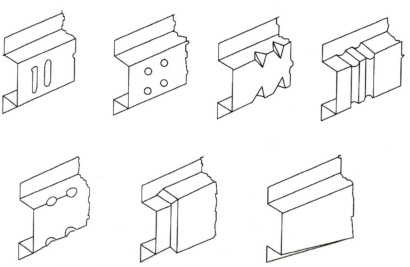

图 6.3 几种典型的前纵梁前端引导褶皱变形的结构示例

部件的吸能性取决于材料和部件形状。钢质前纵梁和铝合金前纵梁可以设计成在正面碰撞中易发生褶皱变形的结构以增加能量吸收。在相同的屈服强度下,质量相同的铝合金比钢的吸能可能更多。增加部件厚度也可以增加吸能,但不利于轻量化。因此,越来越多的屈服强度更高的材料,如 DP 钢、TRIP 钢等先进高强钢,被用于碰撞安全性设计。在部件形状上,通常多边形横截面(如六边形横截面)的部件比槽型横截面的部件吸能更多。

6.2.2 板件

车身板件大致可以分为两类:一类是车身外覆盖板件,如发动机盖、行李舱盖、车顶盖、车门、侧围板等,其中发动机盖和行李舱盖这些板件一般是由内板和外板焊接在一起形成的;另一类是车身内板件,如轮罩、地板等。

根据车身板件和车身结构件的性能要求,由于板件的变形与弯曲刚度相关,因此车身板件的弯曲刚度是设计时需要考虑的主要因素。若以弯曲刚度为设计的首要条件,则可根据材料指数 $\frac{E^{1/3}}{\rho}$ 初步选择材料。提高弯曲刚度亦可通过增加板厚来实现,但是出于轻量化的考虑,通常采用增加加强肋、加固部件、设置圆角、增加中间支撑板等方法提高板件的弯曲刚度。

车身外板的其他设计要求有抗油罐式变形和抗凹陷性能。油罐式变形指对板件施加压力时板件产生局部弹性弯曲变形后突然回弹。由于是弹性变形,故这种变形不是永久变形。为了防止出现这种变形,设计时要求材料具有高弹性模量和高屈服强度。凹陷是局部应力超过材料的屈服强度时产生的塑性变形,是一种永久变形。车辆在被硬物撞击、低速事故中车身板件可能会发生凹陷变形。钢板的凹陷能量可以通过测量其对凹陷的阻力得到,可通过下式估计:

$$凹陷能量 \propto \frac{S_{yd}^2 t^4}{K} \tag{6.7}$$

式中:S_{yd} 为板件材料的动态屈服强度;t 为板厚;K 为板件刚度,它取决于板件材料的弹性模量、板件厚度、板件曲率、表面形状和支撑条件。由式(6.7)可知,高动态屈服强度对改善板件材料凹陷变形有很大影响。复合材料的性质和变形机理与金属材料的完全不同,复合材料板件较少发生像钢材和铝合金一样的凹陷变形。受到复合材料研究深度的限制,其损伤机理有待进一步明确。

6.3 多工况条件下非参数化结构设计方法

拓扑优化是常用的去除材料的方法之一。在车辆结构件的设计过程中,结合现代数值模拟技术,通过拓扑优化可以确定结构的有效材料分布。拓扑优化可以在二维平面上进行,也可以在三维空间中进行。图 6.4(a)(b)所示为某矿用车车架纵梁在两个平面上的拓扑优化结果,根据两个方向的结果进行三维重构可得纵梁形状,如图 6.4(c)所示。

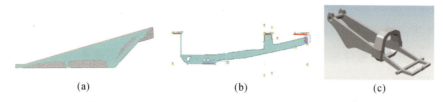

图 6.4 两个平面的拓扑优化及其重构后的三维视图

本节将以某型赛车车架结构为例对拓扑优化及其相关技术进行介绍。

6.3.1 工程问题描述

在赛车实际行驶过程中车架结构会受到各种工况的考验,在进行结构的拓扑优化设计时必须同时考虑多个工况下车架的拓扑优化问题。

赛车车架是整车的承载基体,车架的性能直接影响着赛车的性能,通过车架的轻量化设计不仅能大幅减小整车质量,而且能很好地改善赛车的操纵性。结构的拓扑优化是轻量化设计方法中最重要的方法之一,被广泛地应用到结构设计的初期阶段,在整车的轻量化设计中发挥了重要的作用。车架结构在车辆实际行驶过程中会受到各种工况的考验,因此车架结构的拓扑设计是一个多工况下的优化问题。

在进行结构优化设计之前,需参考赛车车身结构模型进行设计区域的填充,构建拓扑空间,并在考虑方程式赛车车架设计规范的基础上,在拓扑优化模型中设定不可设计区域,如图 6.5 所示。

这里车架的前后悬架采用双横臂悬架,车架材料弹性模量为 210 GPa,泊松比为 0.3,密度为 7.85 g/cm³。为了提高计算精度,有限元模型网格采用退化的四面体单元即十节点四面体单元。为保证车身结构设计的对称性,在软件中对模型进行纵向对称设置。同时,为了避免最终拓扑结构中出现细小的传力路径,保证结构最小尺寸不至于太小,设置最小拓扑结构为 20 mm,最大拓扑结构为 60 mm。

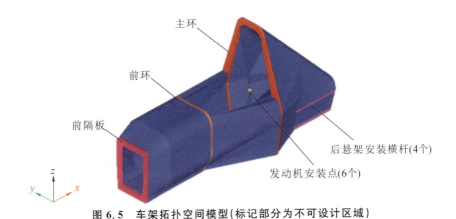

图 6.5 车架拓扑空间模型(标记部分为不可设计区域)

6.3.2 工况分析

选取赛车在实际使用过程中常遇到的工况进行分析：弯曲工况、扭转工况、加速工况、制动工况、转弯工况。为了简化计算，取悬架上下安装点的中点为简化点，前后悬架安装点分别简化为 4 个，分别在简化点施加约束与载荷。乘员和发动机的质量通过刚性单元分别加载在座椅安装处和 6 个发动机安装点处，各个工况下加载设置和约束情况如表 6.3 所示。同时，赛车设计规则明确规定：车架主环最高位置处最大位移不得超过 25 mm，车架重要安装点的变形范围要控制在合理的范围内。在此，限制赛车手质量加载点处总位移上限为 5 mm，发动机安装点处总位移上限为 3 mm，车架顶端总位移约束为 25 mm。约束设置中 1、2、3 分别代表 x、y、z 方向的平移自由度。边界条件设置如图 6.6 和图 6.7 所示。

表 6.3 各工况下加载设置和约束情况

序号	拓扑工况	约束设置	载荷设置
1	弯曲工况	后悬约束 123，前悬约束 23	$F_1=975$ N $(-z)$，$F_2=900$ N $(-z)$
2	扭转工况	后悬约束 123，前悬无约束	左 $F=456$ N(z)，右 $F=456$ N$(-z)$
3	加速工况	后悬约束 123，前悬约束 23	$F_1=1194$ N(x)，$F_2=1103$ N(x)
4	制动工况	后悬约束 123，前悬约束 23	$F_1=1365$ N$(-x)$，$F_2=1260$ N$(-x)$
5	转弯工况	后悬约束 123，前悬约束 23	$F_1=1463$ N(y)，$F_2=13500$ N(y)

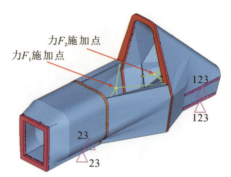

图 6.6 弯曲、加速、制动和转弯工况下边界条件设置

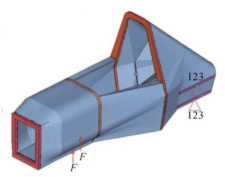

图 6.7 扭转工况下边界条件设置

6.3.3 涵盖多工况条件的综合目标函数

在静态问题中,结构的拓扑优化问题是通过最小化结构的平均柔度 $l(u)$ 来实现的,总应变能通过下式定义:

$$F_s(v) = \frac{1}{2}a(v,v) - l(v) \quad \forall v \in K \tag{6.8}$$

式(6.8)等同于以下表达式:

$$F_s(u) = \frac{1}{2}a(u,u) - l(u) = -\frac{1}{2}l(u) \tag{6.9}$$

式中:K 为由可行解组成的空间;$l(v)$ 为负载的线性表示形式;$a(v,v)$ 表示单元由虚位移 v 在 v 方向产生的能量;$a(u,u)$ 表示单元由虚位移 u 在 u 方向产生的能量。由式(6.8)和式(6.9)可得,结构的平均柔度最小的问题等价于结构的应变能最大的问题。

在实现过程中,将车架的结构刚度问题转化为结构的平均柔度(compliance)问题,即单元的总应变能值问题。借助折中规划法及功效函数法建立以结构体积分数上限 0.3 为约束、以柔度最小为目标的涵盖多工况的综合目标函数模型:

$$\begin{cases} \min_{\boldsymbol{\rho}=[\rho_1,\rho_2,\cdots,\rho_n]^T} C(\boldsymbol{\rho}) = \left[\sum_{i=1}^{l} \omega_i^p \left(\frac{C_i(\boldsymbol{\rho}) - C_i^{\min}}{C_i^{\max} - C_i^{\min}}\right)^p\right]^{\frac{1}{p}} \\ \text{s.t.} \quad 0 < \rho_j < 1 \\ \quad V(\boldsymbol{\rho}) - \overline{V} \leqslant 0 \\ \quad i = 1,2,\cdots,l; j = 1,2,\cdots,n \end{cases} \quad (6.10)$$

式中:$\rho_1,\rho_2,\cdots,\rho_n$ 为设计变量;n 为单元总数;l 为载荷工况总数;ω_i 为第 i 个工况的权重值;p 为惩罚因子,$p \geqslant 2$;$C_i(\boldsymbol{\rho})$ 为第 i 个工况的柔度目标函数;$\overline{V}$ 为结构的体积分数要求;$C_i^{\max}$ 和 $C_i^{\min}$ 分别为第 i 个工况柔度目标函数的最大值和最小值,前者通过对填充拓扑空间的结构进行分析得到,后者通过对优化前的原始结构进行分析得到。

6.3.4 基于最优化方法的各工况权重比确定

从式 6.10 可以看到,各个工况下的柔度权重比 ω_i(第 i 个工况的柔度权重比)直接影响着综合目标函数值,由不同的权重会得到不同的分配结果,这就导致优化结果存在一定的差异。因此,如何恰当地选取各个工况的权重比值,是为了获得较优的综合目标函数值而需解决的问题。

下面基于最优化方法,使用径向基代理模型和遗传算法对多工况下拓扑优化中各个工况权重比的分配问题进行研究。

首先,对多目标问题进行合理转化,采用折中规划法建立同时考虑多个工况的车架刚度的拓扑优化综合目标函数模型;然后,考虑实际有限元模型的复杂性及计算的低效性,构造径向基函数(RBF)代理模型代替复杂的有限元模型,并结合遗传法 NSGA-Ⅱ 寻找最佳工况权重比组合,获得各个工况最佳权重比;最后,将获得的各个工况权重比代入有限元模型中进行拓扑优化计算。在上述流程计算结果的基础上,对计算结果与由参考方法得到的结果进行比较验证。主要流程如图 6.8 所示。

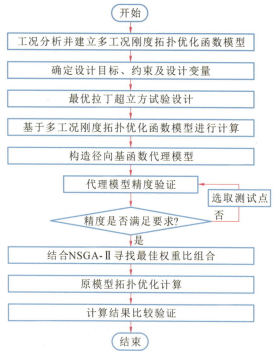

图 6.8 权重比确定的主要流程

6.3.5 优化方法与求解过程

最优拉丁超立方试验设计（optimal Latin hypercube design, OLHD）在拉丁超立方试验设计的基础上增加了优化准则，能同时较好地满足样本采集的投影均匀性和空间均布性要求。因此，此处采用最优拉丁超立方试验设计方法，将五个工况的权重比作为取样对象，样本数为 25，并对采样结果进行归一化处理。最后将五个工况的权重比代入拓扑模型中进行计算，获得各个样本点取值情况下的综合目标函数值。样本点及对应的综合目标函数值如表 6.4 所示。

表 6.4 最优拉丁超立方样本点及对应的综合目标函数值

序号	A 弯曲工况	B 扭转工况	C 加速工况	D 制动工况	E 转弯工况	目标函数值
1	0.12	0.26	0.14	0.30	0.18	7.85273×10^{-2}
2	0.15	0.16	0.22	0.36	0.11	6.94314×10^{-2}
3	0.32	0.11	0.17	0.22	0.17	7.54168×10^{-2}

续表

序号	A 弯曲工况	B 扭转工况	C 加速工况	D 制动工况	E 转弯工况	目标函数值
4	0.27	0.18	0.08	0.30	0.17	7.84333×10^{-2}
5	0.24	0.06	0.18	0.27	0.24	6.70591×10^{-2}
6	0.09	0.26	0.20	0.18	0.27	7.90234×10^{-2}
7	0.24	0.12	0.15	0.13	0.36	8.12223×10^{-2}
8	0.10	0.30	0.29	0.20	0.11	7.30583×10^{-2}
9	0.20	0.20	0.21	0.20	0.21	8.21611×10^{-2}
10	0.08	0.11	0.26	0.27	0.28	6.79770×10^{-2}
11	0.15	0.19	0.27	0.26	0.13	7.23214×10^{-2}
12	0.22	0.22	0.09	0.19	0.29	8.47468×10^{-2}
13	0.18	0.10	0.36	0.19	0.16	6.86377×10^{-2}
14	0.24	0.28	0.16	0.20	0.12	7.96276×10^{-2}
15	0.34	0.22	0.12	0.13	0.20	8.40424×10^{-2}
16	0.29	0.14	0.24	0.25	0.08	7.14274×10^{-2}
17	0.15	0.18	0.30	0.08	0.29	7.98934×10^{-2}
18	0.10	0.24	0.25	0.15	0.25	7.74212×10^{-2}
19	0.21	0.33	0.10	0.22	0.14	8.36206×10^{-2}
20	0.19	0.26	0.26	0.12	0.18	8.26445×10^{-2}
21	0.28	0.27	0.27	0.11	0.08	7.81123×10^{-2}
22	0.12	0.20	0.08	0.28	0.31	7.88218×10^{-2}
23	0.29	0.11	0.26	0.12	0.21	7.44234×10^{-2}
24	0.19	0.32	0.15	0.07	0.26	8.52453×10^{-2}
25	0.22	0.17	0.20	0.20	0.21	7.94856×10^{-2}

采用径向基函数根据相应样本点构建的代理模型是一种能够很好地平衡精度和计算效率的代理模型，因此此处采用径向基函数构建代理模型，其中近似模型 $\hat{y}$ 为

$$\hat{y}(x) = \sum_{j=1}^{N} \lambda_j \varphi(\parallel x - x_j \parallel^2) \qquad (6.11)$$

式中：N 为差值样本点的个数；λ_j 为通过差值确定的系数；φ 是径向距离 $r = \| x - x_j \|^2$ 的函数，在此取常用的多重二次曲面(multi-quadric)函数，即

$$\varphi(r) = \sqrt{r^2 + c^2} \tag{6.12}$$

其中，c 为光滑参数，且 $0 < c < 5$，通过寻找最佳的光滑参数 c 值来建立精确的代理模型，最终得到的 c 值为 2.265678055。

代理模型构建完后必须验证模型的精度，采用径向基函数构建的代理模型是一种插值模型，样本点处误差为零，不能像多项式拟合那样通过样本点误差来评价整个代理模型的误差，必须通过额外的测试点来评价，本研究采用平均相对误差 RAAE，即样本点处相对误差的平均值来评价模型的精度。RAAE 的计算式为

$$\text{RAAE} = \frac{\sum_{j=1}^{n_i} | f_i - \tilde{f}_t |}{n_i \times \text{STD}} \tag{6.13}$$

$$\text{STD} = \sqrt{\frac{1}{n_i - 1} \sum_{i=1}^{n_i} (f_i - \tilde{f}_i)} \tag{6.14}$$

式中：n_i 是测试点的个数；f_i、$\tilde{f}_i$ 分别表示测试点响应的真实值、响应的近似值；STD 表示标准偏差；RAAE 越小表示代理模型精度越高。最终采取 6 个样本点，求得的 RAAE 为 0.029505475，可知代理模型拟合精度较高，符合精度要求，可以用于优化设计。

采用 NSGA-Ⅱ方法计算得到的各个工况的最佳权重比值为[0.13 0.07 0.30 0.32 0.18]。

6.3.6 多工况拓扑优化的计算结果及分析

将各个工况权重比代入有限元模型中进行计算。借助商业软件中广泛使用的密度法进行拓扑优化计算，经过 64 次迭代后结束，车架最终的拓扑结构清晰合理，如图 6.9 所示。拓扑结构显示，车架结构整体上呈左右对称分布，车架的底部及侧部出现了较多的三角形结构，发动机安装处结构比较合理，这些结构对提高车架的刚度有很大的作用。

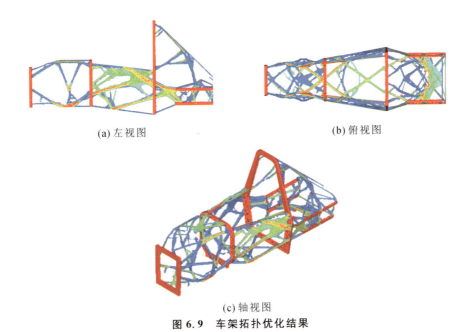

(a) 左视图　　　　　　　　　　(b) 俯视图

(c) 轴视图

图 6.9　车架拓扑优化结果

6.4　结构优化设计的一般流程

本节在运用传统优化理论和代理模型技术的基础之上结合优化设计思想,给出结构优化设计问题的一般流程。

图 6.10 所示的优化设计流程的详细说明如下:

(1) 判断针对优化问题建立的仿真模型是否是容易计算的简单物理模型。若是,则使用传统的优化方法进行求解;如果不是,比如模型是一些计算耗时很长或者涉及某些非线性问题的仿真模型,则按优化流程进入下一步。

(2) 根据优化理论的要求,确定设计变量、目标函数及约束条件这三个元素。例如,对车身结构而言,受制于车身结构的特殊形式,通常会选取材料、零件厚度等为设计变量,约束条件和目标函数则主要来自结构性能、轻量化指标、成本等。

(3) 根据相关的灵敏度分析方法对设计变量进行筛选,以去除对结果影响不大的变量,缩短优化时间,提高优化效率。

(4) 建立能反映工程问题特性的代理模型。常规代理模型建立方法的基本思想是:当设计空间中的某设计点周围存在一定数量点的目标值或约束值已知

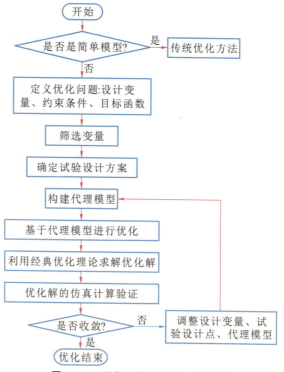

图 6.10 现代设计方法的一般流程

时,利用插值或拟合等方法近似拟合一个超曲面,以后在此设计点临近区域内,可用拟合的超曲面代替实际目标值或约束值进行后续的复杂计算。代理模型建立方法主要包括两方面内容:其一是获取拟合代理模型的样本数据,这属于试验设计的内容;二是进行样本数据的拟合,这属于代理模型构建的范畴。这两个方面的内容都会直接影响构造的代理模型的效率和精度,实际研究工作都是围绕这两方面的内容开展的。

① 试验设计。

在车身耐撞性优化设计中,需要在已确定的优化设计空间范围内选取一组离散的样本点,这时就要用到试验设计中的采样方法。试验设计(design of experiments,DOE)是在整个设计空间内进行科学合理的安排,选取有限数量的样本点,以尽可能多地反映设计空间的特性。试验设计科学是以概率论、数理统计和线性代数为理论基础,由试验方法和数学方法相互交叉而形成的一门学科。试验设计的主要作用是减少试验次数、提高试验精度。一般常用的试验设计方法包括全因子试验设计、正交试验设计、中心组合试验设计、均匀试验设计及拉丁超立方试验设计等。

② 代理模型构建。

以何种形式利用已知样本点构造代理模型,是影响所构造的代理模型精度的关键问题。常见的代理模型有多项式响应面模型、Kriging 模型、径向基函数模型、支持向量机模型、组合模型等,主要用拟合或插值的方法构造。

此处介绍在优化过程中常用的多项式响应面模型。

响应面法(response surface methodology,RSM)是以试验设计为基础、用来处理多变量优化问题中数值建模与分析问题的技术。其基本原理是在数值分析或经验公式的基础上利用设计空间中存在的设计点进行试验求值,从而构造出目标函数或约束函数的拟合逼近函数,其中近似函数的拟合精度由选取的基函数决定。多项式响应面法可以拟合复杂的响应关系,具有良好的鲁棒性。特别是对于汽车耐撞性优化这种复杂的优化问题,多项式响应面法是一种高效、快速的近似求解方法。

多项式响应面模型把通过对原始模型仿真计算得到的试验数据利用多项式回归方法进行最小二乘拟合,求解出未知的近似多项式的待定系数,从而构造代理模型。响应面代理模型的数学表达式为

$$f(x) \approx \tilde{f}(x) = \sum_{i=1}^{N} \beta_i \varphi_i(x) \tag{6.15}$$

式中:N 为基函数 $\varphi_i(x)$ 的个数;β_i 为未知的待定系数;$\tilde{f}(x)$ 为近似模型,即响应面模型;$f(x)$ 为关于 x 的目标响应或约束响应的真实函数。选取不同的基函数 $\varphi_i(x)$ 可以构造不同的响应面模型,例如选取 $1,x_1,x_2,\cdots,x_n$,可以构造一个一次响应面模型,其中 n 是设计空间的维数,这样,近似函数 $\tilde{f}(x)$ 可表示为

$$\tilde{f}(x) = \beta_0 + \beta_1 x_1 + \beta_2 x_2 + \cdots + \beta_n x_n \tag{6.16}$$

选取 $1,x_1,x_2,\cdots,x_n,x_1^2,x_1 x_2,\cdots,x_1 x_n,\cdots,x_n^2$ 可以构造二次多项式响应面模型,近似函数 $\tilde{f}(x)$ 可以表示为

$$\tilde{f}(x) = \beta_0 + \sum_{i=1}^{n} \beta_i x_i + \sum_{i=1}^{n} \beta_{ii} x_i^2 + \sum_{j<i}^{n} \beta_{ji} x_j x_i \tag{6.17}$$

同理,可以选取不同的基函数得到三次、四次甚至更高次的多项式响应面

模型。对于不同问题，可以根据具体需要构造合适次数的多项式响应面模型。本研究在优化过程中使用了一次响应面模型及二次多项式响应面模型。

通常情况下，低于二次的多项式响应面模型取不大于对应次数的项的和来表达，而对于超过二次的回归模型，有时为了减少构造模型时的计算量，也可以根据实际需要适当减少变量交叉项的基函数项。基函数的项数 N 与设计空间维数 n 和多项式模型的形式都有一定的关系，对于线性模型，有

$$N = n + 1 \tag{6.18}$$

对于二次多项式模型，有

$$N = \frac{(n+2) \times (n+1)}{2 \times 1} \tag{6.19}$$

对于超过二次的多项式响应面模型等，基函数项数的选取方法以此类推。

在设计空间范围内选取 $M(M>N)$ 个样本点 $x^{(i)}(i=1,2,\cdots,M)$，通过有限元仿真计算得到响应向量 $\mathbf{y}=[y^{(1)},y^{(2)},\cdots,y^{(M)}]^{\mathrm{T}}$，再利用最小二乘法确定式(6.15)中的待定系数 $\boldsymbol{\beta}=[\beta_1,\beta_2,\cdots,\beta_N]^{\mathrm{T}}$。在第 i 个样本点 $x^{(i)}$ 处，多项式近似拟合函数 $\widehat{y}^{(i)}$ 与有限元仿真计算值 $y^{(i)}$ 的误差可以表示为

$$\varepsilon_i = \widehat{y}^{(i)} - y^{(i)} = \sum_{j=1}^{N}\beta_j\varphi_j(x^{(i)}) - y^{(i)} \tag{6.20}$$

$M(M>N)$ 个样本点处误差平方和为

$$E(\boldsymbol{\beta}) = \sum_{i=1}^{M}\varepsilon_i^2 = \sum_{i=1}^{M}\Big[\sum_{j=1}^{N}\beta_j\varphi_j(x^{(i)}) - y^{(i)}\Big]^2 \tag{6.21}$$

利用最小二乘法求解式(6.21)的最小值，得到系数 $\boldsymbol{\beta}$ 的表达式为

$$\boldsymbol{\beta} = (\boldsymbol{\Phi}^{\mathrm{T}}\boldsymbol{\Phi})^{-1}(\boldsymbol{\Phi}^{\mathrm{T}}\mathbf{y}) \tag{6.22}$$

式中：$\mathbf{y}=[y^{(1)},y^{(2)},\cdots,y^{(M)}]^{\mathrm{T}}$，为由有限元仿真计算得到的响应向量；$\boldsymbol{\Phi}$ 矩阵是由 $M(M>N)$ 个样本点的基函数构成的，其表达式分别为

$$\boldsymbol{\Phi} = \begin{bmatrix} \varphi_1(x^{(1)}) & \cdots & \varphi_N(x^{(1)}) \\ \vdots & & \vdots \\ \varphi_1(x^{(i)}) & \cdots & \varphi_N(x^{(i)}) \\ \vdots & & \vdots \\ \varphi_1(x^{(M)}) & \cdots & \varphi_N(x^{(M)}) \end{bmatrix} \tag{6.23}$$

把矩阵 $\boldsymbol{\Phi}$ 的具体表示形式和响应向量 $\mathbf{y}=[y^{(1)},y^{(2)},\cdots,y^{(M)}]^{\mathrm{T}}$ 的具体计

算值代入式(6.22)就可以得出式(6.15)中的系数 β_i 的值,进而可以求出近似多项式函数的具体表达式。多项式响应面模型因具有很好的连续性和可导性,可以很好地去除数字噪声的影响,因此被广泛应用在工程优化问题中。

由于后续的优化都是在该代理模型的基础上进行的,因此须对该代理模型进行精度验证,以保证该代理模型能够代替原来的仿真模型并得到准确的结果。方差分析等统计方法可以用来分析和检验响应面代理模型的拟合精度。在方差分析中,主要的检验参数有决定系数(R^2)、调整后的决定系数(R_{adj}^2)和均方根误差(RMSE),它们的表达式分别为

$$R^2 = 1 - \frac{\sum_{i=1}^{n}(y_i - \widehat{y_i})^2}{\sum_{i=1}^{n}(y_i - \overline{y})^2} \tag{6.24}$$

$$R_{\text{adj}}^2 = 1 - (1 - R^2)\frac{n-1}{n-p-1} \tag{6.25}$$

$$\text{RMSE} = \sqrt{\sum_{i=1}^{n}(y_i - \widehat{y_i})^2/(n-p-1)} \tag{6.26}$$

式中:n 为试验样本点个数;y_i 为有限元模型仿真计算值;$\widehat{y_i}$ 为第 i 个样本点处响应面代理模型的近似值;$\overline{y}$ 为有限元模型仿真计算值的平均值;p 为响应面中非常数项的项数;R^2 和 R_{adj}^2 表示响应面近似值与有限元模型计算值之间的接近程度,取值范围是 0~1;RMSE 表示响应面的精度。通常,R^2 和 R_{adj}^2 越接近于 1 且 RMSE 越小,说明响应面的拟合精度越高,代理模型的精确性越好。

(5) 基于构造的代理模型,选取合适的最优化方法进行求解。

设计上的最优值是指在一定约束条件下所能求解的最佳设计值。最优值不是一个绝对存在的值,它是一个相对的概念。针对一个优化设计问题,选取设计变量,给定约束条件,确定目标函数后便可以构造最优化设计问题的数学模型。工程和数学优化设计问题可表述为:在满足给定的约束条件 $g_j(x)$ 下,选取合适的设计变量 x,求解目标函数得到最优值 $f(x)$。数学模型可简化表示为下面的标准形式:

$$\begin{cases} \max(\min) \quad f(x) \\ \text{s.t.} \ g_j(x) \leqslant 0; j = 1,2,\cdots,n \\ x_{il} \leqslant x_i \leqslant x_{iu}; i = 1,2,\cdots,m \end{cases} \tag{6.27}$$

式中：$f(x)$ 为目标函数；$g_j(x)(j=1,\cdots,n)$ 为约束函数；x_{il}、x_{iu} 分别为设计变量的下边界值和上边界值。

(6) 对优化结果进行验证。如果优化解符合收敛条件，则优化结束，否则重新选择设计变量，重新进行试验设计或者建立代理模型，并返回到第(4)步，重新按步骤构造代理模型。一般情况下判断优化结束的依据是由代理模型得到的优化解与由原始模型得到的仿真计算解的数值的偏差在预先设定的范围内。

总体说来，图 6.10 是比较完整的结构优化问题的流程，但在实际优化设计过程中并非一定要逐个进行上面所有的流程才可以完成优化设计。例如，当一个优化问题的设计变量比较少时，可以根据工程经验确定设计变量，此时则可以跳过筛选设计变量这一过程。

6.5　多工况条件下参数化结构设计方法

本节主要介绍使用现代设计方法对车辆结构进行优化的过程，其中轻量化可以作为目标，也可以作为约束条件。

6.5.1　车辆正面碰撞的多工况问题

汽车发生碰撞的形式是不一样的，前面在针对单个不同的碰撞工况进行车身耐撞性设计时，仅仅考虑了该工况对耐撞性的要求，并没有考虑设计结果对其他工况下耐撞性的影响。要使车身耐撞性设计达到综合安全性能要求，必须针对多个工况进行车身耐撞性设计。在工程设计中，为了提高车身结构在多工况下的耐撞性，通常在某一工况的基础上对其他工况进行验证设计，这种方法缺乏明确的设计方向。在车身结构优化设计的过程中，作为设计变量的车辆结构参数对不同工况下的车辆耐撞性会产生不同的影响，特别是对一些形式相似的碰撞工况。例如进行 B 柱优化设计时若只在侧面碰撞工况下进行优化设计，则优化结果可能会对整车顶压工况下的耐撞性产生影响，因为 B 柱结构影响整车在多种工况下的耐撞性。车身结构设计不能随着碰撞工况的改变而变化，因而，在车身结构耐撞性设计中需要对多个碰撞工况下的结构设计进行统一。开展多工况下的车身耐撞性设计研究符合现代车身设计要求，对车身设计具有重要的实际应用价值。

正面碰撞工况主要分为100%正面碰撞、40%偏置碰撞、25%偏置碰撞和斜置刚性壁碰撞等。近年来,25%重叠的小偏置碰撞得到了较多的重视和研究。世界各国广泛采用的工况有100%正面碰撞和40%偏置碰撞两种。对于不同重叠率的正面碰撞事故,乘员的伤亡概率也存在着很大的区别。有统计数据指出,重叠率为90%~100%的碰撞事故中死亡率是最高的,而重叠率为30%~40%的碰撞事故中严重受伤率较高。正面碰撞中,重叠率为90%~100%的碰撞事故可以用100%正面碰撞试验进行模拟,重叠率为30%~40%的碰撞事故则可以用40%偏置碰撞试验来模拟。通过优化设计改善车辆100%正面碰撞和40%偏置碰撞的安全性能,能在很大程度上减少发生碰撞事故时车内乘员受伤、致残和致死的数量。

100%正面碰撞和40%偏置碰撞这两种碰撞工况对乘员产生伤害的机理是不同的,车身考核和乘员约束系统考核的侧重点也是不同的,实际的正面碰撞试验研究也指出,100%正面碰撞试验和40%偏置碰撞试验这两种碰撞试验是无法相互替代的。因此,同时采用100%正面碰撞试验和40%偏置碰撞试验可以更加全面地评价车辆的正面碰撞安全性能。

6.5.2　单工况条件下的耐撞性优化

100%正面碰撞时,选用100 ms时整车吸收的总能量$e(x)$、B柱下端的加速度峰值$a(x)$为优化目标。同时考虑到车身轻量化的要求,在保证质量在约束范围内的条件下进行耐撞性优化设计,将两个设计变量的总质量$m(x)$作为约束。选取的设计变量如图6.11和表6.5所示。下面采用代理模型技术和优化算法进行耐撞性优化。

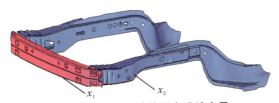

图6.11　优化设计的两个设计变量

表 6.5 设计变量

设计变量	变量区间/mm	变量初始值/mm	对应部件名称
x_1	[0.6, 2.0]	1.22	前保险杠
x_2	[1.0, 3.0]	1.90	前纵梁

选取最优拉丁超立方试验方法抽取样本点,在此耐撞性优化模型中共有两个厚度变量和三个目标响应,应用最优拉丁超立方试验设计方法进行 20 次试验设计,然后对试验设计点进行仿真计算,得到 20 组变量与响应关系对应的样本数据。

采用二次多项式响应面模型构造汽车 100% 正面碰撞所选的两个部件在碰撞 100 ms 时的整车吸能 $e(x)$ 和 B 柱下端的加速度峰值 $a(x)$ 的拟合函数,用一次多项式响应面模型构造总质量 $m(x)$ 的拟合函数。利用仿真计算得到的 20 组样本数据构造的多项式响应面代理模型为

$$e(x) = 160.1150 - 0.7649x_1 + 8.9018x_2 + 0.2862x_1^2 - 1.2831x_2^2 + 0.7904x_1x_2 \tag{6.28}$$

$$a(x) = 50.4367 + 4.5671x_1 - 15.4906x_2 + 0.8530x_1^2 + 5.0898x_2^2 - 4.4389x_1x_2 \tag{6.29}$$

$$m(x) = 5.1503x_1 + 9.1648x_2 \tag{6.30}$$

表 6.6 是用来验证三个响应面代理模型精度的具体统计分析参数。由表 6.6 可以看出,R^2 和 R_{adj}^2 的值都接近于 1 且 RMSE 的值相对很小,说明构造的三个响应面代理模型的精度满足要求,所拟合的响应面代理模型可以替代原始模型进行后续的优化设计。

表 6.6 三个响应面代理模型统计参数

响应	R^2	R_{adj}^2	RMSE
$e(x)$	0.9836	0.9558	0.4702
$a(x)$	0.9462	0.9268	0.6143
$m(x)$	1	1	0.0001

多目标优化问题可以表示为

$$\begin{cases} \min\ F(x) = w_1 \dfrac{a(x)}{a(x)^*} + w_2 \dfrac{e(x)^*}{e(x)} \\ \text{s.t.}\ \ m(x) \leqslant 24.72\ \text{kg} \\ \qquad 0.6\ \text{mm} \leqslant x_1 \leqslant 2\ \text{mm} \\ \qquad 1\ \text{mm} \leqslant x_2 \leqslant 3\ \text{mm} \end{cases} \qquad (6.31)$$

式中：$w_1+w_2=1$ 且 $0 \leqslant w_1,w_2 \leqslant 1$；$a(x)^*$ 和 $e(x)^*$ 分别表示加速度峰值和整车吸能目标函数的理想最优值。

当 $w_1=w_2=0.5$ 时，加速度峰值 $a(x)$ 和整车吸能 $e(x)$ 同等重要，得出的最优解为 $(1.47, 2.03)$ mm，目标函数值为加速度峰值 $a(x)=35.63g$，整车吸能 $e(x)=174.08$ kJ，约束函数设计变量总质量 $m(x)=24.72$ kg。在这一优化点处，三个响应的近似值、仿真值和初始值之间的对比情况如表 6.7 所示，三个目标函数的近似值和仿真值的相对误差分别为 1.68%、0.64%、0.12%。

表 6.7 $w_1=w_2=0.5$ 时最优点的近似值、仿真值和初始值的对比

目标函数	近似值	仿真值	相对误差	初始值	改变量
加速度峰值 $a(x)$	35.63g	36.24g	1.68%	38.13g	−4.96%
100 ms 时整车吸能 $e(x)$/kJ	174.08	175.21	0.64%	173.56	0.95%
部件质量 $m(x)$/kg	24.74	24.71	0.12%	23.72	4.17%

6.5.3　基于正面碰撞及偏置碰撞的结构耐撞性优化方法

100%正面碰撞和40%偏置碰撞时的结构具有相关性，将100%正面碰撞耐撞性的优化结果应用于40%偏置碰撞的模型中并进行分析可知，正面碰撞耐撞性优化设计虽然提高了100%正面碰撞下车辆的耐撞性，却影响了40%偏置碰撞下车辆的耐撞性。

选取对100%正面碰撞和40%偏置碰撞的耐撞性有显著影响的车辆前部结构部件作为研究对象进行耐撞性结构优化设计，具体流程如图 6.12 所示。首先，在优化前筛选出对耐撞性指标有显著影响的车身前部件厚度作为耐撞性优化的设计变量；然后，确定优化目标、约束条件并建立优化的数学模型，通过最优拉丁超立方试验设计方法获取样本点，构造代理模型并验证代理模型；

最后进行优化计算得到最优解集,并将优化结果与初始值进行对比,得出结论。

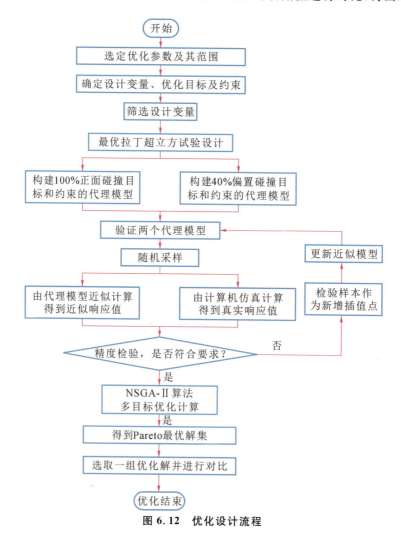

图 6.12　优化设计流程

6.5.4　耦合工况的设计变量选取

通过对整车关键部件变形、B柱加速度峰值、A柱后移量及前围板侵入量等进行分析,可知影响车身结构耐撞性的部件包括前纵梁、前保险杠横梁、副车架、发动机盖等结构件,这些车身前部结构在100%正面碰撞和40%偏置碰撞的过程中将吸收绝大部分的动能以减小对乘员舱的侵入量。在车身前部结构耐撞性优化设计过程中,选取汽车车身前部19个部件的厚度作为分析变量,分

别记为 $t_1, t_2, \cdots, t_{19}$,如图 6.13 所示,图中为了清晰地显示出所选 19 个部件的相对具体位置,隐藏了一些部件的有限元单元,而且汽车车身结构是左右对称的,所选的车身前部 19 个部件中的对称部件只显示左侧的一半部件。19 个分析变量中 $t_1 \sim t_4$、$t_6 \sim t_{13}$、t_{16}、t_{17} 和 t_{19} 的变量区间是 $1 \sim 3$ mm,t_5、t_{14}、t_{15} 和 t_{18} 的变量区间为 $0.5 \sim 1.2$ mm。

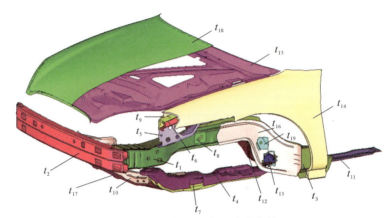

图 6.13　19 个分析变量的分布情况

运用基于 $L_{20}(2^{19})$ 的 Plackett-Burman 无重复饱和试验设计方法进行 19 个变量的 20 次试验,分别用整车 100% 正面碰撞和 40% 偏置碰撞的仿真计算模型对上面的 20 次试验依次进行仿真计算,获取对应每个工况的性能响应值,利用得到的响应值数据作为统计模型中的观测值。采用分析无重复试验的饱和析因设计方法进行变量筛选,可以得到对 100% 正面碰撞工况下 B 柱下端加速度峰值 $a_1(x)$、整车吸收的总能量 $e_1(x)$ 和 40% 偏置碰撞工况下 B 柱下端加速度峰值 $a_2(x)$、整车吸收的总能量 $e_2(x)$、A 柱的后移量 $c(x)$ 影响比较显著的变量,筛选结果如表 6.8 所示。

表 6.8　半正态概率图的筛选结果

响应量	100% 正面碰撞工况下的响应量		40% 偏置碰撞工况下的响应量		
	$a_1(x)$	$e_1(x)$	$a_2(x)$	$e_2(x)$	$c(x)$
显著变量	t_2, t_{18}	t_3, t_4, t_{15}, t_{18}	t_4, t_{10}	t_3	t_3, t_{10}, t_{18}

最终确定,对于 100% 正面碰撞和 40% 偏置碰撞这两种碰撞工况,一共有 5 个设计变量 $t_2, t_3, t_4, t_{10}, t_{18}$ 为显著变量。将此显著变量作为耐撞性优化的设计

变量,这5个设计变量分别代表汽车车身前部5个部件的厚度,表6.9中列出了筛选出的5个变量及其与设计变量的对应关系,并给出了它们对应的部件名称。5个部件的分布情况如图6.14所示,对称部分只显示左侧的部件。

表6.9 显著变量与设计变量的对应关系

显著变量	设计变量	变量区间/mm	变量初始值/mm	对应部件名称
t_3	x_1	[1.0,3.0]	1.90	左侧前纵梁
t_4	x_2	[1.0,3.4]	2.25	左侧子框架臂
t_{10}	x_3	[1.0,3.4]	2.25	前部子框架
t_2	x_4	[0.5,2.0]	1.22	前保险杠
t_{18}	x_5	[0.5,1.5]	0.70	发动机外盖

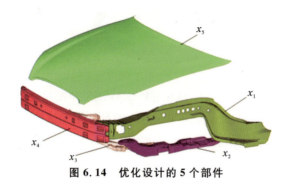

图6.14 优化设计的5个部件

6.5.5 构建代理模型

采用最优拉丁超立方试验设计方法抽取样本点,本研究中耐撞性优化模型共有5个厚度设计变量和6个目标响应,应用最优拉丁超立方试验设计方法进行30次试验设计,然后用计算机分别对100%正面碰撞和40%偏置碰撞这两种碰撞工况进行仿真计算,分别得到30组变量与响应关系对应的样本数据。

用一次响应面模型构造5个设计变量总质量$m(x)$的代理模型;用二次响应面模型构造100%正面碰撞工况下B柱下端加速度峰值$a_1(x)$、整车吸收的总能量$e_1(x)$和40%偏置碰撞工况下B柱下端加速度峰值$a_2(x)$、整车吸收的总能量$e_2(x)$、A柱的后移量$c(x)$等5个响应的响应面代理模型。利用样本数据拟合的多项式响应面模型为

$$m(x) = -0.0036 + 9.1691x_1 + 4.3697x_2 + 3.5480x_3 + 5.1580x_4 + 11.9791x_5 \tag{6.32}$$

$$\begin{aligned}a_1(x) =& -219.1645 + 55.8592x_1 + 48.8217x_2 + 58.5911x_3 + 73.0817x_4 \\&+ 139.4x_5 - 13.8367x_1^2 - 12.1387x_2^2 - 13.0525x_3^2 - 30.9316x_4^2 \\&- 74.8951x_5^2 - 0.5513x_1x_2 + 0.3208x_1x_3 - 2.0470x_1x_4 + 1.7032x_1x_5 \\&- 0.1085x_2x_3 + 2.9177x_2x_4 + 1.3514x_2x_5 - 0.8376x_3x_4 \\&+ 0.2843x_3x_5 + 2.2042x_4x_5\end{aligned} \tag{6.33}$$

$$\begin{aligned}e_1(x) =& \ 493.1427 - 76.4215x_1 - 60.2486x_2 - 70.1193x_3 - 92.2329x_4 \\&- 175.0838x_5 + 20.0245x_1^2 + 14.4876x_2^2 + 15.5421x_3^2 + 39.2345x_4^2 \\&+ 93.0081x_5^2 - 0.2638x_1x_2 + 0.6527x_1x_3 + 1.8561x_1x_4 - 2.322x_1x_5 \\&+ 0.2983x_2x_3 - 1.8165x_2x_4 - 0.3037x_2x_5 - 0.4191x_3x_4 + 0.3520x_3x_5 \\&- 3.6043x_4x_5\end{aligned} \tag{6.34}$$

$$\begin{aligned}a_2(x) =& \ 200.709 - 63.254x_1 - 26.1593x_2 - 36.3493x_3 - 39.2011x_4 - 54.5501x_5 \\&+ 13.0274x_1^2 + 6.7729x_2^2 + 7.4435x_3^2 + 14.9672x_4^2 + 41.9416x_5^2 \\&+ 1.1646x_1x_2 + 1.8238x_1x_3 + 4.0105x_1x_4 - 4.6310x_1x_5 + 0.0876x_2x_3 \\&- 1.7487x_2x_4 - 4.3811x_2x_5 + 1.1155x_3x_4 - 1.4525x_3x_5 - 5.8197x_4x_5\end{aligned} \tag{6.35}$$

$$\begin{aligned}e_2(x) =& \ 251.5548 - 8.2296x_1 - 20.8885x_2 - 15.4203x_3 - 2.444x_4 - 34.0204x_5 \\&+ 4.3058x_1^2 + 4.4038x_2^2 + 3.5059x_3^2 + 1.2744x_4^2 + 18.9235x_5^2 \\&+ 0.3216x_1x_2 + 0.6728x_1x_3 - 2.5918x_1x_4 - 0.5236x_1x_5 + 0.2951x_2x_3 \\&+ 1.6065x_2x_4 + 1.2144x_2x_5 + 0.6582x_3x_4 - 0.8459x_3x_5 - 1.6817x_4x_5\end{aligned} \tag{6.36}$$

$$\begin{aligned}c(x) =& -2163.023 + 643.809x_1 + 363.1833x_2 + 321.0088x_3 + 767.057x_4 \\&+ 1171.9168x_5 - 146.9431x_1^2 - 92.7836x_2^2 - 89.3605x_3^2 - 287.5444x_4^2 \\&- 607.3138x_5^2 + 13.6946x_1x_2 + 5.9428x_1x_3 - 51.6442x_1x_4 \\&+ 0.9065x_1x_5 + 9.4843x_2x_3 + 8.8181x_2x_4 + 6.0467x_2x_5 + 12.1751x_3x_4 \\&+ 21.6428x_3x_5 - 5.9848x_4x_5\end{aligned} \tag{6.37}$$

建立代理模型后,需要验证模型的精度,以保证模型的有效性。多项式响应面代理模型的统计参数如表 6.10 所示。分析表 6.10 中的数据可知，R^2 和 R_{adj}^2 的值都接近于 1 且 RMSE 的值很小，说明所建立的代理模型的精度满足要求。

表 6.10　代理模型的验证参数 R^2、R_{adj}^2 和 RMSE

参数	$m(x)$	100％正面碰撞		40％偏置碰撞		
		$a_1(x)$	$e_1(x)$	$a_2(x)$	$e_2(x)$	$c(x)$
R^2	1	0.9890	0.9941	0.9802	0.9908	0.9824
R_{adj}^2	1	0.9295	0.9621	0.9368	0.9411	0.9509
RMSE	0.0021	0.3790	0.4440	0.5936	0.9539	0.5604

6.5.6　耐撞性结构优化设计

根据一般的多目标问题基本形式，此耐撞性优化设计问题的数学模型可以定义为

$$\begin{cases} \min\ a_1(x), a_2(x) \\ \max\ e_1(x), e_2(x) \\ \text{s.t.}\ c(x) \leqslant c_0 \\ \quad\ m(x) \leqslant m_0 \\ \quad\ x \in [x_l, x_u] \end{cases} \quad (6.38)$$

式中：$a_1(x)$ 和 $e_1(x)$ 分别为 100％正面碰撞工况下 B 柱下端加速度峰值和整车吸收的总能量；$a_2(x)$、$e_2(x)$ 和 $c(x)$ 分别为 40％偏置碰撞工况下 B 柱下端加速度峰值、整车吸收的总能量和 A 柱的后移量；$m(x)$ 为 5 个部件的总质量；c_0 为 A 柱后移量的初始值，$c_0 = 103.04$ mm；m_0 为 5 个部件总质量的初始值，$m_0 = 50.86$ kg；$x = (x_1, x_2, \cdots, x_5)$，$x_l$ 和 x_u 分别是 x 的下限和上限。

100％正面碰撞工况和 40％偏置碰撞工况在优化时是同等重要的，而且对单独碰撞工况来说加速度峰值和整车吸收的总能量的优化目标在本次优化中也被视为同等重要，因此这 4 个加权系数的取值相同。多目标优化问题的数学模型可简化为

$$\begin{cases} \min f(x) = 0.5\dfrac{a_1(x)}{32.72g} + 0.5\dfrac{a_2(x)}{25.74g} \\ \quad g(x) = 0.5\dfrac{180.45}{e_1(x)} + 0.5\dfrac{210.26}{e_2(x)} \\ \text{s.t.} \ c(x) \leqslant c_0 \\ \quad m(x) \leqslant m_0 \\ \quad x \in [x_l, x_u] \end{cases} \tag{6.39}$$

式(6.39)是对两个目标同时进行优化的模型,这两个目标是相互冲突的,一个目标的结果会影响另一个目标的结果。解决这个问题只能在两个目标之间进行协调权衡和折中处理,尽可能使两个目标达到最优。采用非支配排序遗传算法 NSGA-Ⅱ进行优化计算。初始种群取 20,进化代数取 200,交叉因子为 0.9,交叉分布指数为 20,变异分布指数为 100,优化求解得到 Pareto 最优解集。考虑到制造、成本等因素,选取其中能较好满足性能要求的设计,如表 6.11 所示。

表 6.11 优化解的近似值、仿真值和初始值的对比

目标函数	近似值	仿真值	相对误差	初始值	改变量
$a_1(x)$	34.22g	33.04g	3.57%	38.13g	−13.35%
$e_1(x)$/kJ	180.08	181.32	0.68%	173.56	4.47%
$a_2(x)$	26.00g	25.16g	3.34%	28.09g	−10.43%
$e_2(x)$/kJ	210.71	211.60	0.42%	206.12	2.66%
$c(x)$/mm	80.89	83.52	3.15%	103.04	−18.94%
$m(x)$/kg	49.91	49.90	0.02%	50.86	−1.89%

对比优化前后的有限元仿真结果可知,各个目标均有一定程度的改善,提高了车身在两个碰撞工况下的耐撞性,而且得出的优化解集为设计者提供了可供选择的设计空间,对实际车型的结构耐撞性设计具有一定的工程参考意义,为 100% 正面碰撞和 40% 偏置碰撞两个工况耐撞性要求下的结构设计提供了参考。

6.6　本章小结

本章主要从设计方法的角度介绍了车辆结构轻量化设计的一般方法。

（1）介绍了参数化轻量化方法。从替换材料的基本思路出发，介绍了在替换材料过程中常用的等刚度结构设计方法。针对结构、材料、性能之间的关系，介绍了材料指数的概念及其在车辆结构中的可能应用，为后续章节的使用做铺垫。

（2）介绍了非参数化的轻量化方法。从拓扑优化去除材料的角度介绍拓扑优化方法在结构轻量化设计中的作用。拓扑优化作为重要的轻量化手段，通常用于车辆结构零件的概念设计阶段，以确定结构件的整体形貌和材料分布。

（3）介绍了现代最优化方法在结构设计中的基本流程。针对车辆结构设计的特点，结合数值模拟技术和相关计算方法，对工程实践中基于广义代理模型的结构优化步骤进行梳理。同时，通过单一工况下的结构优化、耦合工况下的结构优化等实例说明相关的设计方法。

本章介绍的方法主要针对车身结构，但其基本原理同样适用于电动汽车和智能汽车的相关轻量化设计。

本章参考文献

[1]　LEI F,LV X J,FANG J G,et al. Injury biomechanics-based nondeterministic optimization of front-end structures for safety in pedestrian-vehicle impact[J]. Thin-Walled Structures,2021,167:108087.

[2]　LEI F,LV X J,FANG J G,et al. Nondeterministic multi-objective and multi-case discrete optimization of functionally-graded front-bumper structures for pedestrian protection[J]. Thin-Walled Structures,2021,167:106921.

[3]　LEI F,LV X J,FANG J G,et al. Multiobjective discrete optimization using the TOPSIS and entropy method for protection of pedestrian lower

［4］ LV X J,LEI F,YANG H P,et al. Multi-objective discrete robust optimization for pedestrian head protection[C]//WCX SAE World Congress Experience. New York：SAE International,2020.

［5］ 雷飞,陈新,陈国栋,等. 考虑顶压与侧碰安全性的轿车车身B柱结构优化设计[J]. 中国机械工程,2013,24(11):1510-1516.

［6］ 陈新,雷飞,陈国栋,等.基于高强度钢选型及成本控制的车顶结构耐撞性优化设计[J]. 中国机械工程,2013,24(1):115-120.

［7］ 邱瑞斌,雷飞,陈园,等. 基于权重比的车架多工况拓扑优化方法研究[J]. 工程设计学报,2016,23(5)：444-452.

［8］ 陈新. 基于顶压及侧碰安全性的B柱结构优化设计[D].长沙:湖南大学,2012.

第 7 章
多材料轻量化设计方法

对结构的轻量化设计应遵循"不牺牲其他方面性能"这一基本原则。但在进行材料替换的轻量化设计中,通过结构优化来提高车辆性能有时难以实现各方面指标的平衡,设计者往往只能牺牲某一性能,进行折中设计。

多材料混合设计是在轻量化设计过程中被逐步认可和采用的一类方法。多材料混合设计根据不同部位的受力变形情况,选用不同性能的材料,达到物尽其用的目的。以碰撞结构为例:在受力大且设计空间小的部位,选用综合性能好的材料,以增加结构的耐撞性;在受力小且非关键部位,选用质轻的材料,达到减重的效果。

本章将以车辆碰撞工况下的车身结构设计为例,从多材料混合设计的角度对轻量化设计方法进行论述分析。

7.1 多材料混合轻量化设计途径

在多材料混合轻量化设计中,结构性能是基本要求,材料成本、结构质量是优化过程中需要根据需求灵活考虑的指标。同时,多材料混合轻量化设计不仅需要考虑不同材料的成形方式,而且需要考虑异种材料连接所带来的工艺问题。多材料混合轻量化设计的直接目标在于减小质量,但是受制于轻质材料的成本问题,多材料轻量化的间接目标多为材料成本、成形成本、连接成本等。

对于常规燃油乘用车,车身质量在整车质量中所占比例较大;对于电动汽车,动力电池质量所占的比例较大。在车身结构上附加更重的电池对结构的力学性能提出了更高的要求。在开发和应用新材料的同时,应不断发展相应的零部件设计技术、制造技术和连接技术,这样才能以最低的成本获取最佳的轻量化效果。

本章将从结构性能、成本、质量三个角度对多材料混合轻量化设计进行讨论,分析三者之间的相互关系。因此,本章所述问题的设计变量均为材料性能参数和零部件厚度,设计目标则可能是质量最小、成本最低、性能最佳等。

在多材料混合轻量化设计中,多材料的选取可以通过以下两个途径实现。

(1) 基于准则的材料替换和结构设计。

(2) 基于最优化理论的材料选择和结构设计。

在下文中,当提及"多材料结构低成本轻量化"时,指的是对使用多种材料的结构进行减小质量和降低成本的设计;当提及"多材料选型轻量化"时,指的是通过优化方法对材料进行选型以减小结构质量;当提及"多材料选型优化设计"时,指的是通过优化方法对材料进行选型,其目标可以是轻量化、低成本、高性能等。

7.2 车辆正面碰撞性能约束下多材料结构低成本轻量化

本节以某车型为例,在保证汽车正面碰撞安全性的前提下,对车辆前部结构进行轻量化设计和成本优化。本节所用到的方法包括析因设计、基于准则的材料选型、试验设计方法、二次响应面近似模型方法、多目标优化建模和求解方法等。

运用析因设计法筛选出 5 个对正面碰撞安全性影响最大的部件作为优化变量并对这 5 个车身前部关键部件的材料进行替换,将普通钢材、高强度钢材、超高强度钢材、铝合金等同时应用到车辆前部的结构设计中,并建立轻量化和成本优化的多目标优化模型。采用近似模型技术对优化问题进行求解,结合二次响应面近似模型和多岛遗传算法得到 Pareto 最优解集。

7.2.1 正面碰撞的基本要求

国内外科研人员在车辆前部结构耐撞性和优化方法上做了较多研究,主要集中在整车和关键部件变形分析、B 柱速度和加速度分析、A 柱折弯分析、前围板侵入分析、假人伤害情况分析等。汽车发生正面碰撞时,车辆前部的前纵梁、翼子板、发动机罩等是吸收碰撞能量的主要部件。

正面碰撞的主要变形区域是车辆的前端,最理想的设计是发动机舱吸收全部的碰撞能量,而乘员舱不发生变形。对于正面碰撞,通过撞击缓冲原理可知,将车身前部结构设计得"软"一些,同时将乘员舱的刚度设计得大一些,那么在碰撞过程中,车辆的动能将更多地通过前部结构的塑性变形转化为内能。这样一方面可以减小对乘员舱的作用力;另一方面可以减小车身的减速度。在此,对正面碰撞进行耐撞性研究的主要目的是合理协调车身前部结构刚度和乘员舱的刚度之间的关系。

车辆前端部件的吸能大小是影响正面碰撞安全性的关键因素。本节将针对车辆前端部件进行碰撞仿真分析,采用无重复饱和析因设计的方法筛选出对正面碰撞安全性影响最大的5个部件作为后续耐撞性和轻量化设计的设计变量。

7.2.2　设计总体流程

本节将使用代理模型对正面碰撞敏感部件进行优化设计,同时考虑部件质量和材料成本。首先,在优化前选取汽车前部主要变形吸能部件,运用无重复饱和析因方法筛选出对汽车正面碰撞耐撞性指标影响显著的一组因子作为轻量化研究的设计变量。然后,对材料进行初步优化,确定碰撞敏感部件的轻量化材料类型。接下来,确立合理的轻量化和成本优化的设计目标、约束条件及设计变量的取值范围等,建立基于碰撞安全性和轻量化的多目标设计的数学模型。通过拉丁超立方试验设计法获得优化设计的样本点,构造设计目标和设计变量的多项式响应面近似模型。运用多岛遗传算法得出最优解,并对最优解进行仿真验证。最后,对优化结果进行工程修正和验证。

具体流程如图7.1所示。

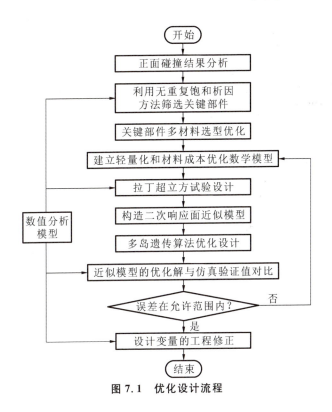

图 7.1　优化设计流程

7.2.3　模型及有效性验证

以某型轿车为研究对象,参照《C-NCAP 管理规则(2021年版)》规定的正面 100%重叠刚性壁障碰撞的试验条件建立该车型的正面碰撞有限元模型。按照中国新车评价规程(C-NCAP)规定的测试方法,如图 7.2(a)所示,试验车以 0° 为碰撞角撞击固定刚性壁障,测试车前方的刚性壁障上附以 20 mm 厚胶合板,碰撞速度不低于 50^{+1}_{0} km/h,并且试验车辆到达壁障的路线在横向任一方向偏离理论轨迹均不超过 150 mm。依此建立正面碰撞的有限元模型,如图 7.2(b)所示,该车正面碰撞的刚性壁障运动速度设置为 56.3 km/h,碰撞仿真时间设置为 120 ms。

图 7.3 所示为实车正面碰撞中车辆的变形情况,图 7.4 所示为与实车碰撞条件相同的正面碰撞仿真中的车辆变形情况。对比两张图片可知,仿真结果与实车碰撞的变形情况基本一致,因此可以认为该车的正面碰撞有限元模型在模拟实车在碰撞中的变形方面是可信的。

(a) C-NCAP 100%正面碰撞试验　　　　(b) 100%正面碰撞有限元模型

图 7.2　100％正面碰撞试验

图 7.3　实车正面碰撞变形情况

图 7.4　正面碰撞仿真变形情况

7.2.4　基于析因设计的设计变量选取

由碰撞中的变形情况可知，车辆前端的部件是主要的变形吸能部件，车辆的正面碰撞安全性是由前端部件的强度和吸能性决定的。因此，在选取设计变量时，取车辆前端 19 个部件的厚度作为分析因子，记为 $t_1, t_2, \cdots, t_{19}$。这 19 个部件在模型上的分布情况如图 6.13 所示。其中，t_5、t_{14}、t_{15} 和 t_{18} 的取值范围为 0.5～1.2 mm，其他变量的取值范围均为 1～3 mm。

本例中，将 B 柱下端加速度（$a(x)$）和碰撞总内能（$e(x)$）作为衡量正面碰撞安全性的指标。其中，$a(x)$ 的初始值为 35.5g（g 取 9.8 m/s²），$e(x)$ 的初始值为 173.20 kJ。以这两个指标为模型中筛选显著因子时的观测变量，这 19 个分析因子的初始值及其取值范围如表 7.1 所示。

表 7.1 19 个分析因子的初始值及其取值范围

因子	t_1	t_2	t_3	t_4	t_5	t_6	t_7	t_8	t_9	t_{10}
初始值/mm	1.91	1.22	1.90	2.25	0.86	1.28	2.25	2.40	1.50	2.25
下边界/mm	1.00	1.00	1.00	1.00	0.50	1.00	1.00	1.00	1.00	1.00
上边界/mm	3.00	3.00	3.00	3.00	1.20	3.00	3.00	3.00	3.00	3.00
因子	t_{11}	t_{12}	t_{13}	t_{14}	t_{15}	t_{16}	t_{17}	t_{18}	t_{19}	
初始值/mm	2.50	1.90	1.90	0.90	0.80	2.51	2.25	0.70	2.55	
下边界/mm	1.00	1.00	1.00	0.50	0.50	1.00	1.00	0.50	1.00	
上边界/mm	3.00	3.00	3.00	1.20	1.20	3.00	3.00	1.20	3.00	

采用基于 $L_{20}(2^{19})$ 的 Plackett-Burman 无重复饱和试验设计法设计 20 次试验，然后将这 20 次试验数据代入正面碰撞有限元模型中计算得到 B 柱下端加速度($a(x)$)和碰撞总内能($e(x)$)的响应值。

t_2、t_3、t_4、t_{10}、t_{15} 和 t_{18} 被选为显著因子，其中 t_4 和 t_{10} 都对应副车架，故在后续的优化中将两者作为同一部件优化。因此，最后的显著因子有 5 个，分别是前保险杠、前纵梁、副车架、发动机内盖、发动机外盖。表 7.2 给出了 5 个部件的对应标号和初始厚度，这 5 个部件在车辆前部的分布情况如图 7.5 所示。

表 7.2 正面碰撞显著因子与优化设计变量的对应关系

显著因子	设计变量	初始值/mm	部件名称
t_2	x_1	1.22	前保险杠
t_3	x_2	1.90	前纵梁
t_4、t_{10}	x_3	2.25	副车架
t_{15}	x_4	0.80	发动机内盖
t_{18}	x_5	0.70	发动机外盖

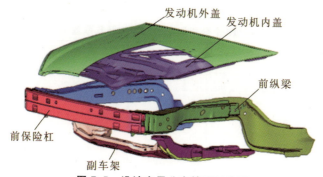

图 7.5 设计变量分布情况示意图

7.2.5 基于准则的材料替换及设计初值确定

本小节以第 6 章中介绍的材料指数为准则进行材料替换。

(1) 前保险杠、前纵梁和副车架属于结构件,在碰撞中主要起承受载荷和吸能的作用,在此选择高强度钢材。

(2) 发动机内盖和发动机外盖属于车身板件,在碰撞中主要承受载荷,从轻量化的角度考虑选择铝合金材料。为保证其具有与原结构相当的刚度,可适当增加其厚度。

材料选型结果与相应的材料成本如表 7.3 所示。从表中可知,在原始模型中,对于正面碰撞的关键部件均选用了钢材,以普通钢材和高强钢为主。在新的材料选型中,将发动机内外盖由 IF 钢替换成了 6000 系列的铝合金,以达到减小质量的目的;前保险杠由马氏体钢(Mart950/1200)换成了强度更高的热成形钢材(Boron1550);前纵梁由烘烤硬化钢(BH 钢)换成了高强钢(HSLA 钢);副车架材料保持不变。新材料的相对成本如表 7.3 所示,其中 $x_1, x_2, \cdots, x_5$ 为新选定的设计变量。以普通冲压钢为标准,将其相对成本定义为 1。铝合金的热处理方式对其成本影响较大,故其相对成本取值为 3~5。

表 7.3 材料选型结果与成本

变量名称	部件名称	原始材料	新材料	新厚度初值/mm	相对成本
x_1	前保险杠	Mart950/1200	Boron1550	1.22	1.805
x_2	前纵梁	BH210/340	HSLA350/450	1.90	1.195
x_3	副车架	DP400/700	DP400/700	2.25	1.39

续表

变量名称	部件名称	原始材料	新材料	新厚度初值/mm	相对成本
x_4	发动机内盖	IF300/420	Al 6009	1.2	3～5
x_5	发动机外盖	IF300/420	Al 6063	1.2	3～5

7.2.6 优化模型的建立及求解

本小节将材料质量和材料成本同时作为材料厚度优化的目标。因此,该优化问题由原来的只考虑构件质量的单目标问题变成了同时考虑构件质量和成本的多目标问题。为了保证其正面碰撞安全性不损失,将碰撞总内能($e(x)$)和B柱下端加速度($a(x)$)这两个重要的正面碰撞安全性指标作为约束条件。因此,该轻量化设计的数学模型定义为

$$\begin{cases} \min(m, c) \\ \text{s.t. } e(x) \geqslant 173.2 \text{ kJ} \\ \quad a(x) \leqslant 35.5g \\ \quad 0.8 \text{ mm} \leqslant x_1 \leqslant 2.0 \text{ mm} \\ \quad 1.5 \text{ mm} \leqslant x_2 \leqslant 2.8 \text{ mm} \\ \quad 1.8 \text{ mm} \leqslant x_3 \leqslant 3.0 \text{ mm} \\ \quad 1.0 \text{ mm} \leqslant x_4, x_5 \leqslant 2.0 \text{ mm} \end{cases} \quad (7.1)$$

式中:m、c 分别为 5 个部件的总质量和总成本,其初始值分别为 52.10 kg 和 69.67;$e(x)$ 为整车碰撞后总内能;$a(x)$ 为碰撞中 B 柱下端的最大加速度。

采用拉丁超立方试验设计法在 5 个变量的取值范围内选取 36 个样本点,并将这 36 个样本点的数据代入原模型中计算获得所有样本点相应的质量、成本、整车碰撞后总内能和碰撞中 B 柱下端的最大加速度。

根据多项式响应面法的相关理论,使用二次多项式近似表达该模型:

$$y(x) = \alpha_0 + \sum_{j=1}^{n} \alpha_j x_j + \sum_{j=1 (j<k)}^{n} \alpha_{jk} x_j x_k + \sum_{j=1}^{n} \alpha_{jj} x_j^2 \quad (7.2)$$

式中:$y(x)$ 为目标或约束响应的近似函数,即响应面函数;x_j 为设计变量;α_j 为对应的系数。采用一次响应面模型来拟合 5 个部件的总质量与部件厚度的关系和成本与厚度的关系,用二次多项式响应面模型来拟合碰撞后的总内能与部

件厚度的关系,以及碰撞中 B 柱下端的最大加速度与部件厚度的关系。最终,得到如下 4 个数学模型:

$$m = -0.23 + 5.15x_1 + 9.10x_2 + 8.06x_3 + 3.846x_4 + 4.15x_5 \quad (7.3)$$

$$c = 7.45x_1 + 8.77x_2 + 8.80x_3 + 8.83x_4 + 9.02x_5 \quad (7.4)$$

$$e(x) = 165.08 + 3.13x_1 + 3.70x_2 - 4.89x_3 - 1.18x_4 + 2.99x_5 - 1.45x_1^2 + 1.11x_1x_2 \\
+ 0.5x_1x_3 + 0.19x_1x_4 - 2.06x_1x_5 + 0.33x_2^2 - 0.23x_2x_3 - 0.61x_2x_4 \\
- 0.51x_2x_5 + 0.91x_3^2 + 0.39x_3x_4 + 0.56x_3x_5 + 1.01x_4^2 - 0.56x_4x_5 \\
+ 0.38x_5^2 \quad (7.5)$$

$$a(x) = 84.67 + 0.83x_1 - 32.43x_2 - 4.15x_3 - 2.14x_4 - 9.67x_5 + 0.79x_1^2 \\
- 3.72x_1x_2 + 1.56x_1x_3 + 0.26x_1x_4 + 1.36x_1x_5 + 9.84x_2^2 - 3.86x_2x_3 \\
+ 0.88x_2x_4 + 1.13x_2x_5 + 1.52x_3^2 - 2.72x_3x_4 + 4.37x_3x_5 + 1.20x_4^2 \\
+ 2.26x_4x_5 - 3.1x_5^2 \quad (7.6)$$

采用多岛遗传算法对该问题进行求解。采用加权的方式处理多目标问题,ω_1 和 ω_2 为权系数。Pareto 最优解集包含 11 组最优解,这 11 组最优解如表 7.4 所示。

表 7.4 轻量化设计的 Pareto 最优解集

序号	ω_1	ω_2	x_1/mm	x_2/mm	x_3/mm	x_4/mm	x_5/mm
1	0.0	1.0	0.976	1.952	1.957	1.004	1.522
2	0.1	0.9	0.871	1.932	2.012	1.001	1.545
3	0.2	0.8	0.841	1.969	1.871	1.098	1.451
4	0.3	0.7	0.828	2.029	1.987	1.047	1.474
5	0.4	0.6	0.963	2.033	2.119	1.056	1.272
6	0.5	0.5	0.925	2.084	2.251	1.136	1.060
7	0.6	0.4	0.994	2.048	2.065	1.101	1.289
8	0.7	0.3	1.040	1.908	1.907	1.020	1.547
9	0.8	0.2	0.918	2.042	2.204	1.048	1.311
10	0.9	0.1	1.015	1.969	2.090	1.201	1.353
11	1.0	0.0	0.805	2.033	1.926	1.026	1.540

将这 11 组最优解代入原始模型,得出这 11 组优化组合对应的模型的总质量和总成本,并考察这 11 组可行的最优解的减重效果和成本控制情况(初始质量和成本分别为 52.10 kg 和 69.67)。这 11 组最优解对质量和成本的优化效

果如表 7.5 所示。

表 7.5 Pareto 最优解集中 11 组最优解的优化效果

序号	ω_1	ω_2	优化质量/kg	相对成本	减重效果/(%)	成本减少效果/(%)
1	0.0	1.0	49.65	64.90	4.70	6.85
2	0.1	0.9	50.23	64.59	3.59	7.29
3	0.2	0.8	48.82	64.01	6.30	8.12
4	0.3	0.7	49.28	64.21	5.41	7.84
5	0.4	0.6	48.96	64.46	6.03	7.48
6	0.5	0.5	48.55	63.94	6.81	8.22
7	0.6	0.4	48.16	63.49	7.56	8.87
8	0.7	0.3	47.90	63.40	8.06	9.00
9	0.8	0.2	49.09	65.23	5.78	6.37
10	0.9	0.1	49.80	66.04	4.41	5.21
11	1.0	0.0	48.13	67.08	7.62	3.72

对比减重效果和成本情况可知,第 6 组($\omega_1=0.5,\omega_2=0.5$)、第 7 组($\omega_1=0.6,\omega_2=0.4$)、第 8 组($\omega_1=0.7,\omega_2=0.3$)的优化结果较好。其中,第 8 组($\omega_1=0.7,\omega_2=0.3$)最为理想,故将第 8 组作为最后优化结果的参照。

工程实际中,车身板件的厚度系列一般是离散的,根据车身板件常见的厚度系列将第 8 组的厚度数据进行修正,得到最优解分别为 0.9、1.9、1.9、1.0、1.5。将这一组最优解代入完整的原模型进行仿真,以验证近似模型的优化效果,对比结果如表 7.6 所示。

表 7.6 设计目标优化前后对比

设计目标	优化前	优化后			
		近似模型	仿真值	改进效果	相对误差
质量/kg	52.10	47.90	47.90	重量减少 8.06%	—
相对成本	69.67	63.40	63.40	成本减少 9.0%	—
内能/kJ	173.06	173.43	174.13	内能增加 0.6%	0.4%
B柱下端加速度	35.339g	34.7g	34.47g	加速度减小 2.5%	0.66%

将最优解代入原模型后,车辆前部的变形情况如图 7.6(b) 所示,内能和 B 柱下端加速度曲线如图 7.7 所示,从图中可见优化前后车辆前部的变形情况基本一致,未出现变形情况差异较大的部件。这说明重新选择材料并进行厚度优化后,在 5 个关键部件减重 8.06%、成本减少 9.00% 的情况下,该车型的正面碰撞性能没有损失,从而保证了轻量化"不牺牲其他方面性能"的原则。

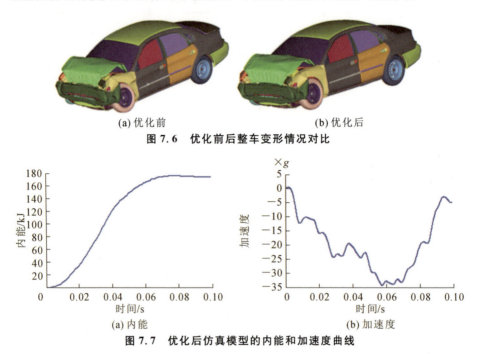

(a) 优化前   (b) 优化后

图 7.6　优化前后整车变形情况对比

(a) 内能   (b) 加速度

图 7.7　优化后仿真模型的内能和加速度曲线

7.3　车辆侧面碰撞性能约束下多材料结构低成本轻量化

侧面碰撞是交通事故中另一种常见的事故形式,根据我国的道路交通事故统计结果,侧面碰撞占所有交通事故的 32%。改善侧面碰撞安全性是车身设计中最重要的设计目标。在车身轻量化设计中,保证侧面安全性不受损失是轻量化设计的前提。本节将在侧面碰撞安全性不受损失的情况下,将高强钢、热成形钢和铝合金用于多材料车身中,实现车身的轻量化设计。

本节用到的方法包括:全局敏感性分析、基于准则的材料选型、拉丁超立方试验设计、响应面近似模型方法、多目标优化建模和求解方法等。

在保证车辆侧面碰撞安全性的前提下,对车辆侧围部件进行轻量化和成本优化。运用全局敏感性分析法筛选出 6 个对侧面碰撞安全性影响较大的优化变量。依据材料指数对优化部件的材料进行重新选型，将高强钢、热成形钢和铝合金用于侧围部件的轻量化设计。根据美国公路安全保险协会（Insurance Institute for Highway Safety，IIHS）的评价标准，将 B 柱 300 mm 骨盆处和 600 mm 胸腔处与驾驶员座椅中心线之间的距离作为整车的侧面碰撞安全性的评价标准。

7.3.1 侧面碰撞的基本要求

通过侧面碰撞试验检验车辆在发生事故时，侧围结构是否能抵抗碰撞冲击力，为乘员提供足够的生存空间。为了提高车辆的侧面碰撞安全性，保护乘员的生命安全，各国都设立有相关的强制性安全法规和标准，如我国的《汽车侧面柱碰撞的乘员保护》标准、欧洲经济委员会汽车标准 ECE R95、美国联邦机动车安全标准 FMVSS 214 等。另外各国的新车评价规程（NCAP）也对侧面碰撞测试内容和评价方法进行了规定。早期，我国的《汽车侧面柱碰撞的乘员保护》是参照欧洲 ECE R95 制定的，两者在测试方法和评价指标上基本相同。美国作为最早执行侧面碰撞乘员保护法规的国家，发展了成熟的侧面碰撞法规和评价方法。本小节将依据美国 FMVSS 214 标准要求的测试方法进行汽车侧面碰撞安全性和轻量化的研究。由于侧面碰撞的位置与乘员舱的距离比正面碰撞的近，乘员舱允许的压缩空间有限，故侧面耐撞性设计以提高乘员舱刚度、减小乘员舱变形为主要目标。

7.3.2 流程与方法

设计流程如图 7.8 所示。首先，按照相关法规规定的侧面碰撞试验条件建立侧面碰撞有限元模型，并验证模型的有效性。基于侧面碰撞的有限元仿真，分析车辆的碰撞安全性。然后，通过全局敏感性分析筛选出对侧面碰撞安全性影响较大的部件，作为后续轻量化研究的设计变量，并对侧面碰撞的敏感性部件进行材料替换。接着，建立轻量化设计的数学模型。将材料质量和成本作为多目标优化的设计目标，根据侧面碰撞安全性评价指标和板厚的取值范围，确立约束条件。最后，通过近似模型技术，运用拉丁超立方试验设计方法获得样本点，建立相关变量的近似模型,求解优化问题,并对优化结果进行分析和验证。

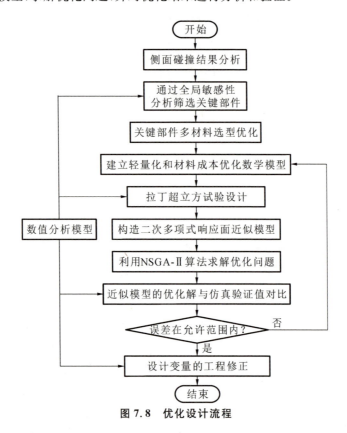

图 7.8 优化设计流程

7.3.3 碰撞模型建立与验证

依照 FMVSS 214 对侧面碰撞试验条件的规定,结合经过有效性验证的可移动壁障和整车的有限元模型,建立整车的侧面碰撞有限元模型。根据 FMVSS 214 的要求,可移动壁障的运动速度为 62 km/h,碰撞角为 27°(可移动壁障的运动方向与车辆横向中心线成 27°),如图 7.9 所示。

对比仿真分析结果和实车碰撞结果可见,实车碰撞的试验结果与仿真分析结果在整车变形、质心速度和 B 柱中部侵入速度上均基本吻合。图 7.10 所示为实车碰撞和仿真碰撞的侧围变形情况,可知该碰撞仿真模型能较好地模拟实车碰撞的变形。图 7.11 和图 7.12 分别为侧面碰撞试验与仿真中车辆质心速度曲线和 B 柱中部侵入速度曲线。可见,实车测试与仿真中车辆质心速度曲线

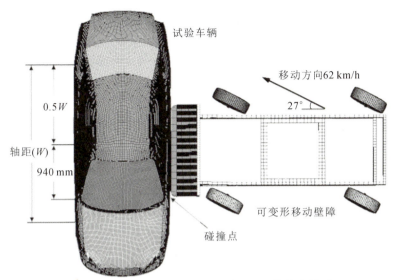

图 7.9　依照 FMVSS 214 建立的侧面碰撞仿真模型

和 B 柱中部侵入速度曲线变化趋势相同,且曲线峰值大小和峰值出现时刻吻合。该碰撞仿真模型可以用于后续的优化设计。

图 7.10　侧面碰撞试验结果与仿真变形对比

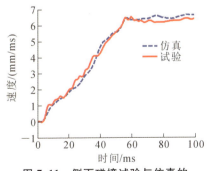

图 7.11　侧面碰撞试验与仿真的
质心速度曲线

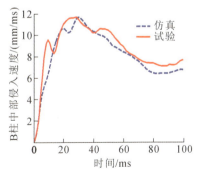

图 7.12　侧面碰撞试验与仿真的 B 柱
中部侵入速度曲线

7.3.4 设计变量选择

本小节将采用基于 Sobol 法的全局敏感性分析方法来筛选优化变量。Sobol 法是一种基于方差的全局敏感性分析方法,它应用蒙特·卡洛(Monte Carlo)方法采样,基于模型分解的思想,可分析参数一次、二次及更高次的敏感度,可区分参数独立及相互作用的敏感性。

在本小节的全局敏感性分析中,首先根据侧围部件的受力情况,初步选出 9 个侧围部件作为分析变量,将部件厚度作为分析参数,厚度的取值范围设定为初始厚度的 ±50%,并将 B 柱中部侵入量作为敏感性分析的指标,如表 7.7 所示;然后,使用 D-最优试验设计法获得 20 个样本点,并代入仿真模型求得响应值;最后,采用 Sobol 法进行全局敏感性分析,得到各个部件对敏感性分析指标贡献值的百分数,依此筛选出敏感部件。

表 7.7 敏感性分析参数

分析参数	部件名称	初始厚度/mm	取值范围/mm
s_1	上边梁	1.1	[0.6,1.7]
s_2	B柱	1.2	[0.6,1.8]
s_3	A柱内板	2.0	[1.0,3.0]
s_4	A柱加强板	1.4	[0.7,2.1]
s_5	车门内板	1.4	[0.7,2.1]
s_6	车门外板	1.2	[0.6,1.8]
s_7	车门框架	0.9	[0.5,1.5]
s_8	车门加强肋	1.5	[0.8,2.4]
s_9	门槛梁	1.4	[0.8,2.4]

其中,B 柱是由钢板拼焊冲压而成的,包含 B 柱内板、外板上板和外板下板三个部分,厚度分别是 1.2 mm、1.2 mm 和 1.5 mm。B 柱作为保证侧面碰撞安全性最为关键的部件,对整体的敏感性分析指标的贡献值较大。为了简化计算,在敏感性分析中,将 B 柱视为一个整体,取其厚度为 1.2 mm。图 7.13 给出了这 9 个部件对 B 柱中部侵入量的全局敏感性的百分比。

可见,B 柱(34.6%)、车门内板(11.3%)、车门外板(12.4%)、车门加强肋

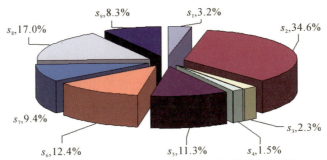

图 7.13　分析参数对 B 柱中部侵入量的敏感度百分比

(17.0%)4 个部件对侧面碰撞安全性的影响较大。为了在保证侧面碰撞安全性的前提下实现轻量化设计,下面将对这 4 个部件进行后续优化设计。由于 B 柱包含三个部分,故用于后续优化的部件实际有 6 个:B 柱内板、B 柱外板上板、B 柱外板下板、车门内板、车门外板和车门加强肋。

7.3.5　材料选型与成本

侧面碰撞工况下耐撞性的评价指标主要是侧围部件的抗变形刚度。在材料初步选型上,兼顾材料成本,选择屈服强度相对高的 DP 钢和热成形钢材。铝合金在轻量化设计中能明显减小部件质量,可用于车身外板的设计。

本节中 B 柱采用的是拼焊结构,B 柱分为三个部分:B 柱内板、B 柱外板上板和 B 柱外板下板。拼焊结构可以通过在结构中相对薄弱的位置采用高强度材料或者增加板件厚度来获得足够的强度和刚度。根据 B 柱各个部位的变形大小和应力值的情况,对拼焊 B 柱的三个部分的材料进行重新选型。材料的选型及其相对成本列于表 7.8 中。

表 7.8　材料选型与相对成本

变量名称	部件名称	原始材料	新材料	新厚度/mm	相对成本
x_1	车门外板	BH210/340	Al6009-T4	1.2	3~5
x_2	车门内板	IF300/420	DP300/500	1.2	1.15
x_3	车门加强肋	Mart950/1200	Boron1550	1.2	1.8
x_4	B 柱内板	DP400/700	DP700/1000	1.2	1.5
x_5	B 柱外板上板	DP400/700	DP300/500	1.2	1.15
x_6	B 柱外板下板	DP400/700	DP400/700	1.5	1.39

7.3.6 轻量化模型建立及求解

在侧面碰撞耐撞性研究中,一般将B柱侵入量、侵入速度或者假人伤害值作为耐撞性设计的评价指标。各国的法规也都给出了相应的侧面碰撞安全性的评价指标。其中,以IIHS制定的碰撞试验条件和评价方法最为严格。IIHS致力于减少车辆在公路事故中诸如死亡、伤害及财产损失等,其测试结果直接与车辆在美国的保险费率挂钩。在此,使用IIHS在2006年发布的侧面碰撞评价标准进行优化研究。

在IIHS的评价标准中,侧面碰撞B柱的变形量是最重要的结构评价指标。根据B柱变形量的大小,碰撞结果可以分为优秀(good)、良好(acceptable)、及格(marginal)、差(poor)4个级别。B柱的变形量是按照碰撞后B柱与驾驶员座椅中心线之间的距离来衡量的。B柱与驾驶员座椅中心线距离大于或等于125 mm时,评定为优秀(good);B柱与驾驶员座椅中心线距离在[50,125) mm范围内时,评定为良好(acceptable);B柱与驾驶员座椅中心线距离在[0,50) mm范围内时,评定为及格(marginal);B柱与驾驶员座椅中心线距离小于0时,评定为差(poor)。评定标准示意图如图7.14和图7.15所示。

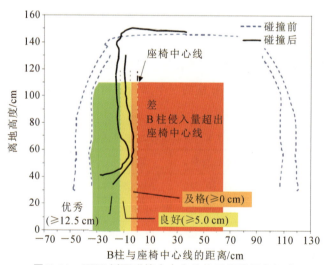

图 7.14 IIHS侧面碰撞中车身结构耐撞性评价标准

根据IIHS的评价标准,碰撞后B柱的理想变形形状应为S形,且整个B柱与驾驶员座椅中心线的距离不小于125 mm。由于在侧面碰撞的交通事故中,

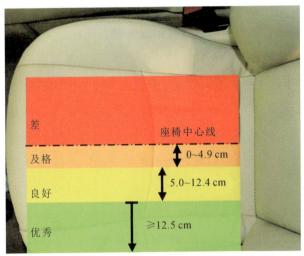

图 7.15　B 柱变形与座椅中心线的关系示意图

乘员的胸部和头部是最容易受到伤害的,因此,在乘员的胸部和头部所在位置的范围内应当使 B 柱的侵入量尽可能小,以保证乘员有足够的生存空间。根据一般的座椅高度,乘员的骨盆、胸部和头部与车底板之间的距离分别为 300 mm、600 mm、1000 mm。结合 IIHS 的评价标准,对离车底板 300 mm 处的骨盆区域和离车底板 600 mm 处的胸部区域的侵入量进行约束,将碰撞后 B 柱在 300 mm 处(骨盆处)和在 600 mm 处(胸部处)与驾驶员座椅中心线之间的距离作为侧面碰撞安全性的评价标准。

在侧面碰撞安全性分析中,B 柱侵入速度也是一个重要的评价指标,取不大于 10 m/s 作为 B 柱侵入速度的约束条件。

根据车用钢板和铝合金板的厚度系列,选取 $x_1 \sim x_6$ 的取值范围为 1.0～2.0 mm,该多目标优化模型可表示为

$$\begin{cases} \min(m,c) \\ \text{s.t.} \ x_{\text{pelvis}} \geq 125.0 \text{ mm} \\ \quad\ \ x_{\text{thorax}} \geq 145.7 \text{ mm} \\ \quad\ \ V_b \leq 10 \text{ m/s} \\ \quad\ \ 1.0 \text{ mm} \leq x_1 \sim x_6 \leq 2.0 \text{ mm} \end{cases} \quad (7.7)$$

式中:m、c 分别表示 6 个优化部件的总质量和总相对成本,其初始值分别为 28.65 kg 和 34.81;x_{pelvis} 为碰撞后 B 柱在 300 mm 处(骨盆区域)与驾驶员座椅

中心线之间的距离；x_{thorax} 为碰撞后 B 柱在 600 mm 处(胸部区域)与驾驶员座椅中心线之间的距离；V_b 为碰撞中 B 柱的最大侵入速度。

针对前述通过敏感性分析获得的 6 个部件，在其厚度取值范围(均为 1.0～2.0 mm)内，采用拉丁超立方试验设计方法获得了 40 个样本点，通过侧面碰撞有限元模型，计算得到 5 个响应值：质量 m、成本 c、碰撞后 B 柱在 300 mm 处(骨盆区域)与驾驶员座椅中心线之间的距离 x_{pelvis}、碰撞后 B 柱在 600 mm 处(胸部区域)与驾驶员座椅中心线之间的距离 x_{thorax}、碰撞中 B 柱的最大侵入速度 V_b。

使用响应面构造质量 m、成本 c、碰撞后 B 柱在 300 mm 处(骨盆区域)与驾驶员座椅中心线之间的距离 x_{pelvis}、碰撞后 B 柱在 600 mm 处(胸部区域)与驾驶员座椅中心线之间的距离 x_{thorax} 和碰撞中 B 柱的最大侵入速度 V_b 等 5 个变量的近似模型。其中，部件的质量和成本均与厚度存在线性关系，故用一次响应面进行拟合；x_{pelvis}、x_{thorax} 和 V_b 与部件厚度的关系用二次多项式响应面拟合。根据多项式响应面的理论，获得的上述 5 个变量的近似模型如下：

$$m = 1.13 + 3.65x_1 + 13.03x_2 + 1.39x_3 + 2.18x_4 + 0.64x_5 + 0.51x_6 \tag{7.8}$$

$$c = 9.41x_1 + 12.21x_2 + 2.40x_3 + 2.98x_4 + 0.8x_5 + 0.85x_6 \tag{7.9}$$

$$\begin{aligned}V_b =& -14.11 + 4.17x_1 + 4.63x_2 + 7.97x_3 + 5.89x_4 + 6.13x_5 + 5.00x_6 \\ & - 1.07x_1^2 - 0.73x_1x_2 + 1.12x_1x_3 - 0.19x_1x_4 - 0.53x_1x_5 \\ & - 0.06x_1x_6 - 1.51x_2^2 - 0.82x_2x_3 + 0.88x_2x_4 - 0.04x_2x_5 \\ & + 0.36x_2x_6 - 2.71x_3^2 + 0.17x_3x_4 - 0.21x_3x_5 - 0.05x_3x_6 \\ & - 2.69x_4^2 + 0.83x_4x_5 - 0.27x_4x_6 - 2.59x_5^2 + 0.98x_5x_6 - 2.23x_6^2 \end{aligned} \tag{7.10}$$

$$\begin{aligned}x_{pelvis} =& 230.0 - 28.61x_1 - 10.06x_2 - 36.86x_3 - 1.40x_4 - 45.61x_5 - 38.69x_6 \\ & + 13.23x_1^2 - 7.95x_1x_2 + 0.93x_1x_3 - 2.62x_1x_4 + 2.31x_1x_5 + 2.44x_1x_6 \\ & + 8.29x_2^2 + 4.88x_2x_3 - 6.49x_2x_4 + 3.73x_2x_5 - 1.93x_2x_6 + 6.28x_3^2 \\ & + 3.03x_3x_4 - 0.48x_3x_5 - 0.90x_3x_6 + 7.37x_4^2 - 0.80x_4x_5 - 0.89x_4x_6 \\ & + 12.65x_5^2 + 2.53x_5x_6 + 12.66x_6^2 \end{aligned} \tag{7.11}$$

$$\begin{aligned}x_{\text{thorax}} =\ & 934.51-207.84x_1-120.05x_2-173.22x_3-211.23x_4-193.42x_5\\ & -232.14x_6+71.20x_1^2-23.99x_1x_2-11.98x_1x_3+3.36x_1x_4\\ & +7.79x_1x_5+17.12x_1x_6+55.02x_2^2+6.29x_2x_3-1.88x_2x_4\\ & +5.50x_2x_5-9.15x_2x_6+59.07x_3^2-3.94x_3x_4+4.38x_3x_5\\ & +0.09x_3x_6+71.24x_4^2+0.39x_4x_5+5.86x_4x_6+62.1x_5^2\\ & -1.09x_5x_6+71.25x_6^2\end{aligned}$$

(7.12)

考察以上 5 个响应面近似模型的精度,其评价指标可以用决定系数 R^2、调整后的决定系数 R_{adj}^2 和均方根误差 RSME 来表示。

针对多目标优化问题,为了使优化部件的质量和成本都能取到最小值,运用 NSGA-II 算法在商用软件中求解得到 Pareto 最优解集,其中包含 12 组可行解。将优化后的厚度代入原模型中求得优化质量和优化成本,并以初始质量 28.65 kg 和初始相对成本 34.81 为参照,计算得到该 12 组解的优化效果,列于表 7.9 中。

表 7.9 Pareto 解集中 12 组最优解的优化效果

序号	质量/kg	相对成本	减重效果/(%)	成本减小效果/(%)
1	26.651	33.737	6.98	3.08
2	26.133	32.474	8.79	6.71
3	25.973	32.284	9.34	7.26
4	25.852	31.951	9.77	8.21
5	25.812	31.899	9.91	8.36
6	25.792	31.893	9.98	8.38
7	25.478	31.660	11.07	9.05
8	25.428	31.503	11.25	9.50
9	25.416	31.491	11.29	9.53
10	25.236	31.272	11.92	10.16
11	25.144	31.138	12.24	10.55
12	24.913	30.859	13.04	11.35

根据减重效果和成本减小效果可知,第 12 号解(减重 13.04%,成本减少 11.35%)的优化效果最好。因此,将第 12 号解作为最优解,即 $x_1 \sim x_6$ 分别为 1.00 mm、1.00 mm、1.00 mm、1.51 mm、1.16 mm、1.67 mm。在工程实际中,

钢板和铝合金板的厚度通常是以 0.1 mm 为单位的,根据车用钢板和铝合金板常用的厚度系列得到第 12 号解的工程圆整值为:$x_1=1.0$ mm、$x_2=1.0$ mm、$x_3=1.0$ mm、$x_4=1.5$ mm、$x_5=1.2$ mm、$x_6=1.6$ mm。将这一组值代入侧面碰撞仿真模型中验证该最优解的优化效果,并与近似模型计算值进行比较,对比结果如表 7.10 所示。

表 7.10 设计目标优化前后对比

设计目标	优化前	优化后			
		近似模型	仿真值	改进效果	相对误差
质量/kg	28.65	24.913	24.824	减轻 13.35%	0.36%
相对成本	34.81	30.859	30.830	减小 11.43%	0.09%
V_b/(m/s)	9.896	9.609	9.541	减小 3.59%	0.71%
x_{pelvis}/mm	125.024	127.483	128.552	增加 2.82%	0.84%
x_{thorax}/mm	145.321	147.251	146.657	增加 0.92%	0.41%

将经过工程修正的最优解输入侧面碰撞模型,车辆侧围的变形情况如图 7.16(b)所示。优化前和优化后车辆侧围的变形情况基本相同,只是局部得到了优化,未出现变形差异较大的部件。因此,可以认为在经过材料的重新选型和厚度优化后,车辆的侧围部件侧面碰撞安全性未出现损失,该轻量化方案是可行的。这种优化设计方法融入了多材料设计的理念,结合工程实际,为车身的结构轻量化设计提供了一种参考。

(a) 优化前　　　　　　　　　　　(b) 优化后

图 7.16 优化前后车辆变形情况对比

7.4　成本和性能约束条件下的多材料选型轻量化

7.2 节和 7.3 节从车辆正面碰撞和侧面碰撞两个方面对多材料结构低成本

轻量化设计的流程、优化方法进行了讨论,其中在材料选择方面采用基于规则的替换方法。在本节的设计中,将材料牌号和材料厚度作为设计变量,通过最优化方法对材料进行优化选型。

本节对某型轿车的 B 柱结构进行优化设计,采用高强钢结构和拼焊板技术将 B 柱内外板分成上下两部分进行焊接。将 4 块拼焊板的高强钢类型和厚度作为离散设计变量,为了进一步挖掘轻量化潜力,以材料成本和结构性能为约束条件,在材料成本不增加的情况下进行轻量化设计。

7.4.1 考虑顶压与侧碰安全性的车身 B 柱结构轻量化设计要求

在车身结构中,合理的 B 柱结构及变形模式对提高车顶强度和侧面结构的耐撞性至关重要。选择 B 柱结构作为研究对象,其包括 B 柱内板和 B 柱外板。采用拼焊板的 B 柱结构,将 B 柱内板和 B 柱外板分成上下两部分进行焊接,如图 7.17 所示。

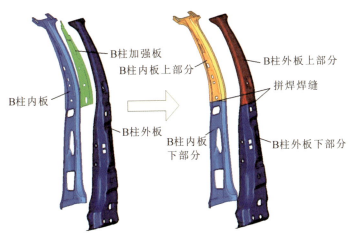

图 7.17　B 柱结构设计变量的选定

在设计中,去除原有 B 柱内部的加强板,以控制 B 柱结构总质量及材料成本。拼焊焊缝的高度位置与侧面碰撞中可变形移动壁障的上表面高度位置平齐,保证侧围结构具有足够的刚度以抵抗变形。

顶压和侧面碰撞两种工况下耐撞性的评价方法不同,故在优化设计中约束条件也不同。本设计的约束条件来自三个方面:① 在整车车顶结构耐撞性分析中,将车顶结构最大承载力作为车顶强度优化设计的约束条件;② 在侧面碰撞安全性分析中,选取侧面碰撞中 B 柱侵入量与 B 柱侵入速度作为侧面碰撞安全性优化设计的约束条件;③ 将结构件的材料成本作为约束条件。

1. 车顶结构最大承载力约束

车顶强度分析的评价指标采用美国国家公路交通安全管理局(NHTSA)制定的标准,该标准要求车顶最大承载作用力应达到车辆整备重力的 2.5 倍。整车整备质量为 1539 kg,故此时的车顶最大承载力应达到 37.706 kN。

2. B 柱侵入量

选取试验车辆在侧面碰撞过程中 5 个测量水平级位置所对应的 B 柱高度位置点作为 B 柱各个测点位置。B 柱侵入量取 B 柱结构上第 1、3、4 水平级所对应测点的最大侵入变形量的平均值,分别对应车辆门槛位置、车门中间位置和车窗下边框水平位置。根据相关统计数据对驾驶员侧乘员损伤最大伤害等级(abbreviated injury scale, AIS)均值与变形侵入量的关系进行二次多项式拟合,即对两者之间的关系进行数值对应。根据拟合结果可知,当乘员最大 AIS 均值小于等级 3 时,侵入量应该小于 355 mm。将 B 柱侵入量作为约束条件,其值取不大于 350 mm。

3. B 柱侵入速度

在侧面碰撞分析中,B 柱侵入速度也是一个重要的指标。在我国侧面碰撞试验中,可变形移动壁障的质量为 950 kg,试验速度为 50 km/h。整车侧面结构的侵入速度可接受的范围一般在 7~10 m/s 之间。根据美国 US-NCAP 的侧面碰撞试验要求,可变形移动壁障的质量为 1365 kg,试验速度为 62 km/h,二者之间存在差异。对整车侧面结构的耐撞性能要求需更加严格,在此选取 B 柱侵入速度不大于 11 m/s 作为约束条件。

4. 成本约束

采用高强钢对车身结构进行优化,同时考虑材料成本的控制,这更加具有实际工程意义。将部件相对成本作为约束条件,部件相对成本为各部件质量与所选高强钢的相对成本的乘积之和。材料相对成本如表 7.11 所示。此处,控制 B 柱结构件相对成本不超过部件初始相对成本。激光拼焊板工艺与传统点焊工艺相比,生产工序大大简化。在此,将材料成本作为约束条件时未考虑工艺成本。

表 7.11 材料相对成本

材料曲线 ID	材料牌号	相对成本
—	IF140/270	1.000
1	HSLA350	1.195
2	DP590	1.390
3	DP780	1.506
4	DP980	1.584
5	Boron1550	1.805

7.4.2 成本和性能约束下 B 柱结构轻量化方案

1. B 柱结构优化的总体思路

B 柱结构耐撞性设计的整体流程如图 7.18 所示，主要包括顶压和侧面碰撞工况下有限元模型建立和验证及 B 柱结构的优化设计方法。

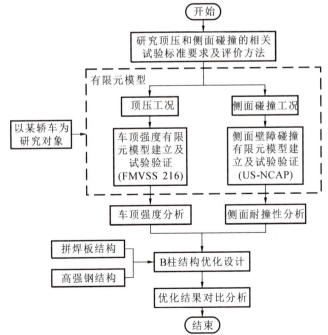

图 7.18 B 柱结构耐撞性设计的整体流程

首先,根据美国 FMVSS 216 车顶强度标准和 US-NCAP 的侧面碰撞标准建立某轿车的车顶强度和侧面碰撞的有限元模型。将仿真结果与试验结果对比,验证两种工况下有限元模型的准确性。

然后,对该车型的车顶强度和侧面耐撞性进行分析,确定 B 柱结构耐撞性优化的必要性。综合考虑车顶强度和侧面碰撞的安全性能,采用高强钢结构和拼焊板技术对 B 柱结构进行耐撞性优化设计。

最后,将优化后的整车车顶强度和侧面碰撞安全性能与优化前的性能进行对比分析。

2. B 柱轻量化具体方法及流程

对车身 B 柱结构进行优化设计,其优化设计方法流程如图 7.19 所示。首先,确定优化问题的设计目标、约束及设计变量。其次,通过拉丁超立方试验设计方法获得样本点,基于这些样本点采用移动最小二乘法构造近似模型。最后,采用遗传算法对近似模型进行优化获得优化解,并对优化解进行仿真验证。若优化解的近似模型与仿真验证值的误差超出许可要求,则需要添加新的样本点,重新构造近似模型,再进行优化求解,直至误差满足要求。

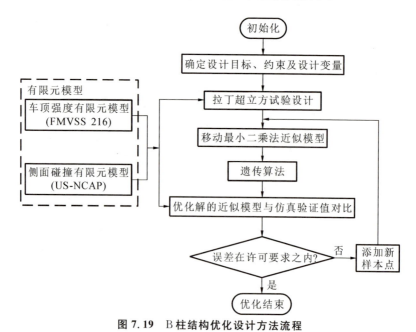

图 7.19 B 柱结构优化设计方法流程

7.4.3 设计变量与优化目标

对 B 柱内板和 B 柱外板的上下部分等 4 块板件的厚度及材料进行优化,使其同时满足车顶强度及侧面碰撞的安全性能要求。采用的设计变量包括 4 个厚度离散设计变量和 4 个材料离散设计变量,如表 7.12 所示。

表 7.12 优化设计变量

优化设计部件	厚度设计变量	材料设计变量
B 柱内板上部	t_1	mat_1
B 柱内板下部	t_2	mat_2
B 柱外板上部	t_3	mat_3
B 柱外板下部	t_4	mat_4

对于 4 个厚度设计变量,考虑到高强钢板的厚度选取范围并结合车身结构的板厚,其值可选用 1.0 mm、1.1 mm、1.2 mm、1.5 mm、1.6 mm、1.8 mm、2.0 mm。对于 4 个材料设计变量,分别有 HSLA350、DP590、DP780、DP980 和 Boron1550 等 5 种高强钢材料可供选择。

优化问题的数学模型可定义为

$$\begin{cases} \min\ m \\ \text{s.t.}\ c \leqslant 6.822 \\ \quad F \geqslant 37.706\ \text{kN} \\ \quad L_b \leqslant 350\ \text{mm} \\ \quad V_b \leqslant 11.0\ \text{m/s} \\ \quad t_1, t_2, t_3, t_4 = i, i = 1.0, 1.1, 1.2, 1.5, 1.6, 1.8, 2.0 \\ \quad mat_1, mat_2, mat_3, mat_4 = j, j = 1, 2, 3, 4, 5 \end{cases} \quad (7.13)$$

式中:m 为 B 柱拼焊内板与外板的总质量,B 柱结构的初始总质量约为 5.288 kg;c 为部件相对成本,部件初始相对成本约为 6.822;F 为顶压工况中车顶承载的最大作用力;L_b 为侧面碰撞工况中 B 柱侵入量;V_b 为侧面碰撞工况中 B 柱侵入速度;i 为板件厚度选取范围;j 为高强钢材料 ID。

7.4.4 优化结果与分析

采用拉丁超立方试验设计选取 36 个样本点,并计算相应的响应值。采用移动最小二乘法构造近似模型，采用高斯权函数：

$$w_i = \exp(-\theta d_i^2) \tag{7.14}$$

式中：d_i 表示任意点与第 i 个样本点之间的距离；θ 为拟合参数，在此取 10。

基于移动最小二乘法构造近似模型，采用遗传算法进行优化，以获得优化解。选择种群数为 50，进行 100 代遗传算法迭代。通过遗传算法对近似模型进行优化获得最优设计变量及设计目标值。各个设计变量的初始值和优化值如表 7.13 所示。

表 7.13 设计变量优化结果

设计变量	初始值	优化值
t_1/mm	1.2	1.5
t_2/mm	1.2	1.1
t_3/mm	1.1	1.0
t_4/mm	1.1	1.0
mat_1	DP590	DP780
mat_2	DP590	Boron1550
mat_3	HSLA350	DP590
mat_4	HSLA350	DP590

各个设计目标优化前后的结果及改进效果如表 7.14 所示，其中仿真验证值是将 8 个设计变量的优化值赋给原始有限元模型进行计算得到的结果。由表 7.14 可知，近似模型计算值与仿真验证值的相对误差均小于 2.5%。由此证明该优化方法是可行的。

表 7.14 设计目标优化结果

设计目标	优化前	优化后			改进效果
		近似模型	仿真值	误差	
F/kN	31.898	37.948	37.803	0.38%	提高 18.5%
L_b/mm	361.4	349.57	347.69	0.54%	降低 3.8%；AIS 均值降至 2.967
V_b/(m/s)	11.626	10.763	10.976	1.94%	降低 5.6%
m/kg	5.288	4.537	4.556	0.42%	降低 13.8%
c	6.822	6.675	6.814	2.04%	基本保持不变

由表 7.14 可知,设计变量优化后的整车车顶强度和侧面碰撞安全性各评价指标与原始模型相比的结果如下:

(1) B 柱结构件的材料成本基本保持不变,总质量降低了 13.8%;

(2) 在车顶强度分析工况下,车顶最大承载作用力达到了 37.803 kN,提高了 18.5%;

(3) 优化后整车所能承受的最大作用力为整车整备重力的 2.51 倍,符合 NHTSA 标准的要求;

(4) 在侧面碰撞分析工况下,优化后 B 柱的侵入速度降为 10.976 m/s,降幅为 5.6%;

(5) B 柱的侵入量降为 347.69 mm,降幅为 3.8%,同时乘员最大 AIS 均值由 3.030 降为 2.967。

7.5 以结构性能提升为目标的多材料选型优化设计

本节将在前面研究的基础上,在结构质量和材料成本约束的情况下,基于最优化方法进行材料选型和厚度优化,进一步提升结构性能。

7.5.1 车顶结构耐撞性要求

翻滚事故中引起乘员伤害的主要原因是车顶变形引起的乘员生存空间丧失。因此,在进行车身结构设计时,增强车顶强度、减少车顶变形是设计的重点。由于高强钢的屈服强度较高,且抵抗塑性变形能力强,因此其被广泛地应用到汽车耐撞性领域。随着对车顶强度要求的不断提高,在成本和质量约束下如何合理选择高强钢进行车顶结构耐撞性设计成为工程设计中需要解决的关键问题。

FMVSS 216 的车顶强度试验如图 7.20 所示,旨在检验车辆在发生翻滚事故时,车顶结构是否有足够的强度以抵抗变形,确保乘员的生存空间。试验中车身底梁固定在刚性水平支撑平面上,用 762 mm×1829 mm 的刚性试验装置对车顶加载,滚翻角 α 为 25°,俯仰角 β 为 5°。刚性试验装置的前缘在位于纵向垂直平面内的车顶外表面最前点前方 254 mm。同时,刚性试验装置正好与车顶表面接触,且其纵向中心线经过与车顶的接触点。刚性试验装置以不超过 13

mm/s 的速度对车顶进行加载,其法向量 **n** 可表示为

$$\boldsymbol{n} = (\cos\alpha\sin\beta, \sin\alpha, -\cos\alpha\cos\beta) \quad (7.15)$$

式中:α 为滚翻角(25°);β 为俯仰角(5°)。

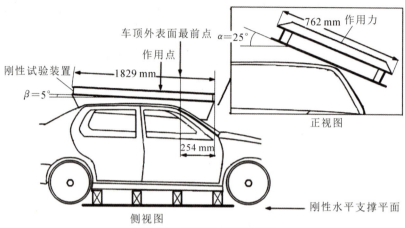

图 7.20 车顶强度试验要求

通过测量车顶作用力与压溃位移的关系来评价车顶强度。FMVSS 216 要求:压溃距离不超过 127 mm,车顶最大作用力至少为车辆整备重力的 1.5 倍。2005 年,NHTSA 将车顶最大作用力指标提高至整备重力的 2.5 倍,同时要求保持充足的顶部空间,车顶结构不能与假人接触。顶部空间大小以在 50% 男性假人系安全带的情况下测试出的值为标准。

根据 NHTSA 制定的轿车顶部强度标准对所研究车型顶部结构的耐撞性进行评价。在压溃距离达到 118 mm 时,所研究车型的顶部结构将与假人头部发生接触。取在压溃位移 118 mm 内的车顶最大作用力为评价指标,其值为 31.898 kN。由计算可知,车顶所能承受的最大作用力为整车整备重力的 2.11 倍,未达到 NHTSA 的标准要求。

7.5.2 结构性能优化设计流程

由于车身上部结构部件较多,对顶部强度的影响程度不同。因此在车顶结构耐撞性优化之前进行灵敏度分析,筛选出对车顶强度贡献较大的部件作为设计变量。这将较大地提高后续的优化效率。

车顶结构耐撞性的优化设计流程如图 7.21 所示。首先通过基于响应面和

Sobol 法的全局灵敏度分析,筛选出整车结构中的主要承载部件,将其相关参数作为设计变量。其次,确定设计目标、约束及设计变量,建立车顶结构耐撞性优化的数学模型。再次,通过拉丁超立方试验设计获得样本点,基于这些样本点采用移动最小二乘法构造近似模型。采用遗传算法对近似模型进行优化获得优化解,并对优化解进行仿真验证。最后,考虑实际钢材生产厚度和部件总质量,对设计变量的优化值进行工程修正,并进行验证。

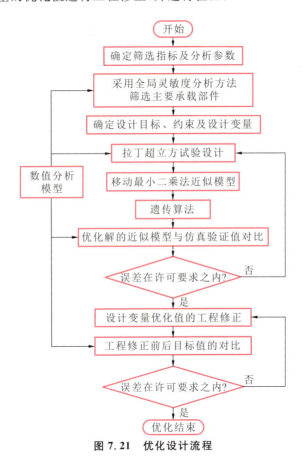

图 7.21 优化设计流程

7.5.3 设计变量与优化问题

在压溃位移内,将车顶最大作用力作为设计变量筛选的指标。以车身上部结构部件为研究对象,如图 7.22 所示。选取部件的厚度为分析参数,厚度的取值范围为初始厚度的 50%～150%,再进行圆整,如表 7.15 所示。

图 7.22 灵敏度分析部件示意图

表 7.15 分析参数范围

分析参数	部件名称	初始厚度/mm	取值范围/mm
s_1	A柱内板*	2.0	[1.0, 2.5]
s_2	A柱加强板*	1.4	[0.7, 2.1]
s_3	顶盖前横梁	1.1	[0.6, 1.7]
s_4	上边梁*	1.1	[0.6, 1.7]
s_5	上边梁加强板*	1.2	[0.6, 1.8]
s_6	B柱内板*	1.2	[0.6, 1.8]
s_7	B柱加强板*	1.1	[0.6, 1.7]
s_8	B柱内板加强板*	1.5	[0.8, 2.4]
s_9	顶盖后横梁	1.0	[0.5, 1.5]

注：带*号的为对称件。

采用基于响应面和Sobol法的全局灵敏度分析方法进行设计变量的筛选，分析流程包括试验设计、构造近似模型及全局灵敏度分析。使用D-最优法采取17个样本点，构造一阶多项式响应面。通过基于Sobol法的全局灵敏度分析，获得各分析参数的全局灵敏度值。

图7.23为分析参数对最大作用力的全局灵敏度值，可知B柱内板(s_6)对车顶强度的贡献度最大，全局灵敏度值为33.9%；上边梁加强板(s_5)全局灵敏度值为15.9%；A柱内板(s_1)全局灵敏度值为14.8%。B柱加强板(s_7)、A柱加

强板(s_7)及顶盖前横梁(s_3)对车顶强度的贡献度处于一般水平,而 B 柱内板加强板(s_8)、顶盖后横梁(s_9)及上边梁(s_4)对车顶强度的贡献度相对较小。故在后续的优化工作中,选取贡献度最大的 3 个部件,即 B 柱内板、上边梁加强板及 A 柱内板作为研究对象。为了提高整车的顶部强度,对该 3 个主要承载部件进行加强,可通过优化厚度和采用高强钢材料来实现。

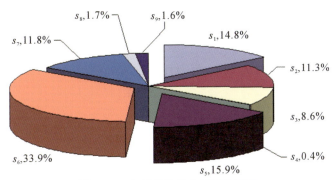

图 7.23　分析参数的全局灵敏度值

优化目标是在部件总质量和材料相对成本的约束条件下,增加车顶强度,减少车顶侵入变形,即增加车顶所能承载的最大作用力。

(1) 选择压溃位移内车顶最大作用力为设计目标。

(2) 部件总质量和部件相对成本为约束条件,其中部件相对成本为各部件质量与所选高强钢的相对成本的乘积之和。

(3) 在保证部件总质量不增加的情况下,部件相对成本不超过初始相对成本的 120%。

(4) 选取 B 柱内板厚度 t_1、上边梁加强板厚度 t_2 和 A 柱内板厚度 t_3 为厚度设计变量,它们为连续的设计变量。

(5) 选取 B 柱内板与 A 柱内板的材料 mat_1、上边梁加强板的材料 mat_2 为材料设计变量,它们为离散的设计变量,分别有 HSLA350、DP590、DP780、DP980 和 Boron1550 等 5 种高强钢材料可供选择。

优化问题的数学模型可定义为

$$\begin{cases} \max F \\ \text{s. t. } m \leqslant m_0 \\ \quad c \leqslant 120\% \times c_0 \\ \quad 0.6 \text{ mm} \leqslant t_1, t_2 \leqslant 1.8 \text{ mm} \\ \quad 1.0 \text{ mm} \leqslant t_3 \leqslant 2.5 \text{ mm} \\ \quad \text{mat}_1, \text{mat}_2 = i, i = 1,2,3,4,5 \end{cases} \quad (7.16)$$

式中：F 为车顶最大作用力；m 为部件总质量；m_0 为部件初始总质量，约为 13.981 kg；c 为部件相对成本；c_0 为部件初始相对成本，约为 18.001；i 为高强钢材料 ID。

7.5.4 优化结果与分析

为了获得充足的设计样本构造近似模型，采用拉丁超立方试验设计选取 50 个样本点，并计算相应的响应值。采用移动最小二乘法构造近似模型，其精度在很大程度上取决于权函数。此处采用高斯权函数：

$$w_i = \exp(-\theta d_i^2) \quad (7.17)$$

式中：d_i 表示任意点与第 i 个样本点之间的距离；θ 为拟合参数，当 $\theta=0$ 时，移动最小二乘法就等效于最小二乘法，θ 越大，越能较好地拟合样本点，本设计中 θ 取 5。

根据利用移动最小二乘法得到的近似模型，采用遗传算法进行优化，以获得优化解。选择种群数为 50，进行 100 代遗传算法迭代。通过遗传算法对近似模型进行优化，获得最优设计变量及设计目标值。考虑到实际钢材的厚度选取范围和部件总质量，对设计变量的优化值进行工程修正。各个设计变量的初始值、优化值及工程修正值如表 7.16 所示。

表 7.16 设计变量优化结果

设计变量	初始值	优化值	工程修正值
t_1/mm	1.2	1.752	1.8
t_2/mm	1.2	0.6	0.6
t_3/mm	2.0	2.460	2.5

续表

设计变量	初始值	优化值	工程修正值
mat_1	DP780	DP980	DP980
mat_2	IF140/270	DP780	DP780

各个设计目标优化前后的结果及改进效果如表 7.17 所示,其中仿真验证值是将变量 t_1,t_2,t_3,mat_1,mat_2 的优化值赋给原始有限元模型进行计算得到的。由表 7.17 可知,近似模型计算值与仿真验证值的相对误差均小于 1.2%,且工程修正前后各性能指标值的误差都控制在 5% 以内。

表 7.17　设计目标优化结果

设计目标	优化前	优化后				改进效果
		近似模型	仿真验证值	误差	工程修正值	
F/kN	31.898	38.277	37.819	1.20%	37.808	提高 18.53%
m/kg	13.981	13.980	13.962	0.13%	14.062	基本保持不变
c	18.001	21.196	21.168	0.13%	21.231	控制在 120% 之内

由表 7.17 可知,设计目标工程修正后的整车车顶准静态压溃仿真与原始模型相比:

(1) 质量基本保持不变;部件的材料成本控制在 120% 之内,增加 17.94%;

(2) 车顶承受的最大作用力达到了 37.808 kN,相比提高了 18.53%;

(3) 改进后整车所能承受的最大作用力为整车整备重力的 2.51 倍,相比原始模型的 2.11 倍有较大提高,符合 NHTSA 标准的要求。

7.6　本章小结

本章围绕多材料轻量化中的材料选型问题展开,以车辆碰撞安全性设计为例,从性能、成本、质量几个方面进行探讨。本章介绍了材料选型的两类基本方法,一类是基于准则的材料替换方法,另一类是基于最优化算法的材料选型方法。从对结构的性能、成本、质量三个方面的讨论可见,三个方面内容互相影响,各有侧重。

(1) 保证结构的性能是进行轻量化设计的基础要求。

（2）在保证性能的前提下，大量使用轻质高强材料可以持续减小结构的质量。

（3）在保证性能的前提下，可将材料成本纳入轻量化设计的目标范围内，通过多材料混合选型实现轻量化和低成本的多目标优化。

（4）在保证性能的前提下，将材料成本约束在一定范围内，通过多材料混合选型进一步提高轻量化水平。

（5）在保证质量和成本可控的情况下，通过多材料混合选型可进一步提高结构的性能。

本章参考文献

[1] LEI F,CHEN X,XIE X P,et al. Research on three main lightweight approaches for automotive body engineering considering materials, structural performances and costs[C]//SAE 2015 World Congress & Exhibition. New York:SAE International,2015.

[2] 雷飞,陈新,陈国栋,等. 考虑顶压与侧碰安全性的轿车车身 B 柱结构优化设计[J]. 中国机械工程,2013,24(11):1510-1516.

[3] 陈新,雷飞,陈国栋,等. 基于高强度钢选型及成本控制的车顶结构耐撞性优化设计[J]. 中国机械工程,2013,24(1):115-119.

[4] 邱瑞斌,雷飞,陈园,等. 基于权重比的车架多工况拓扑优化方法研究[J]. 工程设计学报,2016,23(5)：444-452.

[5] 王玺文. 基于汽车碰撞安全性的多材料混合轻量化设计[D]. 长沙:湖南大学,2014.

[6] 王亚光. 基于多工况统一模型的车身耐撞性设计[D]. 长沙:湖南大学,2014.

第 8 章
与材料和制造工艺相关的设计

随着对轻量化要求的不断提高,轻质材料(如铝镁合金、碳纤维增强复合材料等)开始被越来越多地应用到汽车结构中。在赛车领域,复合材料的应用更为广泛,很多赛车车身结构已采用碳纤维材料制造。F1 赛车的传动轴、悬架控制臂等构件也可由碳纤维材料制成。宝马汽车公司的纯电动汽车 i3 采用了由碳纤维材料制造的座舱,大幅减小了车身乘员舱的质量。在特定场景下,碳纤维材料的大量使用有望使整车质量减少 30% 以上。但是,轻质材料结构的制造工艺各不相同,结构件之间的连接也依赖于特殊的方法,这对轻质材料结构的设计方法提出了较高的要求。

本章将从碳纤维材料结构件设计和制造一体化的角度展开讨论。首先对材料-结构-工艺一体轻量化的基本原理进行阐述,然后以底盘承载结构、车身典型承载结构、轮毂结构等的设计为背景,讨论碳纤维结构件的一般设计方法、变截面设计方法、精细化设计与制造方法等。

8.1 材料-结构-工艺一体轻量化的基本原理

材料-结构-工艺一体轻量化主要面向制造工艺可设计的材料,在改变几何结构的同时改变其受力特性和制造工艺,实现设计和制造的联合优化。这常见于纤维增强复合材料结构和 3D 打印结构中。本节将主要以碳纤维增强复合材料为例,论述材料-结构-工艺一体轻量化的基本原理、方法和实践。

8.1.1 复合材料结构的设计问题

结构优化方法有很多,比如尺寸优化、形状几何优化和拓扑优化等。不同于基于各向同性材料的结构优化,由于碳纤维增强复合材料具有各向异性,不同的铺层角度、铺层顺序及铺层厚度都会改变结构的性能特征,因此,这类材料的结构优化过程比传统材料的结构优化过程更加复杂。此外,复合材料可剪裁设计的特点使得复合材料的结构设计有更多的铺层设计空间,纤维铺层的不同组合所产生的耦合作用能够发挥复合材料的性能优势。因此,基于碳纤维增强复合材料的结构设计优化是材料-结构-工艺一体轻量化的过程,需要根据不同的性能需求设计不同的结构形式和制造工艺。

在复合材料车身结构中,板壳结构是最常见的结构形式之一,结构的失效通常表现为屈曲失效,在板壳结构设计中应当尽量避免该现象的发生。复合材料的强度受组分材料、层合结构、载荷等多种因素的影响。有研究者提出了一些优化设计方法,研究复合材料的屈曲载荷表达式,用来指导结构设计;也有研究者研究了碳纤维增强复合材料结构的失效问题,对复合材料蒙皮、加强肋结构进行优化设计,使得设计结构的性能得到大幅改善。

复合材料夹层结构不仅继承了碳纤维与夹层材料的强度优势,同时具有良好的减重能力,在航空航天领域有较大的应用潜力。但是,夹层结构也存在诸多设计问题,比如夹层失效问题、结构尺寸问题等。很多学者对夹层结构进行了相应的研究,包括对带有加强肋的夹层结构进行结构分析及优化,对层压板低速冲击下的压缩性能进行研究,对复合材料泡沫夹层板冲击失效机理进行研究等。在对金属蜂窝夹层结构复合材料进行研究的过程中,研究人员针对完整的蜂窝夹层轻质结构的面内压缩及弯曲力学性能进行理论推导、试验分析和数值模拟,为该类结构的应用提供了相应的参考依据。

在复合材料结构强度优化和多级优化设计方面,很多学者进行了相应的研究。有研究者利用新的模块化铺层替代方法对复合材料铺层厚度进行优化设计,得到了合理的铺层优化方案;也有研究者针对复合材料层压板开口强度问题,对开口附近纤维铺层角度进行优化设计,获得了开口处连续性最优铺层角度;还有研究者针对复合材料大展弦优化变量多的问题,提出了分层分级优化方法,获得了满足性能要求的展弦结构,提高了复合材料结构优化效率;另外,还可以采用遗传算法进行复合材料铺层顺序优化,解决纤维铺层顺序优化这样的离散优化问题。

在复合材料结构的设计过程中,不仅需要考虑结构的静态性能,而且要关注动态性能。结构的静态性能、动态性能结合的研究方法也是复合材料结构的重要研究领域之一。有研究者建立了复合材料翼面结构有限元静力分析模型,采用柔度方法将静力模型转化为动力模型,进行结构固有特性分析,并研究了频率约束下的优化设计;也有研究者探讨了复合材料翼面结构综合优化设计问题中涉及的面向设计的结构分析方法和综合优化算法;还有研究者在对复合材料翼面结构进行优化设计时,针对优化过程中遇到的复合材料静强度准则、均衡约束、动态上限等问题提出了相应的解决方法;另有研究者针对目前在复合材料结构设计中较少考虑的振动问题,将缩减区间法和枚举法引入优化设计,在层压板铺层角度和层数确定的前提下,对碳纤维增强复合材料层压板的铺层顺序进行了优化研究,使设计结构满足振动频率要求。

复合材料结构可能工作在严酷的环境中,对结构可靠性有较高的要求。复合材料的可靠性分析及优化设计也是重要的研究课题。有研究者提出可用于求解非线性约束优化问题的改进粒子群算法,并将其用于求解复合材料可靠性优化设计问题;也有研究者利用模糊数学理论和优化设计方法建立复合材料层压板的模糊可靠度优化模型,并提出相应的计算方法;还有研究者从概率的观点讨论如何确定复合材料结构的设计许用值问题;另有研究者应用数学规划法对复合材料层压板的铺层顺序进行优化设计,以提高层压板结构的稳定性。

8.1.2　复合材料的一体化设计原则

在现有的研究中,复合材料-结构-工艺一体化设计的研究多侧重于材料层面,如对类桁架材料、点阵材料、周期性复合材料、多孔金属等的研究,对在结构层面上进行碳纤维增强复合材料-结构一体化设计方法的研究处于发展阶段。碳纤维增强复合材料的工艺特点和成形特点决定了其在结构设计方面存在一定的优势。

在结构轻量化设计过程中,常用原有零件的数学模型进行碳纤维增强复合材料成形模具的设计,相当于保留原有的结构设计特征,仅使用轻质材料进行替换,以达到通过替换材料本身而实现轻量化的目的。这种方法未能充分挖掘碳纤维增强复合材料本身的力学特征、工艺优势和制造柔性为结构设计提供的便利条件,没有把原材料、结构特征和结构性能紧密联系起来,难以发挥出碳纤维增强复合材料的结构设计优势和设计潜力。

碳纤维增强复合材料的结构一体化设计优势可从以下几个方面考虑:

(1) 在相同的工艺和制造可行性条件下,使用不同原丝、不同增强方式可以得到不同厚度、不同力学特性的一体化结构。

(2) 不同的碳纤维原丝可以实现不同的强度等级。

(3) 碳纤维增强方式可以实现某个特定方向的优异力学性能。如,利用单向碳纤维排布可实现纤维方向的高抗拉强度,双向、三向和四向碳纤维排布则可实现其他不同的特性。

(4) 对不同位置的碳纤维进行特定的结构特征设计可以实现不同部位碳纤维在结构-热耦合效应下的不同要求。

(5) 不同的截面厚度可以实现不同的力学性能。

由此可见,碳纤维增强复合材料-结构一体化设计是在满足材料工艺、制造可行性的基础上的优化设计,设计变量包含材料构成设计和结构性能设计两个主要部分,涵盖纤维原丝、复合材料、结构三个层次上的协调。

因此,在复合材料结构中,同一结构的不同部位可以具有不同的材料构成、不同的纤维增强方式、不同的结构特征,以实现结构在复杂工况和环境下的功能要求。

8.1.3 复合材料一体化设计研究途径

碳纤维增强复合材料力学性能具有较大的离散性。通常,碳纤维增强复合材料的力学性能受原丝种类、增强方式、载荷形式、环境因素的影响而发生变化。碳纤维增强复合材料中碳纤维类型、纤维增强方式、截面形式是碳纤维增强复合材料结构设计的三个主要维度。

(1) 碳纤维原丝是影响碳纤维增强复合材料最终性能的主要因素之一。早期常用的碳纤维原丝为聚丙烯腈(PAN)纤维、沥青纤维和黏胶纤维,其强度范围为 $1000\sim5650$ MPa,弹性模量的范围为 $100\sim530$ GPa。因此,碳纤维原丝种类可以作为碳纤维增强复合材料性能设计的参数。

(2) 纤维增强方式对碳纤维增强复合材料的力学性能也会产生较大的影响。常用的增强方式有机织、针织和编织等形式。不同的纤维增强方式下的纤维排列方式和角度不同,进而决定了纤维增强的受力方向。

(3) 碳纤维增强复合材料在成形之后,其力学性能与截面的面积和截面纤维的分布有关。截面特性对其主要的受力类型和抵御某一种方向外力的能力有重要影响。

哈尔滨工业大学、南京航空航天大学、北京航空航天大学、山东大学等学校的多家研究机构的团队对碳纤维增强复合材料最终性能的影响展开了一系列研究工作,研究内容包括:原丝性能对聚丙烯腈基(PAN基)碳纤维增强复合材料性能的影响;纤维的长度对碳纤维增强复合材料的力学性能的影响;原丝纤度对碳纤维强度的影响;不同碳纤维铺层角度和铺层比的复合材料导热率计算模型及其对材料导热性能的影响等。

由以上分析可以看出,对复合材料的研究可以由三个纵向层次和两个横向模型展开。三个纵向层次为纤维原丝层次、复合材料层次和结构性能层次;两个横向模型为复合材料设计模型和结构设计模型。其中,复合材料设计模型主要表达复合材料层次和纤维原丝层次的材料性能设计关系;结构设计模型主要表达结构性能层次和复合材料层次的结构特征-材料性能关系。将三个纵向层次的内在联系和两个横向模型的共同点统一起来,实现材料-结构一体化设计。上述研究层次和研究模型的关系如图8.1所示。

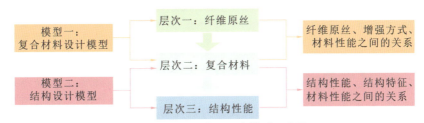

图 8.1 研究层次和研究模型示意图

8.1.4 复合材料一体化设计方案

将复合材料设计模型与结构设计模型进行嵌套,形成材料-结构-工艺一体化设计模型。

(1) 将结构的性能要求转化为一定结构特征下的力学性能要求,建立结构性能-结构特征-力学特性关系模型。

(2) 在考虑补偿机制的前提下,将复合材料设计模型与结构设计模型进行对接,建立材料-结构特征-力学性能关系模型,即材料-结构一体化设计与制造模型。

(3) 将结构不同部位的一体化模型进行统一,实现同一结构不同部位具有不同材料和结构参数,达到材料的高效利用和结构的性能稳定。

性能驱动的材料-结构-工艺一体化设计模型示意图如图8.2所示。

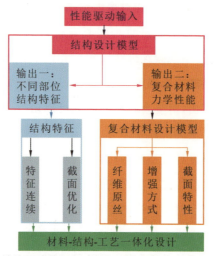

图8.2 性能驱动的材料-结构-工艺一体化设计模型示意图

下面将从车辆常见的零部件入手,介绍使用碳纤维增强复合材料进行结构轻量化设计的相关问题。

8.2 等厚度碳纤维结构设计

本节将以复合材料悬架控制臂设计为研究对象,介绍使用复合材料进行等厚结构设计的基本方法。本节主要内容包括:

(1) 以钢质悬架控制臂为参考,运用多体动力学分析其在几种行驶工况下的载荷情况,将这作为有限元分析的边界条件,而后分析其刚度、强度及固有频率等性能指标,作为目标结构的参考。

(2) 分析复合材料结构在成形工艺、结构开孔及连接结构等方面的设计要求,结合控制臂主体部分和连接部位的结构特点,以钢质控制臂结构为基础,完成复合材料控制臂的几何结构设计,并确定复合材料-钢质材料混合结构的连接部位结构设计方案。

(3) 基于铺层特征,提出一种考虑铺层过程中铺层厚度、铺层角度及铺层各环节序列关系的复合材料结构优化设计方法与流程。

8.2.1 悬架控制臂的基本设计要求

本轻量化设计的对象是某车型前麦弗逊悬架的控制臂。该麦弗逊悬架由螺旋弹簧、减振器、A字形控制臂组成。支柱式减振器与螺旋弹簧一起,构成一个滑柱(兼作主销),其除了具备减振作用外,还要承受来自车身抖动和地面的上下冲击力。A字形控制臂用于为车轮提供横向支撑力,以及承受来自前后方的力。控制臂通过前、后橡胶衬套与车架相连,通过球铰与转向节相连,如图8.3所示。

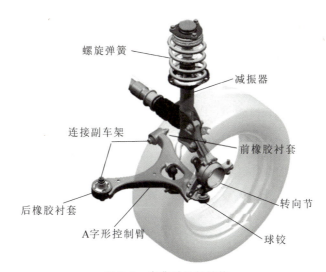

图 8.3 麦弗逊悬架结构

控制臂受到来自车架与转向节的载荷,这些载荷分别由相应的橡胶衬套或球铰传递到控制臂的前点、后点及外点,如图8.4所示。获取控制臂的受力,就是要得到控制臂上这三个点的载荷情况。

建立整车多体动力学模型,对控制臂载荷进行分析。分析工况包括加速工况、制动工况、稳态回转工况、最高车速行驶工况等。综合车辆在4种极限工况

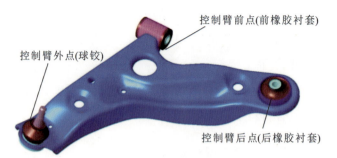

图 8.4 控制臂连接点示意图

下控制臂各连接点的载荷,将上述各点在各工况下受力的均值和均方根值的三倍相加,将所得结果作为后续控制臂结构有限元分析的加载载荷,如表 8.1 所示。

表 8.1 控制臂各连接点载荷

连接点	工况	F_X/N	F_Y/N	F_Z/N
前点	加速工况	463	10010.6	2432.3
	制动工况	742.5	2269.5	654.9
	稳态回转工况	272.4	2028.6	634
	最高车速行驶工况	176.5	2496	1100.6
后点	加速工况	322	2811.1	1302.4
	制动工况	344.7	2260.5	1025.7
	稳态回转工况	35.8	539.5	374.1
	最高车速行驶工况	63.8	1135.4	588.9
外点	加速工况	5654.5	3698	162.8
	制动工况	1379.4	899.7	107.1
	稳态回转工况	1174.6	1685.5	121.4
	最高车速行驶工况	2177.9	991.2	65.4

对钢制悬架控制臂有限元模型进行强度分析,得到控制臂在四种极限工况下的最大 von Mises 应力及最大变形,如表 8.2 所示。

表 8.2　钢质悬架控制臂结构性能指标

工况	最大变形/mm	最大 von Mises 应力/MPa
加速工况	1.64	239.3
制动工况	0.44	67.5
稳态回转工况	0.34	48.2
最高车速行驶工况	0.68	95.1

8.2.2　复合材料悬架控制臂方案

复合材料悬架控制臂结构是在钢质控制臂结构基础上进行设计的,但复合材料结构设计并不能简单地直接替换材料。通过 8.2.1 小节对钢质控制臂结构细节的分析,可得到在复合材料控制臂结构设计中应当着重考虑的几个方面,同时结合在实际工作中对钢质控制臂的一些其他要求,在此给出基于钢质控制臂性能的复合材料控制臂主体结构设计的几个注意事项。

(1) 应当保证控制臂的基本运动导向功能不变,即球铰、前橡胶衬套及后橡胶衬套安装的几何空间位置不变。

(2) 尽量维持结构的外部主要几何框架不变,不过多地超出最大几何外部空间,以确保控制臂不与悬架其他部件发生运动干涉。

(3) 在达到同样性能指标的时候,复合材料控制臂结构的厚度一般会大于钢质材料结构的,因此要确保复合材料结构厚度的增加不会导致控制臂几何结构的自我干涉及与其他部件的干涉。

(4) 钢质控制臂主体结构上的孔洞、凸台及凹槽等复杂的几何结构,并不适合复合材料的铺层,应当予以简化。

(5) 球铰、前后橡胶衬套与周围其他部件之间的间距较小,复合材料控制臂结构的设计应当考虑这些间距。

依据上述给出的几个注意事项,在钢质控制臂几何结构的基础上,得到了复合材料控制臂的结构,如图 8.5 所示。

为了保证复合材料控制臂连接结构的可靠性,在球铰与后橡胶衬套的连接部位采用钢质材料进行设计,然后再通过连接结构与复合材料控制臂主体结构

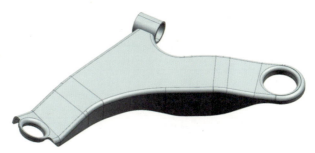

图 8.5 复合材料控制臂结构

进行连接,如图 8.6 所示。

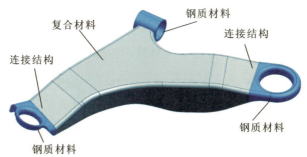

图 8.6 复合材料-钢质材料混合控制臂结构

8.2.3 复合材料控制臂结构设计

本小节基于铺层特征,考虑复合材料结构铺层设计过程中各环节序列关系,讨论复合材料结构优化设计方法与流程,实现复合材料控制臂的轻量化设计。

在复合材料结构铺层过程中,主要应考虑铺层厚度、铺层角度、工艺约束及铺层设计要求等问题。复合材料结构设计首先要关注的是复合材料结构铺层厚度的设计,应使得结构能够满足基本的性能要求;然后,进行复合材料结构各个铺层角度的优化设计,使得结构的性能获得提升;在此过程中要保证复合材料结构满足工艺约束及铺层设计的要求。

本小节将按照上述铺层优化设计流程中各环节之间的序列关系对复合材料控制臂展开设计,复合材料铺层设计流程如图 8.7 所示。

1. 铺层厚度优化

由于复合材料具有各向异性,其结构性能受铺层厚度、铺层角度的影响,这

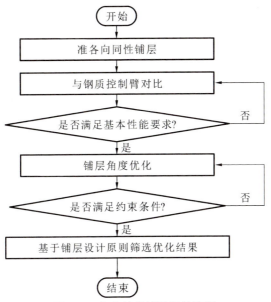

图 8.7 复合材料铺层设计流程

样难以依据结构性能要求来确定结构铺层的厚度。因此,本小节采用能显著降低复合材料各向异性的准各向同性铺层来确定控制臂复合材料的铺层厚度。

根据已经建立的复合材料控制臂的有限元模型,对其铺层角度赋予准各向同性的铺层方式$[-45/0/45/90]_s$,据此确定复合材料铺层的厚度。在此复合材料铺层厚度的设计方法中,设计变量为铺层数 n,应使复合材料控制臂结构的刚度(最大变形量)及第 7 阶模态固有频率能够基本满足钢质控制臂的性能指标,同时复合材料结构不出现破坏。

通过分析可见,随着结构铺层数 n 的增加,结构总质量也增加,同时复合材料控制臂的各项性能指标均获得提升。在 $n=54$ 和 $n=55$ 时,复合材料控制臂的主要性能指标如表 8.3 所示。与钢质控制臂的性能指标对比,可以看出当 $n=55$ 时,复合材料控制臂的各项性能指标均优于钢质控制臂的。而在 $n=54$ 时,虽然其性能指标只在制动工况与稳态回转工况下满足要求,但是在加速工况和最高车速行驶工况下性能指标与钢质控制臂的相比相差很小,可以说基本上能够满足要求。对比质量可以发现,复合材料控制臂的质量较钢质控制臂减小很多,轻量化效果明显。

表 8.3　控制臂性能指标对比

控制臂	质量/kg	加速工况最大变形/mm	制动工况最大变形/mm	稳态回转工况最大变形/mm	最高车速行驶工况最大变形/mm
钢质控制臂	1.95	1.64	0.44	0.34	0.68
$n=54$	1.08	1.65	0.44	0.30	0.69
$n=55$	1.09	1.61	0.43	0.29	0.67

选取 $n=54$ 为复合材料控制臂结构的铺层数,相比于钢质控制臂,其质量减小 44.62%,第 7 阶模态固有频率提高 50.99%,结构的蔡-吴(Tsai-Wu)失效系数也满足要求。复合材料控制臂铺层厚度的设计能够保证控制臂的基本性能要求,并且轻量化效果较为明显。

2. 铺层角度优化

复合材料铺层角度对复合材料结构性能存在较大的影响,可以通过对复合材料控制臂的铺层角度进行优化设计,来进一步优化其结构性能。在复合材料铺层角度优化设计中,铺层角度的改变对结构各种性能的影响可能并不是一致的,不同性能的变化可能是相反的、具有内在冲突的。为了确保各个工况下的最大变形都能够得到最大改善,采用多目标的优化设计方法对复合材料铺层角度进行优化。

多目标优化问题一般的定义如下:

$$\begin{cases} \min f(X) = \{f_1(X), f_2(X), \cdots, f_I(X)\} \\ \text{s.t.} \ g_j(X) \leqslant 0, j=1,2,\cdots,m \\ \quad\quad h_k(X) = 0, k=1,2,\cdots,q \\ \quad\quad X \in D \subset \mathbf{R}^n \end{cases} \quad (8.1)$$

式中:X 为 $\mathbf{R}^n$ 空间中的变量;D 为 X 的定义域;$f_i:\mathbf{R}^n \to \mathbf{R}$ 为目标函数,$i=1,2,\cdots,I$;$g_j,h_k:\mathbf{R}^n \to \mathbf{R}$ 为约束函数,$j=1,2,\cdots,m, k=1,2,\cdots,q$。

对于多目标优化问题,一般来说是没有解能够同时使所有目标函数均为最优的,通常采用 Pareto 最优解作为多目标优化问题的解。

在本设计中,复合材料悬架控制臂的铺层共 54 层,依据层压板对称铺层的设计原则,总共应当有 27 层铺层的铺层角度需要优化设计,但是 27 个设计变量数目太多,因此选取对称的18层铺层作为一个设计单元,将这个设计单元重复3次,组成总共54层的铺层。设计变量为一个设计单元中的9个铺层角度($\theta_1,\theta_2,\theta_3,\cdots,\theta_9$),如图8.8所示。复合材料铺层方向应当按照结构刚度和强度要求选取,为了满足层压板结构性能的要求,可以采用任意方向的铺层角度。通常采用0°、±45°、90°的铺层角度,但是由于悬架控制臂工况复杂,结构性能要求较高,在此复合材料控制臂每个铺层角度θ从$-60°$,$-45°$,$-30°$,$0°$,$30°$,$45°$,$90°$这些离散的值中选取。

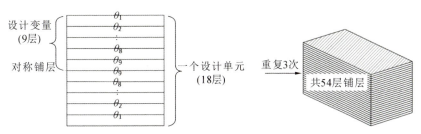

图8.8 复合材料结构的设计变量

以在加速工况、制动工况、稳态回转工况及最高车速行驶工况下控制臂的最小变形为目标,以控制臂的最大变形和最大Tsai-Wu失效系数为约束,建立优化问题,数学模型表达式为

$$\begin{cases} \min[f_1,f_2,f_3,f_4] \\ \text{s.t.} \ \theta \in [-60°,-45°,-30°,0°,30°,45°,90°] \\ D_1 \leqslant 1.64; D_2 \leqslant 0.44; D_3 \leqslant 0.34; D_4 \leqslant 0.68 \\ f \geqslant 333.6 \\ T_{co} \leqslant 1 \end{cases} \quad (8.2)$$

采用商用多目标求解器对此优化问题进行求解,最终可以得到27组Pareto最优解。基于复合材料铺层设计的有效传力原则和工艺性原则对上述多目标优化问题的Pareto最优解进行筛选,最终选取[$-45/0/45/60/45/0/45/90/60$]$_s$作为复合材料控制臂的铺层角度方案。将[$-45/0/45/60/45/0/45/90/60$]$_s$的铺层角度重复3次,得到总共54层铺层。对其进行分析,将其主要性能指标与钢质控制臂和准各向同性铺层的控制臂的进行对比,如表8.4所示。

表 8.4　控制臂性能指标对比

控制臂	质量/kg	加速工况最大变形/mm	制动工况最大变形/mm	稳态回转工况最大变形/mm	最高车速行驶工况最大变形/mm
钢质控制臂	1.95	1.64	0.44	0.34	0.68
准各向同性铺层控制臂	1.08	1.65	0.44	0.30	0.69
优化角度铺层控制臂	1.08	1.55	0.41	0.28	0.66

可以看出,对铺层角度进行优化后,准各向同性铺层的复合材料控制臂在各个工况下最大变形量的性能指标均得到了不同程度的提高,并且各项性能指标均优于钢质控制臂的。其中,结构质量减小了44.62%,加速工况最大变形量减小了5.49%,制动工况最大变形量减小了6.82%,稳态回转工况最大变形量减小了17.65%,最高车速行驶工况最大变形量减小了2.94%。

综上所述,复合材料控制臂经过铺层厚度与铺层角度优化后,控制臂结构满足整体结构性能的要求,各项性能指标均得到了不同程度的提高,并且结构轻量化效果明显。

8.3　变厚度变截面碳纤维结构设计

复合材料结构件一般以层合板形式存在,其最基本的单元是复合材料单层。复合材料结构件是由多个单层铺设而成的。复合材料各个单层可以具有不同的力学性能,因此,复合材料层合板结构具有良好的材料可设计性。同时,为了充分挖掘复合材料层合板的性能,研究者们提出了复合材料削层的概念,即在复合材料铺层的过程中在结构部分区域中断铺层,让一些铺层只出现在结构部分区域,从而在层合板结构中形成不同的截面厚度。这种削层的方式可以轻易实现层合板的变刚度设计。复合材料削层结构在航空航天等行业中的应用已经很普遍,例如飞机机翼、直升机的旋翼等,这类结构的根部较厚而尾部较薄,可以在复合材料铺层的过程中在需要变薄的位置中断一些铺层,形成变厚度的削层结构。

利用复合材料独特的层合板成形工艺,可以通过削减铺层的方式构成复合材料削层结构，从而实现结构的变厚度和刚度剪裁，在满足结构力学性能的要求下实现最大程度的轻量化。

本节将能实现变刚度的复合材料削层结构应用于汽车 B 柱结构，并对复合材料削层结构在 B 柱应用中需要解决的削层结构力学性能、削层工艺参数、B 柱结构力学要求和铺层优化设计等问题进行研究。

8.3.1 削层结构及变厚度实现

对车身结构件来说，不同的车身部件需要满足不同工况下的力学性能要求。汽车 B 柱作为汽车侧围结构的重要组成部分，在侧面碰撞中其下半部分需要与台车直接碰撞并通过材料溃缩参与吸能，因此刚度不能太大，而在汽车翻滚工况中又要求 B 柱结构能够承受足够大的压溃力，因此往往将 B 柱结构做成"上强下弱"的结构形式。传统 B 柱结构形式复杂，加强板的存在在一定程度上增加了制造和装配难度。为此，研究者们将拼焊板技术和连续变截面轧制技术引入汽车 B 柱结构，通过这两种钢结构的变截面技术来实现刚度剪裁。然而，相比在汽车 B 柱中采用复合材料削层结构实现刚度剪裁，钢结构的轻量化效果仍不及碳纤维增强复合材料的。同时，复合材料削层结构是在本来的铺层成形工艺过程中递减铺层，不需要额外的焊接工艺和轧制设备，从而也可以在一定程度上减少时间和经济成本。本节将在航空航天行业中广泛应用的削层结构引入汽车 B 柱结构，探索利用削层结构实现 B 柱在不同工况下的力学性能要求，并根据削层结构工艺特点、复合材料特性和汽车 B 柱结构特点对复合材料 B 柱削层结构进行优化设计，以提高汽车 B 柱的耐撞性能，并最大程度实现轻量化。

8.3.2 削层结构的力学基础

削层结构层合板作为一种变厚度层合板，在工程实际中已经得到了较为广泛的应用。然而，在工程上由于削层形成的树脂填充区域尺寸远远小于整个层合板结构尺寸，削层的影响往往会被忽略，但是这会导致对削层结构的设计趋于保守，例如人们为了避免结构的提前失效，一次只递减一个铺层。削层结构示意图如图 8.9 所示。

削层结构包含三个铺层,分别为中心层、削减层和覆盖层。中心层平行于 x-y 平面而且连续贯穿整个层合板。顶层是覆盖层,覆盖层包含三个区域,区域 1 和区域 3 分别在层合板的厚区和薄区且平行于 x-y 平面,区域 2 是覆盖层从厚区到薄区的过渡段,与 x-y 平面的夹角为 ϕ。为了表达一般情况下的应力应变关系,层合板的主要纤维方向(方向 1)和整个坐标系的 x 方向并不平行,且夹角为 θ。

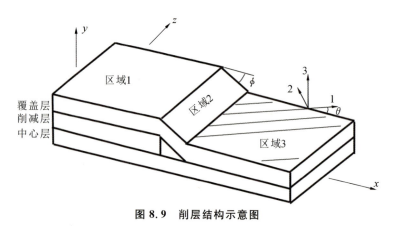

图 8.9 削层结构示意图

由于层间作用机制太复杂,传统的复合材料层合板有限元分析往往忽略了层间应力的作用。但是对削层结构来说,由于层合板在厚度方向上削减了铺层,在层合板厚度方向形成了三角形区域的树脂填充区,同时,树脂的力学性能与铺层的力学性能差异巨大,这会对层合板的层间应力分布产生显著的影响,甚至会导致削层结构产生提前失效。因此,对削层结构进行层间应力分析是保证削层结构设计可靠的必要步骤。

在复合材料层合板中,由于各单层之间材料刚度的不连续性,自由边效应往往会使层合板自由边界处产生较大的层间应力。而对削层结构来说,其层间应力除了与单层之间材料刚度不连续有关外,还与削减铺层过程造成层合板在厚度方向上存在"缺陷"(树脂填充区)有关,同时削减层的载荷与其相邻的铺层传递,也会导致削层区域附近产生较大的层间应力。

对复合材料削层结构进行建模,对削层结构削层区域关键位置进行受力分析。结果表明,由于削层的存在,层合板中各个界面层均出现了一定程度的应力集中。同时,层间正应力与层间剪应力的最大值均出现在削层区域的附近,层间集中应力只出现在削层区域的一小段范围内。同时发现,层间应力集中现象最明显的界面层为与削减层相邻的两个界面层和薄区两中心层之间的界面层,而层间应力是造成分层失效的主要原因,故这三个界面层是引发削层结构分层失效的主要位置。针对此问题,对削层结构中产生层间应力的机理进行分析和研究,发现可以通过对削层结构进行优化设计来控制层间应力的大小,从而有效抑制削层结构分层失效,并可提出减少层间应力的措施。

8.3.3 B柱结构削层区域设计

以汽车B柱结构为例,考虑侧面碰撞和顶压两种工况对B柱结构不同的力学性能要求,将削层结构引入汽车B柱结构中,并取消B柱加强板,利用削层结构来实现B柱结构的变刚度设计。首先初步确定B柱结构方案,然后确定削层各区域的大小及削层区域的位置。

侧面碰撞有限元模型如图8.10所示。在碰撞开始时整车结构完好,乘员未受到任何损伤。通过仿真可知,碰撞发生后整车参与碰撞的侧围结构发生了明显变形,前后车门及前后车门内的防撞杆均在碰撞一开始就发生了凹陷变形。在碰撞发生40 ms后整车在碰撞方向有明显位移,同时包括门槛、顶边梁和前后两车门在内的侧围结构均发生了较为严重的向内翻折变形。前车门的门框顶部开始与车顶的上边梁分离,向外翻转。随着碰撞的进行,汽车顶盖结构也开始发生弯折变形,后车门的后部同样发生了翻转变形,并与顶盖的上边梁后部脱开。在碰撞发生80 ms后,碰撞侧门槛和侧围B柱上部均发生了褶皱变形,车内地板发生了弯折变形。在整个碰撞过程中除去直接参与碰撞的侧围部分,车辆其他部件变形不大,碰撞侧A柱和C柱变形也相对较小。汽车B柱作为整个碰撞过程中的中间部分,发生了严重的向内凹陷变形,是整个碰撞过程中车身结构侵入量最大的部分,侵占了较大的驾驶员的生存空间。在此,将侧面碰撞过程中汽车B柱结构的侵入变形作为衡量汽车部件侵入量的一个关键指标。

最典型的B柱结构变形模式主要有以下三种,如图8.11所示。对模式Ⅰ来说,在侧面碰撞过程中B柱的侵入量主要集中在中部,也就是乘员胸部的位置,而B柱上部和下部的侵入量相对较小。对模式Ⅱ来说,B柱的主要变形集

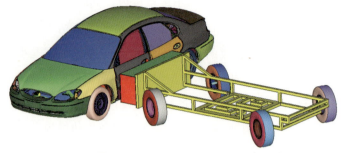

图 8.10 侧面碰撞有限元模型

中在中下部的位置,在侧面碰撞中主要侵占乘员骨盆的位置。模式Ⅲ所显示的 B 柱结构变形代表的是 B 柱下部位置侵入量较大,B 柱上部和中部位置的侵入量均相对较小。

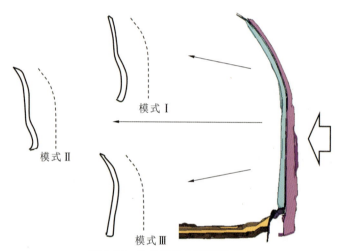

图 8.11 B 柱结构主要变形模式

研究发现,当轿车 B 柱在侧面碰撞过程中的变形模式类似于模式Ⅱ和模式Ⅲ,即 B 柱上部的变形小而下部变形相对较大时,对乘员安全的保护情况相比模式Ⅰ更好,这是因为 B 柱上部正好对应乘员的胸腹部,其变形小,可以避免挤压乘员,保证乘员的生存空间,而碰撞能量则通过 B 柱下部较大的变形来吸收。故对汽车 B 柱结构来说,为实现理想的变形模式,刚度分布应该遵循上强下弱的基本原则。因此,B 柱结构在不同部位需要有不同的结构刚度和强度,即 B 柱结构在设计时可进行刚度剪裁。传统的 B 柱结构设计通常利用增加加强板的方式来实现刚度剪裁。这里复合材料 B 柱利用削层结构实现刚度剪裁。在设计削层结构的过程中,将B柱在侧面碰撞中的刚度要求作为削层分区的依据之一。

进行车顶静态强度压溃仿真是为了模拟车辆在翻滚过程中的车顶压溃过程。车辆顶压试验的作用是模拟汽车翻滚事故过程中车辆对乘员的保护能力,汽车翻滚事故引起车内乘员伤害的主要原因是车顶在翻滚过程中被压溃,导致乘员生存空间丧失。根据NHTSA制定的车顶强度试验标准要求,车辆在顶压过程中需要保证在50%的男性假人系安全带的情况下车顶结构不与假人接触,即要求设计车型对车顶的压溃距离小于118 mm。NHTSA标准要求车顶最大承载作用力达到车辆整备重力的2.5倍。对于本试验车型,根据数值模拟计算的结果,该车型的最大压溃力为31.898 kN,未达到标准要求,因此,需要对车顶结构强度重新进行优化设计,而B柱结构是决定车顶强度的关键指标之一。

在对变厚度B柱结构进行设计时,首先需要确定削层区域的位置。由于顶压和侧面碰撞工况均要求B柱上下不同部位具有不同刚度,因此,初步考虑将B柱内外板均分为上下两个区域,通过这两个区域的不同铺层实现变刚度。同时,由于削层区域会导致一定的应力集中,因此削层区域需要避开直接承受载荷和几何形状较为复杂的区域。由于汽车B柱结构的下半部分直接承受侧面碰撞中台车的撞击,因此,削层区域的高度位置应与侧面碰撞中可变形移动壁障的上表面高度位置平齐或高于上表面位置,从而避免削层区域直接与侧碰台车发生撞击,导致削层区域提前发生层离失效,影响B柱耐撞性。另外,削层区域应位于几何形状较简单的部位并且留足各个削层之间要求的削层距离,避免由于几何形状突变加剧应力集中。在原有B柱结构的基础上,综合考虑性能和工艺要求,将

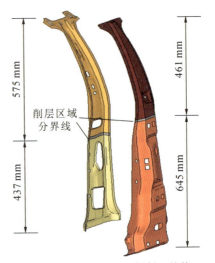

图 8.12 复合材料B柱削层结构

削层区域分界线设置在原来的B柱内部加强板末端位置,如图8.12所示。

B柱外板削层区域分界线与B柱外板上、下端的垂直距离分别为461 mm

和 645 mm，B 柱内板削层区域分界线与 B 柱内板上、下端的垂直距离分别为 575 mm 和 437 mm。

8.3.4 削层结构优化方法

在确定削层结构所在区域之后，需要从纤维铺层厚度、铺层角度和铺层顺序等方面进行详细设计。首先对各个区域子层的单向纤维铺层数进行优化设计，在确定最优的铺层数的过程中，先以对称层合板铺层作为初始铺层方案，进而根据工艺约束研究不同的铺层方式对整车耐撞性的影响，并从中择优得到最优铺层方式。相关方法和具体步骤如下。

第一步，以整车耐撞性为约束、以结构轻量化为目标建立优化的数学模型，并通过拉丁超立方抽样构建径向基人工神经网络代理模型，通过多岛遗传算法寻优，在这一步得到各个子层区域的最优铺层数。此时，结构质量是由铺层数量决定的，与铺层方向及顺序无关。

第二步，在铺层方式设计的过程中，以第一步得到的铺层数为基本方案，根据力学性能和工艺约束，并考虑削层结构的可制造性，参照经典铺层方案设计各种不同的铺层方式，通过对比不同的铺层方式下结构的耐撞性，得到满足工艺要求且相比前一步更优的铺层方式。

第三步，考虑复合材料铺层设计过程中的具体工艺要求，并将其应用到铺层角度设计过程中。

经过这三个步骤的设计，最终可得到满足轻量化和耐撞性要求的复合材料B柱削层结构。

1. 铺层数设计

在根据 B 柱结构特点和性能要求对 B 柱内、外板划分削层区域后，为了满足 B 柱结构在侧面碰撞和顶压中的耐撞性要求，需要对各个区域子层铺层厚度进行优化设计。优化对象为复合材料 B 柱内板和 B 柱外板的各个子层的铺层厚度。但由于复合材料 B 柱是层合板结构，每一单层的厚度为 0.125 mm，子层铺层厚度由铺层数决定，故以 B 柱内外板上下部的铺层数为优化设计变量，分别以 x_1、x_2、x_3、x_4 表示。

在优化过程中将最大顶压力大于 37.044 kN 作为一项约束条件，将侧面碰撞中 B 柱总体侵入量约束在不大于 350 mm，将 B 柱中部的最大侵入速度约束在不大于 11 m/s。在满足上述的安全耐撞性指标后，以 B 柱质量最小为优化目标，据此建立的优化数学模型为

$$\begin{cases} \min m \\ \text{s. t.} \begin{cases} F \geqslant 37.044 \text{ kN} \\ L_b \leqslant 350 \text{ mm} \\ V_b \leqslant 11.0 \text{ m/s} \\ 8 \leqslant x_1, \cdots, x_4 \leqslant 30 \\ |x_1 - x_2| \leqslant 20 \\ |x_3 - x_4| \leqslant 20 \\ x_1, \cdots, x_4 \in \mathbf{N}^* \end{cases} \end{cases} \quad (8.3)$$

式中：m 为 B 柱结构总质量，即 B 柱内外板质量之和；F 为在顶压过程中汽车最大承载作用力；L_b 为在侧面碰撞过程中 B 柱结构的侵入量；V_b 为在侧面碰撞过程中 B 柱结构的侵入速度；x_1、x_2、x_3、x_4 分别代表 B 柱外板上部区域、B 柱外板下部区域、B 柱内板上部区域和 B 柱内板下部区域的各个子层的铺层数。铺层数最少为 8 层，最多为 30 层，同时为了避免削减层过多造成削层区域过大影响结构性能，B 柱内、外板的削减层少于或等于 20 层。

由于碰撞模型具有高度非线性的特点，而径向基人工神经网络模型对拟合非线性空间具有较大的优势，因此选取径向基人工神经网络构造代理模型，并对代理模型精度进行验算。利用多岛遗传算法进行优化设计，设置总种群数为 100，子种群数为 10，经过 5000 代遗传算法迭代，优化结果如表 8.5 所示。

表 8.5 削层结构优化结果及对比

设计目标	优化前	优化后			改进效果/(%)
		近似模型	仿真验证值	误差/(%)	
F/kN	31.898	37.842	37.910	0.18	18.8
L_b/mm	361.4	339.9	334.3	1.68	7.5
V_b/(m/s)	11.614	10.955	10.902	0.49	6.1
m/kg	5.288	2.043	2.042	0.05	61.4

优化后得到的结果表明：当设计变量 $x_1=20$、$x_2=12$、$x_3=22$、$x_4=10$，即 B 柱外板上部区域子层铺层数为 20 层，外板下部区域子层铺层数为 12 层，B 柱内板上部区域子层铺层数为 22 层，内板下部区域子层铺层数为 10 层时，得到的复合材料 B 柱结构质量为 2.042 kg，相比原来的钢结构 B 柱质量减轻了 3.246 kg，实现了 61.4% 的轻量化效果，且各项耐撞性指标均得到了相应的提高，并满足约束要求，碰撞变形云图对比如图 8.13 所示。

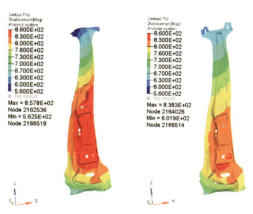

(a) 初始钢结构 B 柱　　　(b) 复合材料 B 柱

图 8.13　初始钢结构 B 柱与复合材料 B 柱侧面碰撞变形云图对比

2. 铺层角度及铺层顺序

在各个区域子层的铺层数确定以后，根据复合材料铺层的材料可设计性，可以对复合材料 B 柱削层结构各子层的铺层角度和顺序进行重设计，从而改变 B 柱层合板的性能。

通过上述对 B 柱各个区域的总铺层数的优化，得到了各区域的总铺层数。B 柱外板上半区域总铺层数为 20 层，下半区域总铺层数为 12 层，B 柱内板上半区域总铺层数为 22 层，下半区域总铺层数为 10 层。以这个铺层数为基础，分别对各个区域的铺层角度和顺序进行设计。

考虑到汽车 B 柱是个复杂结构件，在顶压、侧面碰撞及车身静态承载中都起着重要的作用，在进行铺层设计时需要遵循相关的工艺要求，具体如下：

（1）对称性。为防止层合板在成形过程中由于复杂应力而发生平面翘曲，层合板在设计过程中应保持对称。

（2）连续性。为保证层合板结构的连续性和可制造性，层合板薄区出现的所有单层都要出现在整个层合板中。

(3) 平衡性。除了 0°铺层和 90°铺层之外,层合板中出现的其他 $+\theta$ 和 $-\theta$ 铺层数量必须相同。

(4) 最多只能连续铺设两层角度相同的铺层。

(5) 为了避免复合材料 B 柱在某个方向上存在薄弱环节,0°、±45°、90°四种铺层中每一种至少要占 10%,其中 0°铺层在 20%~40%之间,±45°铺层在 40%~60%之间,90°铺层在 10%~30%之间。

(6) 0°铺层不能布置在层合板表面。尽量在层合板表面布置±45°铺层,以避免由表面划痕导致的表面层离失效。

(7) 遵循削层工艺设计要求。削减层不能位于层合板表面,且应尽量在层合板中错开分布。

综合考虑工艺和性能,选取经典铺层 $[\pm45/90/0]_{ns}$ 作为基础铺层,以此铺层的铺层方式和规律为基础,调整层合板中心两层的铺层角度和顺序。作者设计研究了 12 种不同的铺层方式对 B 柱结构性能的影响,如表 8.6 所示。

表 8.6 考虑工艺和性能要求的 12 种铺层方式

序号	B 柱外板铺层	B 柱内板铺层
1	$[\pm45/90_D/0/(\pm45)_D/90/0_D/\pm45]_s$	$[\pm45/90_D/0/(\pm45)_D/90/0_D/(\pm45)/0]_s$
2	$[\pm45/90_D/0/(\pm45)_D/90/0_D/\pm45]_s$	$[\pm45/90_D/0/(\pm45)_D/90/0_D/(\pm45)/90]_s$
3	$[\pm45/90_D/0/(\pm45)_D/90/0_D/\pm45]_s$	$[\pm45/90_D/0/(\pm45)_D/90/0_D/90/0/90]_s$
4	$[\pm45/90_D/0/(\pm45)_D/90/0_D/\pm45]_s$	$[\pm45/90_D/0/(\pm45)_D/90/0_D/0_D/90/0]_s$
5	$[\pm45/90_D/0/(\pm45)_D/90/0_D/90/0]_s$	$[\pm45/90_D/0/(\pm45)_D/90/0_D/(\pm45)/0]_s$
6	$[\pm45/90_D/0/(\pm45)_D/90/0_D/90/0]_s$	$[\pm45/90_D/0/(\pm45)_D/90/0_D/(\pm45)/90]_s$
7	$[\pm45/90_D/0/(\pm45)_D/90/0_D/90/0]_s$	$[\pm45/90_D/0/(\pm45)_D/90/0_D/90/0/90]_s$
8	$[\pm45/90_D/0/(\pm45)_D/90/0_D/90/0]_s$	$[\pm45/90_D/0/(\pm45)_D/90/0_D/0_D/90/0]_s$
9	$[\pm45/90_D/0/(\pm45)_D/90/0/90]_s$	$[\pm45/90_D/0/(\pm45)_D/90/0_D/(\pm45)/0]_s$
10	$[\pm45/90_D/0/(\pm45)_D/90/0/90]_s$	$[\pm45/90_D/0/(\pm45)_D/90/0_D/(\pm45)/90]_s$
11	$[\pm45/90_D/0/(\pm45)_D/90/0/90]_s$	$[\pm45/90_D/0/(\pm45)_D/90/0_D/90/0_D/90]_s$
12	$[\pm45/90_D/0/(\pm45)_D/90/0/90]_s$	$[\pm45/90_D/0/(\pm45)_D/90/0_D/0_D/90/0]_s$

分别对由这 12 种不同铺层方式的复合材料 B 柱削层结构组成的整车有限

元模型进行仿真计算,得到各个耐撞性参数的结果。对比发现,采用 8 号铺层方式和 12 号铺层方式时车辆均有着较高的顶压承载力及较低的 B 柱侵入量和侵入速度,8 号铺层方式有着更好的顶压承载能力,而 12 号铺层方式在侧碰工况中有着更好的乘员保护能力。考虑到侧碰工况在实际交通事故中有着更高的发生概率,为了更好地在侧碰工况中保护乘员,选取 12 号铺层方式作为铺层角度和顺序重设计后的最优铺层方式。

表 8.7 所示为铺层角度和顺序重设计后与 $[0/90]_{ns}$ 铺层时车辆的性能对比。由表中不同铺层方式的耐撞性能对比可以发现,对铺层方式进行设计可以在不改变 B 柱结构质量的前提下提升 B 柱结构的耐撞性。

表 8.7 改变铺层角度和顺序后的耐撞性结果对比

参数	$[0/90]_{ns}$ 铺层	12 号铺层方式	改进效果
F/kN	37.910	38.350	1.16%
L_b/mm	334.3	327.3	2.09%
$V_b/(m/s)$	10.902	10.768	1.23%
m/kg	2.042	2.042	—

经过以上对各个子层铺层数和铺层角度的优化设计,复合材料 B 柱与原来的钢质结构 B 柱相比质量减少了 61.4%,顶压工况下的车顶最大承载力提高了 20.2%,侧碰工况下的 B 柱侵入量和 B 柱侵入速度分别降低了 9.4%和 7.4%。通过对汽车 B 柱结构结合复合材料工艺和材料性能的优化设计,不仅实现了 B 柱结构的大幅减重,而且实现了多个工况下的 B 柱结构的性能优化。

8.4 考虑制造工艺的纤维复合材料结构分级-分区设计

碳纤维增强复合材料在车辆上有大量应用,但是大都集中在几何简单、非承载或等厚度的结构上,在汽车车轮结构件上的应用研究较少。有研究将碳纤维增强复合材料应用到汽车车轮结构设计中,对碳纤维增强复合材料车轮的铺层方式进行设计,根据汽车车轮弯曲疲劳试验数据建立车轮的有限元分析模型,分析结果显示,在保证同样刚度和强度的前提下,碳纤维增强复合材料车轮与铝合金车轮相比质量更小。构造碳纤维增强复合材料车轮冲击试验有限元模型并分析,可发现与铝合金车轮相比碳纤维增强复合材料车轮具有更好的抗冲击性能。

将轻量化材料应用到车轮结构设计中是车轮轻量化研究的重点之一。车轮作为汽车组件中最重要的旋转件之一,其轻量化收益高于其他非旋转件的轻量化收益。虽然将碳纤维增强复合材料应用在汽车车轮上有诸多优势,但是涉及设计与制造的技术瓶颈,关于碳纤维车轮的设计资料很少。目前,虽然碳纤维材料在性能上具有诸多优势,但是受限于成本和量产工艺效率,其在量产车中的应用有限。2012 年,澳大利亚一家碳纤维技术公司在美国拉斯维加斯举行的国际汽车零配件展览会(SEMA)上推出了世界上第一个整体式碳纤维轮毂,其质量相比合金轮毂轻 40%~50%;2013 年 Smart 汽车公司研制出新型热塑性复合材料车轮轮毂,该热塑性复合材料的车轮轮毂质量仅为 6 kg;2014 年,北京航空航天大学等单位研究开发了长碳纤维增强复合材料轮毂;2014 年世界上第一家使用碳纤维车轮的跑车公司——瑞典的超级跑车制造商柯尼塞格推出的高性能跑车采用了全碳纤维轮圈;2015 年,美国福特汽车公司同澳大利亚 Carbon Revolution 公司共同研制出了世界上第一款碳纤维车轮;本人研究团队从 2013 年起研究电动汽车分布式驱动中碳纤维轮辋的设计与生产工艺,取得了相关的研究成果。

本节将碳纤维增强复合材料应用到轮辋结构设计中,以某赛车三片式车轮的碳纤维增强复合材料轮辋结构为研究对象,完成了车轮轮辋结构设计、碳纤维铺层比例优化、碳纤维铺层厚度优化、碳纤维铺层顺序优化的整个设计优化流程。本节还探讨了碳纤维增强复合材料特性与结构设计之间的关系,提出了面向制造工艺的复合材料-结构一体化设计方法。

8.4.1 复合材料车轮结构

车轮是整车中最重要的结构件之一,承受着路面和悬架的各种复杂载荷,同时由于车轮裸露在外面,其势必要经受腐蚀老化等考验。

对于车轮轮辋结构,不同区域的不同性能要求导致其不同区域具有不同的厚度。因此,本小节首先将轮辋结构分为多个区域,在这些分区的基础上进行结构优化。此外,碳纤维铺层的优化变量很多,比如碳纤维铺层的厚度、铺层角度、铺层顺序等,而结构的分区会使得优化设计变量进一步增加。例如,对于轮辋结构,本研究根据结构性能设置了 5 个不同的分区,每个分区有 4 个优化变量,即使已经设置了各个铺层的铺层方向,但依然会有 20 个优化变量,如果直接进行优化计算,计算成本将会显著增加。

基于以上问题,本研究提出了分区分级优化方法,将一个复杂的优化问题分解成几个简单的优化子模型,缩小计算规模,提高计算效率。优化过程具体分为三级:第一级优化设定轮辋结构碳纤维增强复合材料总厚度不变,对层压板各个方向的纤维铺层比例进行优化;第二级优化在第一级优化结果的基础上进行,采用上一级优化结果进行轮辋结构各个分区铺层总厚度的优化;第三级优化对碳纤维铺层顺序进行优化,以最大限度地挖掘材料性能。三级优化循序渐进,密不可分。

本研究参考车轮为某公司为大学生方程式赛车设计的一款复合材料车轮,车轮结构形式为三片式,部分参数如表 8.8 所示。左右轮辋为碳纤维材料,轮毂为铝合金材料,左右轮辋同轮毂通过 12 个螺栓装配,车轮轮辋结构实物如图 8.14(a)所示。轮辋各部分厚度一致,均为 8 mm。对参考车轮结构进行合理简化,构建车轮结构的三维模型,车轮轮辋结构三维模型如图 8.14(b)所示。

表 8.8 参考轮毂部分参数

轮毂参数	尺寸/in	轮宽/in	偏距(ET)/mm	节圆直径/mm
值	$R10$	8	18	12×176

注:1 in≈2.54 cm。

(a) 碳纤维轮辋实物

(b) 轮辋三维结构

图 8.14 参考碳纤维轮辋实物及三维结构模型

以碳纤维标准铺层角度[0/±45/90]为基础进行碳纤维增强复合材料轮辋

结构的分级优化,具体做法为:首先根据轮辋结构性能要求对结构进行自由尺寸优化,获得结构的合理分区方案;接着在碳纤维各铺层方向对轮辋结构性能的灵敏度进行分析,并根据碳纤维铺层原则简化优化变量;然后在静态工况下,优化轮辋结构各个分区各个铺层方向的最佳比例;在铺层比例优化的基础上,对轮辋结构静、动态工况下的各个分区厚度进行优化,获得满足约束条件并使得目标最优的各分区厚度结果;最后,依据碳纤维铺层原则,在上述优化结果的基础上重新设计碳纤维轮辋结构,并对碳纤维增强复合材料轮辋结构优化流程的各个阶段进行分析比较。具体工作分述如下。

8.4.2　基于自由尺寸优化的碳纤维轮辋结构分区

自由尺寸优化是结构优化方法中最重要的方法之一,它能够在很大程度上挖掘材料的潜力。对碳纤维这种各向异性材料,该方法能够根据结构中不同部位的受力特点给出各方向纤维在结构中的分布情况。

基于自由尺寸优化方法的数学模型可以表示为

$$\begin{cases} \min f(x) \\ \text{s.t.} \ g_i(x) - g_j^{\text{U}} \leqslant 0, j = 1, 2, \cdots, M \\ x_{ik}^{\text{L}} \leqslant x_{ik} \leqslant x_{ik}^{\text{U}}, i = 1, 2, \cdots, N_{\text{p}}, k = 1, 2, \cdots, N_{\text{e}} \end{cases} \tag{8.4}$$

式中:$g_i(x)$ 和 g_j^{U} 分别表示第 i 个约束变量和第 j 个约束变量的上限;M 表示所有约束的数目;N_{e} 表示单元数目;N_{p} 是超级层的数目;x_{ik} 表示第 k 个单元在第 i 个超级层中的厚度。

在自由尺寸优化阶段,超级层的厚度是可以按照设计者的设定连续变化的。此外,在优化过程中还需要根据制造情况设置相应的约束,比如选用的纤维的最小加工厚度,每一个超级层的最小厚度百分比及层压板的总厚度等。单层厚度百分比和总厚度的约束用数学方法描述如下:

总厚度约束:

$$T_k^{\text{L}} \leqslant \sum_{i=1}^{N_{\text{p}}} x_{ik} \leqslant T_k^{\text{U}}, k = 1, 2, \cdots, N_{\text{e}} \tag{8.5}$$

单层厚度百分比约束:

$$P_j^L \leqslant \frac{x_{jk}}{\sum_{i=1}^{N_p} x_{ik}} \leqslant P_j^U, j=1,2,\cdots,N_e \tag{8.6}$$

式中：T_k^L、T_k^U 分别表示层压板厚度的下限和上限；P_j^L 和 P_j^U 分别表示单层板厚度百分比的下限和上限。

采用自由尺寸优化方法对碳纤维增强复合材料结构进行分区优化。该方法将复合材料假定为角度为 0°、45°、−45°、90° 等的几个超级层，此时每个单元的每一超级层为厚度变量，优化后可以得到复合材料在结构不同部位的最佳厚度，其概念示意图如图 8.15 所示。

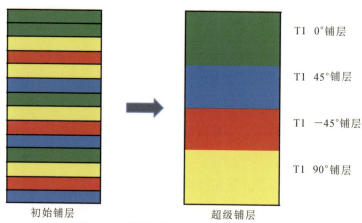

图 8.15　碳纤维自由尺寸优化概念示意图

虽然这里得到的厚度不是结构最终的厚度，但是可以根据轮辋不同部位碳纤维的不同铺层厚度来对轮辋结构进行分区设置，从而为后续的碳纤维轮辋分区分级优化做准备。

自由尺寸优化结果如表 8.9 所示。

表 8.9　轮辋自由尺寸优化结果

显示阈值	0°铺层	±45°铺层	90°铺层
材料厚度大于 0.5 mm 区域			

续表

显示阈值	0°铺层	±45°铺层	90°铺层
材料厚度大于1.0 mm区域			
材料厚度大于1.5 mm区域			

根据自由尺寸优化结果,在充分考虑制造工艺限制的基础上,尽量保证分区形状的整齐性、对称性,将轮辋结构设置为5个分区,分区结果如图8.16所示,不同颜色显示的是不同的区域。此外,考虑到轮辋结构性能的对称性,将相应对称结构设置在同一分区。比如,左右轮辋边缘处于同一分区,左右轮辋安装区域为同一分区。同一分区具有相同的结构、材料属性。

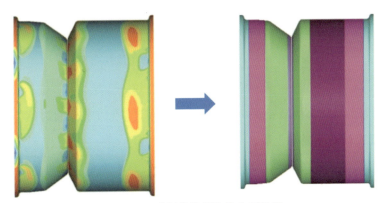

图8.16　碳纤维轮辋结构分区设置

8.4.3　结构分区内不同铺层方向纤维占比

根据各个纤维铺层方向对车轮结构性能的灵敏度分析,为了减少变量数

图 8.17 轮辋分区编号设置

目,根据碳纤维铺层原则,现对各个分区进行编号,编号分别为 1、2、3、4 和 5,如图 8.17 所示。每个分区由 4 个碳纤维超级层组成,分别为 0°铺层、45°铺层、-45°铺层和 90°铺层。在本小节中,将确定每个分区内不同铺层纤维的占比。规定 0°纤维铺层厚度比例为 10%,±45°铺层厚度比例相同,则只要确定 90°铺层的占比即可得到所有方向的占比。

优化目标为轮辋结构在径向载荷工况和弯曲疲劳工况下的综合柔度,计算公式为

$$F(x) = \omega_1 \sum_{i=1}^{M} \text{com}_i + \omega_2 \sum_{j=1}^{N} \text{com}_j \tag{8.7}$$

式中:com_i 和 com_j 分别为弯曲疲劳工况下第 i 个子工况的车轮结构柔度值和径向载荷工况下第 j 个子工况的车轮结构柔度值;$M=12$,表示 12 个弯曲疲劳子工况;$N=6$,表示 6 个径向载荷子工况;ω_1 和 ω_2 分别为两个工况下的柔度加权系数。

轮辋各个分区各方向铺层比例优化的数学模型可以表示为

$$\begin{cases} \min \quad F(x) \\ \text{s.t.} \quad g_i(x) - g_i^U \leqslant 0, i = 1, 2, \cdots, M \\ \quad P_j^L \leqslant x_j \leqslant P_j^U, j = 1, 2, \cdots, N \end{cases} \tag{8.8}$$

式中:M 为所有约束的数目;N 为轮辋分区的数目;P_j^L、P_j^U 分别为第 j 分区 90°铺层厚度比例的下限和上限。

优化过程中的收敛准则为:当两次循环迭代总柔度值 $F(x)$ 之差小于给定值 ε 时终止迭代,即

$$\zeta = \left| \frac{F(x)_{i+1} - F(x)_i}{F(x)_i} \right| \leqslant \varepsilon \tag{8.9}$$

将碳纤维轮辋各个分区铺层厚度的比例优化结果转化为铺层厚度,并考虑到本研究所选碳纤维材料的最小可加工厚度为 0.2 mm,对优化值进行修整得

到各分区各方向纤维铺层厚度,如表 8.10 所示。

表 8.10 轮辋各分区各方向纤维铺层厚度值/mm

纤维方向	1	2	3	4	5
0°铺层厚度	0.8	0.8	0.8	0.8	0.8
45°铺层厚度	0.8	2.6	2.0	1.6	3.2
−45°铺层厚度	0.8	2.6	2.0	1.6	3.2
90°铺层厚度	5.6	2.0	3.2	4.0	0.8

将优化后的各个分区各方向纤维铺层厚度代入有限元模型中进行计算求解,得到优化后静态工况下碳纤维轮辋结构的最大位移、最大应力、综合柔度、复合材料最大失效指数及复合材料最大剪切应变。与初始模型相比,各个结构性能参数变化如表 8.11 所示。通过比较,优化前后上述结构性能参数的最大值出现的位置并没有发生明显的变化,仍然出现在左右轮辋安装孔区域和轮辋边缘位置。

表 8.11 轮辋各个分区纤维铺层厚度比例优化前后性能对比

性能参数	最大位移/mm	最大应力/MPa	综合柔度/(mm/N)	复合材料最大失效指数	复合材料最大剪切应变
初始	0.293	−58.812	3538.896	0.319	2.81×10^{-4}
优化后	0.197	−47.736	3262.972	0.241	2.476×10^{-4}
变化率	−32.76%	−18.83%	−7.80%	−24.45%	−11.89%

对碳纤维轮辋各分区各个方向纤维铺层厚度比例进行优化后,与初始结构相比,无论从整体结构性能(车轮结构综合刚度)还是碳纤维材料的性能发挥上看,优化后结构性能都有所提高。

8.4.4 碳纤维轮辋各分区厚度优化

轮辋结构的分区厚度优化是多目标优化问题,由多个目标函数组成。优化问题可描述为:在轮辋各个分区厚度的给定区间内,寻找各个分区最佳厚度值,使得碳纤维车轮结构质量最小且车轮刚度最大(柔度最小)。

数学模型可表示为

$$\begin{cases} \min & \{f_1(x), f_2(x)\} \\ \text{s.t.} & g_j(x) - g_j^U \leqslant 0, j = 1, 2, \cdots, N \\ & T_i^L \leqslant x_i \leqslant T_i^U, i = 1, 2, \cdots, M \end{cases} \quad (8.10)$$

式中,$g_j(x)$ 为第 j 个约束函数;g_j^U 为第 j 个约束函数的上限;x_i 为轮辋结构第 i 个分区的厚度;T_i^U、T_i^L 分别为轮辋第 i 个分区厚度的上下限;N 为约束函数的数量;M 为轮辋分区数目,此处 $M=5$。

设置轮辋结构各个分区厚度的优化区间变化范围为初始厚度的 ±50%,初始厚度为 8 mm,则变量优化区间为 [4,12] mm,各优化约束的参考值为轮辋各个分区纤维铺层厚度比例优化后的结构性能对应值(见 8.4.3 节)。

利用试验设计方法和代理模型技术,使用多目标优化方法可以得到优化厚度、选用厚度及各个分区不同铺层方向碳纤维的铺层厚度,如表 8.12 所示。

表 8.12 轮辋分区厚度优化结果

分区	T_1	T_2	T_3	T_4	T_5
优化厚度/mm	7.815	4.196	5.640	7.113	9.748
选用厚度/mm	7.8	4.2	5.6	7.0	9.6
0°铺层厚度/mm	0.8	0.4	0.6	0.8	1.0
45°铺层厚度/mm	0.8	1.4	1.4	1.4	3.8
−45°铺层厚度/mm	0.8	1.4	1.4	1.4	3.8
90°铺层厚度/mm	5.4	1.0	2.2	3.4	1.0

根据轮辋结构的分区厚度优化结果,对参考轮辋结构进行重新设计。为避免结构尺寸突变,将轮辋分区之间的过渡层设置为阶梯状,轮辋结构三维图如图 8.18 所示。

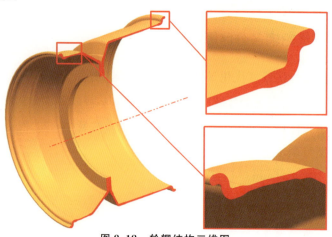

图 8.18 轮辋结构三维图

8.4.5 碳纤维复合材料铺层顺序

碳纤维增强复合材料的铺层顺序优化是典型的离散优化问题,许多学者对其进行了相应的研究。碳纤维铺层顺序设计需要遵循以下原则。

1. 均衡对称铺层原则

除特殊需求外,纤维铺层应尽量采用均衡对称铺层,以防止由于拉-剪、拉-弯耦合效应而产生翘曲。该原则要求铺层关于中面对称,且±45°铺层平衡设置。如果由于设计限制无法满足均衡铺层原则,则应当尽可能将非对称和非均衡铺层布置在层压板中间区域,以尽量减小工艺变形。

2. 铺层定向原则

在满足受力要求的情况下,结构的纤维铺层方向应当尽可能少,以简化设计和加工的工作量,比较典型的铺层方向组合为[0/45/-45/90]。

3. 纤维取向按承载需求原则

纤维铺层方向应尽可能地与结构受拉、受压方向一致,并且在容易出现剪切力的结构附近,±45°铺层应该均衡铺层;对于有开口结构的区域,相邻的纤维铺层方向夹角应尽可能小,以提高层间强度。

4. 铺设顺序原则

应尽量使得同一方向铺设的纤维在厚度方向上具有均匀性,并且相邻的同一方向铺层一般不超过4层;如果层压板中含有±45°层、0°层和90°层,则应尽量让0°和90°铺层把±45°铺层隔开;对于容易受到低能量冲击或者压力的结构表面,一般设置±45°铺层以增强结构的抗压和抗冲击特性。

5. 变厚度设计原则

考虑到上述纤维铺层的原则及工艺限制,为了尽可能保持轮辋结构各方向铺层的均衡性,设置轮辋纤维铺层方式为对称铺层。0°和90°铺层数应设置为偶数,±45°铺层组合出现,轮辋的外表面设置为±45°铺层,所有铺层相邻层数最大铺层数目为4,工艺约束设置示意图如图8.19所示。

对分区铺层厚度优化结果进行微调,以满足碳纤维铺层对称铺设的原则,调整的方向是尽可能保持轮辋的质量并减小分区间的铺层数目差,得到的各个分区的铺层厚度及各个方向纤维铺层数目如表8.13所示。

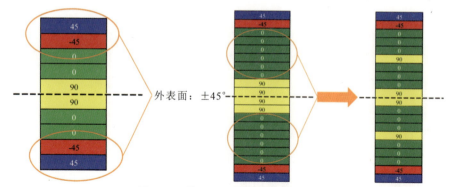

图 8.19　铺层优化工艺设置示意图

表 8.13　各个分区铺层厚度和纤维铺层数目

分区	T_1	T_2	T_3	T_4	T_5
调节后厚度/mm	7.6	4.4	5.6	7.2	9.6
0°铺层厚度/mm	0.8	0.4	0.8	0.8	1.2
0°铺层数	4	2	4	4	6
45°铺层厚度/mm	0.8	1.4	1.4	1.4	3.6
45°铺层数	4	7	7	7	18
−45°铺层厚度/mm	0.8	1.4	1.4	1.4	3.6
−45°铺层数	4	7	7	7	18
90°铺层厚度/mm	5.2	1.2	2.0	3.6	1.2
90°铺层数	26	6	10	18	6

铺层优化的结果如图 8.20 所示。

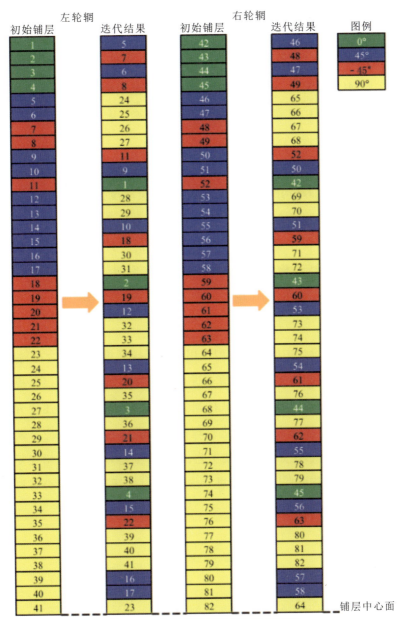

图 8.20 轮辋纤维铺层顺序优化结果

8.4.6 结果分析

通过以上流程完成了对车轮轮辋进行碳纤维材料结构的重新设计。优化后结构与初始结构相比,车轮结构的比刚度大幅提升,车轮结构的质量由初始的 2.74 kg 降低到 2.23 kg,降低了 18.6%;静态工况下,复合材料的最大应变从起初的 1.04×10^{-3} 变为 5.52×10^{-4},降低了近 47%;动态工况下,最大主应力从 353.6 MPa 增大到 482.2 MPa,变化在合理范围内;用来衡量轮辋冲击工况下疲劳损伤的关键参数——最大材料应变,从 1.49×10^{-2} 降低到 6.98×10^{-3},降低了近 53%。

本节针对碳纤维增强复合材料轮辋结构提出了一种分区分级优化方法,解决了轮辋变厚度截面结构的优化设计问题;结合灵敏度分析和自由尺寸优化方法,解决了碳纤维增强复合材料结构设计优化的多变量问题;基于代理模型和遗传算法优化方法,较好地解决了车轮结构性能的多目标优化问题,为碳纤维增强复合材料的材料-结构一体化设计提供了参考案例。

8.5　本章小结

本章针对车辆设计中的几个典型应用讨论了碳纤维增强复合材料的材料-结构一体化设计,还有很多的内容值得进一步研究。如,碳纤维层压板的失效形式,尤其是疲劳工况下的损伤形式的研究,这对从材料方面描述疲劳损伤具有很大意义;在对碳纤维轮辋结构进行理论方法研究的同时,也应对碳纤维结构制造工艺进行探索,比如真空灌装工艺、热压罐工艺等;碳纤维增强复合材料结构的连接方法及其可靠性也值得进一步研究;对碳纤维增强复合材料层压板开孔部位的增强也需要进一步研究。

本章参考文献

[1] LEI F,QIU R B,BAI Y C,et al. An integrated optimization for laminate design and manufacturing of a CFRP wheel hub based on structural performance[J]. Structural and Multidisciplinary Optimization,2018,57(6):2309-2321.

[2] LIU Q M,LI Y J,CAO L X,et al. Structural design and global sensitivi-

ty analysis of the composite B-pillar with ply drop-off[J]. Structural and Multidisciplinary Optimization,2018,57(3):965-975.

[3] 李勇俊,雷飞,刘启明,等. 考虑结构、材料和工艺要求的复合材料 B 柱优化[J]. 汽车工程,2017,39(8):968-976.

[4] 杨绍勇,雷飞,陈园. 基于铺层设计特征的碳纤维增强复合材料悬架控制臂结构优化[J]. 工程设计学报,2016,23(6):600-605,619.